ZhongGuo ChuanTong FaLv JieShi De
JiShu YiYun Yu JinDai ZhuanXing

中国传统法律解释的
技术、意蕴与近代转型

王志林◎著

中国书籍出版社
China Book Press

图书在版编目（CIP）数据

中国传统法律解释的技术、意蕴与近代转型 / 王志林著 .
-- 北京 : 中国书籍出版社 , 2017.5
ISBN 978-7-5068-6327-8

Ⅰ . ①中… Ⅱ . ①王… Ⅲ . ①法律解释－研究－中国 Ⅳ . ① D920.5

中国版本图书馆 CIP 数据核字 (2017) 第 181799 号

中国传统法律解释的技术、意蕴与近代转型

王志林　著

责任编辑　刘　娜
责任印刷　孙马飞　马　芝
封面设计　田新培
出版发行　中国书籍出版社
地　　址　北京市丰台区三路居路 97 号（邮编：100073）
电　　话　（010）52257143（总编室）　　　（010）52257153（发行部）
电子邮箱　chinabp@vip.sina.com
经　　销　全国新华书店
印　　刷　廊坊市海涛印刷有限公司
开　　本　170 毫米 ×240 毫米　　　1/16
字　　数　200 千字
印　　张　13.25
版　　次　2018 年 1 月第 1 版　　2018 年 1 月第 1 次印刷
书　　号　ISBN 978-7-5068-6327-8
定　　价　46.50 元

前　言

正如徐复观先生所讲的，"任何的创造，都要扶着历史的线索去走"。对所有问题的回答实际首先要回答"是什么"这一根本问题。就几千年来孕育生成的中国传统法解释学而言，"是什么"的问题尚未得到圆满的回答。面对法治仍处于建设期、法学远未成熟的局面，回望历史或许有助于把握前行的方向。本书以中国传统法律解释为研究主题，希望通过对选定律学文本的深入解读，来就中国传统法解释学进行一番"呈现"，并在此基础上讨论传统法律解释学的知识形态、解释方法与技术的规律、解释者所秉持的原则与精神，以及在法律转型期的作用、影响等学理问题。

本书除导言和结语外，主体部分为四章。

第一章"中国传统法解释的流变与成熟"是对中国传统法律解释的宏观描述，以此作为展开论题的背景和基础。首先，对传统法律解释的发展源流进行梳理，从而形成一种纵向的历史线索；其次，结合清代的学术发展状况，从学术根基的养成、研究方法借鉴和著作体式内容的引鉴三个方面讨论清代朴学对注释律学的影响；最后，从流派和著作入手，阐明清代注释律学兴盛的发展状况，为引入文本考察作铺垫。

第二章"清代典型法律解释文本的体式和内容"旨在进行文本的分类考察。体式上分为随文注释体、专题考证体、律例考证体和裁判解释体四种，通过对四种体式下典型律学文本的解读，来考证清代法典解释学的知识体系，从而呈现作为知识形态的法典解释学的特征。具体而言，对随文注释体著作的考察围绕"律注"和"例注"展开；对专题考证体著作的考察则根据专题类型展开；对律例考证体著作的考察围绕考证内容、考证途径和方法展开；对裁判解释体著作的考察则侧重于律例解释的存在方式。总体而言，清代法典解释学著作的体式丰富而规范，尽管解释方法的运用已经呈现出综合特征，但著作体式与文本的主体和内容还是存在较强的关联性，能够为全面理解文本内容提供指引。

第三章"中国传统法律解释学的技术智慧与精神意蕴"是对传统法律解释的技术智慧和精神意蕴所做的总结提炼。通过跨文本的解读，借以揭示清代注释律学的解释方法和律学家普遍秉承的原则和精神。它们是：解辞、疏义和论理的综合运用；考镜源流的历史考证方法；广泛地运用比较方法；受到儒家观念影响的实用理性；对传统法典的尊崇与技术批评的兼容并存。总体而言，前三者侧重解释方法和解释技术；后两者更关照律学家的内在精神。

第四章"中国传统法律解释的近代转型：以沈家本为中心"旨在就清末变革期的传统法律解释的转型问题进行试探性的考察和讨论。本章选取沈家本及其著作为解读对象，来研讨传统律学在向近现代法学转型过程中所起的作用及其演变形态。具体而言，传统律例解释学的术语体系曾是近现代法律话语体系引入的媒介和载体；作为律学大家的沈家本实现了向法学家的转化，其传统法学素养发挥了积极的作用；清末法律转型过程中，沈家本坚持以传统法学为基础，以开放的视野会通西方法律制度和理论学说，此种立足自身历史根基的立场值得我们认真思考。

总体来看，本书尝试以"背景溯源——文本考证——学理提炼——转型处境"的思路来对中国传统法律解释进行呈现与评析。相对于所设定的主题与目标而言，本书却是一部"实不符名"的作品。首先，明清时期有数百部注释律学著作，规模庞大，尽管本书希望且"标榜"所选取的样本具有典型代表性，但"挂一漏万"的问题仍难避免。其次，本书期望从文本解读的微观技术角度，来呈现中国传统法律解释这个宏大对象和主题的规律及特征，以此作为一种研究方法的"创新探索"，但是从小处着手来呈现宏大学术主题对于研究功底素养有着极高的要求，而著者的能力还难以与之匹配。最后，本书标题上是否体现"近代转型"一直存有疑虑，从思路设计和著作完整角度考虑是有必要的，而本书第四章的探讨却浅尝辄止，未加深入，与学术研究本应具备的严谨要求尚存差距。因此，本书对中国传统法律解释的研究目标和期许很高，而具体的工作却仅仅是个起步，也真诚期待得到学界师友的指正。

目　录

导 言

一、主题阐释

中国有数千年积淀而成的成文法传统，亦形成了独具特色的法学形态——律学[1]。律学的生兴衰亡与传统法律体系（特别是法典）不可分离，法律制度体系这一母体的瓦解、裂变使得律学不能以"活法"的形式再生；但作为一种知识、技术体系和思维模式，律学又可孕育出诸多可以被继承的因素，并在传统法律整体消亡之后得以转化传承，成为当前法学发展和法治建设的宝贵遗产抑或历史包袱。无论为何，于此进行探求仍是有意义的。犹如"认识自己"是哲学的永恒命题之一，在法学领域同样存在"应当如何认识和评价民族固有的法学传统"这一命题。

---

[1] 目前，学术界就"律学"和"法学"的关系问题，看法还不尽一致。何勤华先生在《中国法学史》（三卷本）序章《"中国古代无法学论"质疑》一文中有比较详细的分析阐述。参见何勤华著：《中国法学史》（第一卷·修订本），北京：法律出版社，2006 年 8 月第 1 版，第 26-33页。何勤华先生在此文中大抵否认"律学"非"法学"的学者，如梁治平、张中秋等，他们均强调法学是西方文化的产物，其内在的精神内核是正义诉求和权利思想，而传统律学则是服务于专制法律实施的技术和手段，并不具备西方意义上法学的精神内核。何勤华先生提出了"法学形态"的构想，认为法学是一个包括法学世界观（理论基础、法哲学）、法条注释学、法学研究作品、技术法学等诸多要素构成的体系，以法条（典）注释为特征的律学和我国古代丰富的法哲学思想体系都是中国古代法学的组成部分。笔者认为，对此问题的分歧主要在于对"法学"内涵的不同体认，如果将"法学"界定为以法律为对象的理论和知识体系，则律学应当是一种法学。本书亦坚持这种立场，即认为律学是中国历史文化传统中生成的法学形态。

本书的主题限定于律学最核心的内容——法典解（注）释学①。尽管学术界对于律学产生的具体时间还存在争议，但律学与成文法典相伴而生的判断大体是可以成立的，其背后是"法律解释须依附于法律"这样一种常识体认。在中西方法律史上，诞生了不同的法典解释传统。11、12 世纪罗马法复兴的重要体现就包括法学家对罗马法典的注释，从这个意义上讲，法律的生命就在于解释。法律解释在未来中国法学和法治事业的发展中也将占有重要的基础地位。面对西法对中国法治进程不可避免的影响，我们需懂得"只有自得，才能真正理解别人，学会别人的长处"[1]。因此，深入理解中国自身的法律解释学，其意义并不仅仅在于整理一份法学文化遗产，更是探寻未来前行方向的根基与起点。近些年来，律学研究的兴起或许是对此意义的最好注解。

法典解释学所依存的是典型的成文法。法典是立法技术、法律思维及民族精神的综合体现，常常成为法学发展历程中的丰碑。西方分析法学的奠基人边沁（Jeremy Bentham）曾积极推进英国的法典化运动，历史法学派大师萨维尼（Friedrich Carlvon Savigny）的《论立法与法学的当代使命》（*Vom Beruf unserer Zeit für Gesetzgebung and Rechtswissenschaft*）也曾探讨民法典的制定问题。研究中国古代法律对东亚各国影响的学者，更是无法回避《唐律疏议》。当前，中国学界和社会对自己的民法典也倾注了超乎寻常的巨大关注。改革开放三十多年来法制建设的最大成就就是，基本构建了相对完备的法律体系。近来，对改革开放以来中国法学的发展进行反思已成为一种自觉和潮流。有学者提出法学研究应当逐步从宏观价值探讨转入微观的技术论证，因为价值探讨强调批判意识，旨在保证制定良好的法律，而在法律体系基本确立之后，如何促进法律有效实施的问题将变得日益突出，

---

① 笔者认为，律学以法典解释学为核心内容，但法典解释学并不能涵盖律学所有的内容；清代注释律学是清代律学的特称，其核心也是清代的法典解释学，即本书所称的《大清律例》解释学。因此，律学、注释律学、法典解释学、《大清律例》解释学几个概念涵盖的关系是逐层精确，它们在内在特征和学理规律方面具有普遍共性。因此，笔者在使用这些概念时，更多的是着眼于这种内在的共性，根据不同的语境来选择适用律学、注释律学、法典解（注）释学等表述。

此阶段应当注重守成品质。目前，包括法律解释学、法律推理、法律论证等在内的法学（律）方法研究的趋热，或许正是这种转型的反映。本书的选题也有此种关照在内，希望通过对传统法典解释学的探讨，来系统考察我国传统法律解释学的丰富遗产，并考察其特质，探求其衰变的机理和潜隐转化的因子。

本书将研究对象确定为清代律学文本视域中的，注释《大清律例》而形成的知识、技术和思想体系，并将其称为《大清律例》解释学。需指明的是，"《大清律例》解释学"并非历史上曾经存在过的一个概念，因为中国传统社会不存在西方式的学科划分，相反它是笔者对历史上曾经存在的围绕解释《大清律例》而形成的知识、技术和思想内容的指称。此外，本书所指涉的《大清律例》系指贯穿于整个清代的基本法典，它涵盖了不同时期的清律版本，顺治三年颁布的《大清律》①、雍正三年颁布的《大清律集解》和乾隆五年最终修定的《大清律例》都是本书所指称的《大清律例》，即清代国家基本法典。选择清代法典解释学作为论题，是基于以下几点考虑：第一，《大清律例》与《唐律疏议》《大明律》一脉相承，是中国传统法典的代表，《大清律例》解释学的研究结论具有较强的涵盖性；第二，终清一代，法典解释学通过汲取其他领域的学术养料而日臻完善，代表了中国传统（注释）律学发展的顶峰。清代法律解释在技术、知识和原则精神等方面形成了高度完备的体系，学术价值不言而喻；第三，清代法典解释作品保存状况最好，能够提供较充足的文本资源；第四，清代历经中国社会从传统向近现代的转型，传统法律历经"三千年未有之变局"而整体消亡，传统律学逐步转化为现代意义的法学。在这样的历史裂变之中，旧有的律学与舶来法学之间的冲撞与融合也具有重大的研究价值。

虽然以清代律学为主题的研究成果在传统律学研究中已经占据主体地位，但整体数量依然较少。张晋藩先生于1992年出版的《清律研究》一书，

---

① 有观点认为顺治三年律的正式名称为《大清律集解附例》，郑秦先生认为这是一种误解。"集解附例"只是官刻本上另加的，并非《大清律》正式名称上所有。参见郑秦著：《清代法律制度研究》，北京：中国政法大学出版社，2000年5月第1版，第9页。

以八个专题的形式探讨了清代法律问题①，是笔者所见的较早论述清代法律问题的学术著作。在"清代私家注律的解析"这一专题中，张晋藩先生对清代私家注释律学著作进行了分类说明②，并在此基础上阐述了清代私家注律活动的特点及其解释方式，肯定了私家注律对传统律学发展的积极作用。由何勤华先生编、商务印书馆出版的《律学考》，是一部律学专题论文集，其中收录以清代律学为主题的论文六篇③，这些论文主要从理论层面对清代注释律学进行了有益的探讨，许多研究结论都得到了学术界的普遍认同。王志强先生是在清代法律史研究方面着力耕耘的学者，其研究更多地侧重于法律制度的考察，法律解释学特别是法典解释学并非其研究重点。《法律多元视角下的清代国家法》一书收录了王志强先生的四篇论文④，其中的《清代刑部的法律推理》和《清代成案的效力和其运用中的论证方式》两文虽然与法律解释相关，但重点是在探讨司法过程中的法律适用问题。就清代

---

① 这八个专题的内容分别为：清开国时期法律的特点及其历史地位、清代的法律体系及其内涵、清代民族立法的卓越成就、清代私家注律的解析、晚清修律、晚清的宪政运动与"宪法"、清代的司法制度、清代反封建专制主义的法律思想。

② 张晋藩先生将清代私家注释律学著作分为五大类：（一）辑注本系统，以沈之奇的《大清律辑注》和万维翰的《大清律例集注》为代表；（二）考证本系统，以吴坛的《大清律例通考》和薛允升的《读例存疑》为代表；（三）司法应用本系统，以王明德的《读律佩觽》和于琨的《祥刑要览》为代表；（四）图表本系统，以沈辛田的《名法指掌》和万维翰的《律例图说》为代表；（五）歌诀本系统，以程梦元的《大清律例歌诀》和宋继增的《读律一得歌》为代表。另外值得关注的是，以上分类只是根据著作体例的大概分类，不排除有些著作同时具有若干门类的属性，如王明德的《读律佩觽》就同时可以纳入辑注本系统和司法应用本系统范围内。参见张晋藩著：《清律研究》，北京：法律出版社，1992年5月版，第165-175页。何敏先生在其博士论文《清代注释律学研究》中的分类方法也是在张晋藩先生的基础上深化完成的。

③ 六篇论文分别是：吴建璠的《清代律学及其终结》、张晋藩的《清代律学及其转型》和《清代私家注律的解析》、何敏的《清代注释律学特点》和《清代私家释律及其方法》、高恒的《沈家本与中国古代律学》。其中，张晋藩先生的《清代私家注律的解析》即摘自《清律研究》一书，何敏先生的两篇论文是其博士论文《清代注释律学研究》（1994年中国政法大学博士论文）的组成部分。参见何勤华编：《律学考》，北京：商务印书馆，2004年12月第1版。

④ 四篇论文分别是《清代的地方法规》《清代条例中的地区特别法》《清代刑部的法律推理》《清代成案的效力和其运用中的论证方式》。参见王志强著：《法律多元视角下的清代国家法》，北京：北京大学出版社，2003年9月第1版。

法典的专门研究而言，有沈大明的《〈大清律例〉与清代的社会控制》和周少元的《〈钦定大清刑律〉研究》（均系博士论文）。前者的研究任务是以《大清律例》为中心探讨清代的社会控制，并着重回答三个问题，即《大清律例》在清代社会控制中发挥什么作用、通过何种主体发挥作用及怎样发挥作用；后者的研究对象则是清末修律中以西方法典为模板的刑法典，即我们通常所称的《大清新刑律》，其研究内容中涉及法典的实施，但解释学则不在研究范围之内。古典法律解释研究方面：学位论文有陈新宇的《清代的法律解释》（2002 年中国政法大学硕士论文）、刘军平的《中国古代立法解释探析》（2003 年湘潭大学硕士论文）、谢晖的《中国古典法律解释的哲学向度》（2004 年山东大学博士论文）、陈张林的《〈唐律疏议〉的法律诠释学思想》（2005 年西北大学硕士论文）；代表性期刊论文有李广成的《〈唐律疏议〉的法律解释方法论析》（《求索》2006 年第 4 期）、杨昂等的《中国古代法律诠释传统形成的历史语境》（《法学评论》2003 年第 3 期）、谢晖的《中国古典法律解释的知识智慧——法律解释的知识形态》（《法律科学（西北政治学院学报）》2005 年第 6 期）和《西法背景下中国古典法律解释的意义——文化视角的说明》（《现代法学》2004 年第 5 期）等。这些已有的研究成果构成了专门研究《大清律例》解释学的有益基础，并且将形成重要的理解前见。同时，引述这些成果也可以看出，目前将《大清律例》解释学作为研究主题的系统成果还没有，在某种程度上也使本书的选题在学术上可能产生一些有益的影响。

二、路径选择

任何研究总是需要循着一定的路径展开。研究路径决定研究方法，但同时也会带来固有的缺陷。本书的研究路径是：通过解读清代律学家的著作文本，来呈现文本世界中的法律解释内容，即本书希望循着文本研究的路径来探究有关《大清律例》解释学的若干问题。

文本研究一直以来都是学术研究方法体系中的重要内容，史学研究领域更是如此。它强调对文本材料的深入挖掘和全面把握，反对"六经注我"

式研究对待文本的主观任意切割。随着西方诠释学的兴起，文本的地位再一次得到了凸显。哲学诠释学大师伽达默尔（Hans-Georg Gadamer）主张，"能被理解的存在就是语言"[2]，而文本就是语言最重要的载体，因此"文字表达是解释学研究的传统对象"[3]。尽管哲学诠释学将解释上升到本体地位，并强调文本的意义是在经由读者理解的过程中被构造出来的，但"文本在理解的过程中始终处于中心地带……诠释学的前提与核心问题仍然是文本的诠释问题"[4]。中国传统文化的发展延续同样是围绕对经典文本的注解和诠释展开的，经典文本的注释作品更是汗牛充栋，成为文化传承的核心载体。中国传统经典解释学的精粹就体现在历代学者对圣贤著作的精微解读和意旨阐发当中。同样，中国传统法律解释学也深深地受到经典注释传统的影响，历代律学家在很大程度上也是将法典作为经典文本来加以注释的。

众所周知，我国唐代以前的法典尽已佚散，《唐律疏议》成为保留下来的第一部完整法典。与之相伴的是，唐以前的律学作品能够保留下来的也极少，更多的是散落于各类经史文集当中。相比之下，清代的情况则让人惊喜。在整体学术潮流的影响之下，清代产生了大量的法律解释作品。据何勤华先生的统计，清代律学著作有 160 部左右，并且认为这些著作大体上可以分为八种。①其中能够得以保存下来的著作，为我们进行系统的文本研究提供了可能。本书将主题限定为《大清律例》解释学，所选取的便是具有典型学术价值的法典注释作品，这些作品曾广泛地影响了当时的立法和司法实践，并能得到律学家、官员阶层甚至朝廷的普遍认可与推崇。数

---

① 何勤华先生认为，明清时期的律学著作，根据性质和内容大体可以分为八种：（1）注释律例条文、疏解律意、阐发立法主旨的辑注类释本，如《律例笺释》《大清律辑注》和《读律佩觹》等；（2）考镜源流、探求律例历史沿革的考证类释本，如《大清律例通考》和《读例存疑》等；（3）为初仕官员和刑幕编写的司法指导类释本，如《祥刑要览》和《驳案新编》等；（4）方便查阅、记诵的便览类释本，如《大清律例便览》《大清律例提纲》等；（5）图表类释本，如《名法指掌》《律例图说》和《读法图存》等；（6）歌诀类释本，如《大清律例歌诀》和《读律一得歌》等；（7）比较历史上的法律体系和制度，为立法服务的注释作品，如《唐明律合编》等；（8）总结司法实践的专著性释本，如《办案要略》等。详见何勤华著：《中国法学史》（第二卷·修订本），北京：法律出版社，2006 年 8 月第 1 版，第 235-243 页。

百年的时间似乎还不足以奠定一部作品的经典地位，加之传统律学衰微后律学著作整体上与我们之间存在较大的"隔膜"，这种"隔膜"造成了那些曾经对法律生活产生巨大影响的作品很难在当下被认知和传承。因此，本书将所选取的研究范本称为"典型律学文本"。

笔者之所以循着文本解读的路径展开对《大清律例》解释学的研究，是基于以下两点考虑：

第一，通过文本研究将有助于传统律学研究向纵深发展。整体而言，已有律学研究特别是传统法典解释学研究更多的是从宏观层面展开，侧重从整体上梳理归纳传统法律解释学的方法特征，并相应地进行价值评判。何敏先生的《清代注释律学研究》是目前所见较为系统的关于清代法律解释学的研究作品，该文介绍了清代注释律学的兴起与流派、法律注释方法、法律注释风格、法律注释特点、注律成果对清代法制的影响、传统注释律学与西方法律解释学的区别以及传统注释律学发展的原因，内容全面丰富，并在许多问题上进行了富有创见的总结归纳。文中也提到了清代注释律学最具代表性的几部著作，并在很多方面作为例证加以引用，但就整体而言，该文并非从注释律学文本入手展开研究的，相反，文本更多的是被作为佐证结论的论据，其文旨也是在于"对清代律学作一批判总结，通过多侧面、多角度的分析，揭示清代注释律学在传统律学中的地位及其发生、发展、兴盛的规律性"[5]。何勤华先生在律学文献的整理方面曾做过大量工作，对清代注释律学著作的内容和体例进行了介绍，并就其在律学史上的地位和价值予以说明，但没有深入到解释学内在的层面去展开更为细致系统的挖掘性研究。①因此，笔者认为，在学者们已经从宏观层面对传统注释律学做过大量研究的基础上，有必要深入到原始文本当中去继续考察注释律学的具体解释技术、解释方法以及解律者所秉持的思维特征和观念立场，以此来形成与已有律学研究成果之间的学术互动，为进一步分析评判已有的研究结论提供一份支撑。

---

① 参见何勤华著：《中国法学史》（第二卷·修订本）第六章第五节"法学研究及其作品"和《〈读律佩觿〉评析》等论文。

第二，通过对注释律学原始文本的解读，可以形成对传统律学直接的"自读"体认，有利于实现对借由中间媒介获得认识的旧有认知模式的突破和校正。经典著作是传统文化最重要的有形载体，经典著作中所蕴含的智慧更是传统文化的精髓所在。然而，伴随着近代以来的社会变革，传统文化特别是经典著作与我们的日常生活日益疏离。当前"井喷式"的传统文化热和典籍传播热从反面证明了我们这代人与民族传统之间的距离已经很远。尽管越来越多的人开始产生一种自觉，即希望去亲近和体认传统文化，并找到了阅读这一最佳的途径，但又不得不面对另一种尴尬，即语言符号系统的生疏带来的理解障碍。于是，"经典代读"的模式应时而生。所谓"经典代读"，就是通过阅读专家学者对经典文献的理解来间接地接近经典本身，它能够便捷地满足大众的文化需求，传播崇尚经典、回归传统的风气意识，具有值得肯定的积极价值。[①]但应看到，"经典代读"的受众始终要受制于"学术精英"对经典的理解，这种理解形成有益前见的同时也会限定理解的边界，读者在与文本直接互动中形成自身理解的能力将受到削弱。因此，我们应当意识到在"经典代读"背后其实存在着与经典原意渐行渐远的危险。同时，类似"经典代读"的问题在学术界也是存在的。借助发达的知识传播技术和学术出版的繁荣，我们的阅读视野极大地扩展，可供吸纳借鉴的知识和理论学说日益丰厚，但当我们沉浸其中时，自觉阅读原著和悉心思考的空间却常会萎缩。就传统法律解释学研究而言，已有的研究已经帮助我们形成许多有益的"前见"，但"前见"仍然只是进行文本阅读的一个条件。诚然，即使是我们经由阅读原始文本所形成的理解，仍然只能成为别人形成理解前见的选择之一，但这种自读本身仍然是有意义的，即便可能成为别人所吸纳的前见时也将是更为负责任的。

---

① 关于"经典代读"的问题，已经有学者进行了深入的思考。梅新林、葛永海两位先生从大众传媒这一角度入手，分析了"经典代读"模式产生的理由和合理依据，在深入分析"经典代读"可能造成的文化缺失基础上，探讨了传媒、学者和大众在应对"经典代读"造成问题时所应扮演的角色，并指出应当促成由媒体主导的"经典代读"向公众自身主导的"自读"转变。参见梅新林、葛永海：《经典"代读"的文化缺失与公共知识空间的重建》，载于《中国社会科学》，2008年第2期，第152-166页。

三、视域构成

"视域"是哲学诠释学范畴的概念。哲学诠释学的主流观点认为，理解在本质上就是一个视域融合的过程，"视域"在"本质上是一个处境概念，是看视的区域，这个区域囊括和包容了从某个立足点出发所能看到的一切"。[6]同时，解释活动可以看作将主观理解活动加以外化，并实现与运用连接的中介和桥梁。因此，与理解密切关联的"视域"及其融合对于解释活动也便具有了重要的意义。尽管哲学诠释学对视域的解说是丰富而深奥的，但基本上还是可以形成一种朴素的感知，即当我们去认知并试图理解一个文本时，由于读者（理解者）所具有的不可避免的前见的存在，在整个双向交流式的理解过程中读者对文本的体认会限定在一个动态的意义范围内，随着理解的深入，这个意义范围会发生变动，但它总是受到来自文本和读者自身的制约，而读者（理解者）对文本的理解也就存在于这个意义范围之内。换句话说，视域将为我们提供理解的可能空间。

本书只是在有限程度上借用"视域"这一概念。一方面，笔者基本认同哲学诠释学所强调的理解是读者与文本及文本背后的作者交互影响而形成的意义重构过程这一观点。就本书的主题而论，这种"意义重构"的可能性赋予了我们对已经整体消亡的传统法律解释学进行再认识的意义根据，也就是说，通过解读《大清律例》注释文本，我们或许能发现其中一些可以超越时间距离而对当前的法律解释学具有价值的东西。当有了这样一种研究预设之后，按照哲学诠释学的理论，从自身角度去有意构建这样一个适当的"视域"就是非常必要的，因为任何理解者都不可能确立一种大到容纳文本一切意义可能的视域，这样就存在一个效率的问题。我们总是希望发挥自身能动性，选择最恰当的视角去进入研究对象，进而谋求最有价值和意义的认识收获。另一方面，从具体的指涉内容来看，本书的"视域"是由选定的典型律学文本构成的，也就是说，本书希望努力呈现出作为一种客观历史存在的清代法典解释文本当中的传统法律解释知识和技术。文本解读是本书的研究路径，那么作为解读对象的文本就构成了理解认知研究主题的核心要素。不同于哲学诠释学认为一切历史留存物都可以视为"文本"的广义界定，作为本书研究对象的文本只是限定于承载语言文字符号的著作作品。当然，由于话语系统转化和时间距离的影响，使得我必须带着若干前见去解读这些文本，以此来还原那个可能的本来意义，同时，本书也更为关心那些能够跨越语言和时间障碍的具有普适性的解释技术和解释智慧。

本书将构成考察视域的解读对象称为"典型律学文本"。何谓"典型"？"典型"的基本标准是什么？以及最终确定的内容是什么？就须做出必要的说明。

其一，虽然包括律学在内的中国古代学问都是围绕经典著作的注释而形成的，但注释著作本身不一定是经典著作。就清代注释律学著作而言，从形成至今只有数百年，普遍不具备真正"经典"著作历经历史沉淀所需的较长时间跨度。加之传统社会下律学并不具有经学那样的"显学"地位，作为一门专门学问，其对社会的影响特别是对知识阶层的影响整体而言是有限的。相对于传统经典著作主要涉及政治哲学、伦理哲学而言，律学著作中尽管也关照国家治理的"常经大道"，但其核心和主体仍然是社会治理中规则和技术层面的东西。基于以上考虑，虽然本书在确定文本阅读这一研究路径时考虑过"经典代读"这一问题，但并不认为文中所解读的著作本身就是"自读"应有的对象——经典，而是定位于"典型文本"。

其二，"典型律学文本"的标准就是在有清一代众多的律学著作中，具有公认的影响力，并在注释体式、体例和内容上有代表性的著作，即它们是清代注释律学著作中的标志性文本。例如，辑注类注释作品构成了清代律学著作特别是《大清律例》注本的主体，沈之奇的《大清律辑注》就是其中具有公认影响力的标志性文本。具体表现为，当前研究者对它的学术地位都给予了极大的肯定，如何勤华先生指出："在清代早期的律学著作中，为清中叶以后学者所引用最多、且最具权威者，是清初著名律学家沈之奇所撰的《大清律辑注》一书"，"无论从形式还是内容来看，在明清律学著作中，该书都是比较完善的：解释律文比较全面、详细，所附条例比较丰富，对各家律例注释书的分析比较也非常深入"[7]。张晋藩先生的《清律研究》、何敏先生的《清代注释律学研究》等作品中也对该书给予了高度评价。①此外，在其他律学作品如《读律佩觽》《读例存疑》等当中，对《大清律辑注》的引证频率也是很高的，充分说明了其在律学家当中的影响力。因此，对于像《大清律辑注》这样具有代表性和重要影响力的作品就被本书认定为"典型律学文本"，并作为考察《大清律例》解释学的研究范本。

其三，本书所确定的"典型律学文本"具体包括如下几种：（1）沈之奇所著的《大清律辑注》；（2）王明德所著的《读律佩觽》；（3）吴坛所著的《大清律例通考》；（4）薛允升所著的《读例存疑》；（5）全士潮等辑纂的《驳案新编》；（6）沈家本所著的《寄簃文存》。之所以选择了这些著作作为解读对象是因为：本书认为以上这些著作具备前面提到的"典型律学文本"所应具备的条件；这些著作都是注释《大清律例》的作品，如前四种，与本书讨论的主题密切相关，《驳案新编》和沈家本的著作虽然不直接以注释《大清律例》为鹄的，但其中有很多内容直接涉及对律例条款的解释说明，这些内容可以作为本书的范本使用；虽然清代律学著作保存下来的最为丰富，但多数作为珍贵的历史资料并未进行系统整理，有相当一部分并不为普通读者所熟悉，以上这些文本都已经过学者悉心点校并出版面世，能够为笔者所掌握和使用，具有研究的可行性。

当确定选择将以上所列文本作为"典型律学文本"，来构建考察《大清律例》解释学的视域时，仍然需要回应如下几个疑问：第一，以上文本具备典型代表性和重要的学术影响力，在某种程度上也是笔者在进入主题之前经由其他知识途径所获取的"前见"，这种"前见"是否真正具备可靠的基础？对此，将在对清代注释律学做整合考察时做专门讨论，这里先只做

---

① 张晋藩先生对《大清律辑注》的评价为："《辑注》一书是清代私家解释《大清律例》的权威性著作，对清朝立法、司法产生了极大影响，特别是各地刑署衙门在司法实践中多援引《辑注》的观点，作为断案定罪的依据。……《辑注》的问世标志着清代律学的重要发展。"参见张晋藩著：《清律研究》，北京：法律出版社，1992年5月第1版，第166页。何敏先生在《清代注释律学研究》中，也在多处对《大清律辑注》给予了较高评价，并认为："《辑注》的面世标志着由清人完全用自己的观点解释清律的时代到来，也标志着清代律学从此走上独立发展的道路。"参见何敏著：《清代注释律学研究》，1994年中国政法大学博士论文，第69页。

提示。第二，通过对以上所选文本的考察，是否足以归纳出《大清律例》解释学所具有的某些宏观性、全局性的特质？这个问题的实质就是，"典型"能在多大程度上代表全体。严格意义上讲，只要没有将所有文本研究过，就存在这个问题。本书认为典型律学文本可以反映出《大清律例》解释学的一些基本特征，一方面是写作本书的预设之一，对于质疑和否定应该保持应有的关注和开放态度；另一方面，也就是做到去探寻最具根本性的共同之处。第三，以上文本的研究现状如何？本书进行系统考察是否具备必要性？从现有研究成果来看，何勤华、张晋藩、何敏三位先生在其著作中，都对清代注释律学的文本进行过较为系统的整理说明。何敏先生的《清代注释律学研究》一文是笔者所见对清代律学做综合性研究的力作，文中专门研究了注释律学流派和著作的问题，并在讨论解释方法时大量引用了《大清律辑注》《大清律例集注》《大清律例通考》《大清律例增修统纂集成》等律学文本的材料，但该文采用的是综合考察的方法，因而并未对这些律学文本本身进行系统解读。期刊论文方面，何勤华先生曾撰写《〈读律佩觿〉评析》一文，但文章内容是对"《读律佩觿》的版本，作者王明德的生平及学术思想，《读律佩觿》的体系、内容和特点，以及《读律佩觿》在我国古代学术史上的地位"的评析。[8]何勤华先生撰写的另外一篇文章《中国历史上第一部比较法著作——〈唐明律合编〉评析》①也是类似介绍、评析式的。张伯元先生的《〈大明律集解附例〉"集解"考》一文，是较为典型的律学文本考察作品，讨论了《大明律集解附例》一书的版本，"集解"所引书目和内容及"集解"释文的特点②，但所考察文本为明代律学文本。王志强先生从法律史学的角度对清代法制进行过深入系统的研究，并常以部分律学著作为史料，《清代刑部的法律推理》一文就以《刑案汇览》（包括《刑案汇览》《续编刑案汇览》和《新增刑案汇览三编》）、《刑部比照加减成案》及其续编、《驳案新编》及其续编作为基本史料，该文从案例着手探寻刑部在司法实践中的法律解释和法律推理的特征，对本书的写作具有方法上的

---

① 何勤华：《中国历史上第一部比较法著作——〈唐明律合编〉评析》，《法学评论》，1999 年第 4 期，第 96-103 页。

② 张伯元：《〈大明律集解附例〉"集解"考》，《华东政法学院学报》，2000 年第 6 期。

指导意义。①此外，也有一些研究成果，从文本解读的角度探讨了非"法律解释学"的学理问题，如曲桂玲的《从〈寄簃文存〉看沈家本的法律思想》②和周少元、戴家巨合作完成的《从〈论故杀〉看沈家本法学研究方法》③等。硕博论文方面：（1）龙大轩先生的博士论文《汉代律章句学考论》（2006年西南政法大学）是一篇运用文本解读方式考察某一时代律学知识形态和技术体系的力作，文中的"律章句学"实际上就是汉代的注释律学，值得一提的是，该文所依据的文本材料都要从浩繁的史料中逐步钩沉爬梳而得出，写作的难度更大。由于汉代专门律学作品留存下来的极少，因此，该文更多的要对经学著作和史学著作进行系统考察。除了对汉代律学家和章句学进行分类考证外，该文还将求证"法律儒家化"作为一个核心论题，因此在理论上的贡献也值得肯定。与龙文选题和写作方法属同一类型的还有梁健的硕士论文《曹魏律章句研究——以如淳〈汉书〉注为视角》（2007年西南政法大学），该文所考察的文本相对确定单一。（2）龚汝富先生的博士学位论文《明清讼学研究》（2005年华东政法学院）中专门比较了讼学秘本与律学著作、刑幕秘本、案例判读和公案传奇等法律著作的差异④，并深入考察了讼学对律例的解释方式及其技巧。该文将讼学文本作为重要的考察对象，并从讼学秘本角度研究律例解释问题，对于本书具有重要的参考价值。

---

① 王志强：《法律多元视角下的清代国家法》，北京：北京大学出版社，2003年9月第1版，第68-97页。

② 曲桂玲：《从〈寄簃文存〉看沈家本的法律思想》，《北京警察学院学报》，1998年第3期，第22-25页。

③ 周少元、戴家巨：《从〈论故杀〉看沈家本法学研究方法》，《法制与社会发展》，2001年第1期，第72-77页。

④ 譬如，文中认为，由于受到来自国家层面的压制，讼学著作在数量和理论水平上均无法同律学著作相比。两者的差异主要体现在：（1）立场地位不同（讼学秘本站在当事人立场，而律学著作站在立法者和司法者的立场）；（2）价值观念不同（讼学秘本关注赢得诉讼，而律学著作则追求律例的公平和稳定）；（3）解释方法不同（讼学秘本以实用主义方法从赢得诉讼入手解释律例，而律学著作则从逻辑性、立法目的和本意等方面解释律例）；（4）设定的读者群体不同（讼学秘本主要服务于讼师和普通民众，而律学著作则主要面向各级官员和刑名幕僚等）。参见龚汝富：《明清讼学研究》，2005年华东政法学院博士论文，第五、六章相关内容。

（3）陈新宇的硕士论文《清代的法律解释》（2002年中国政法大学）是笔者所见的唯一一篇以清代法律解释学为主题的学位论文。该文的主体包括两个部分：清代法律解释的主体和法律解释方法，其中在法律解释主体部分介述了沈之奇的《大清律辑注》，在对成案解释方法的探讨上着重围绕《刑案汇览》所载的案例展开，但限于文章篇幅，文章对两部著作的解读力度仍显薄弱。以上所述，基本上是就当前研究成果中涉及律学著作文本研究情况的说明。整体而言，清代律学著作特别是法典注释著作并未得到较为深入和体系化的研究，在这方面进行研讨的空间十分巨大。

四、问题意识

"问题意识"已经成为当下人文社会科学领域的关键词之一。它既包括对知识的不懈追问，又包括对价值的强烈关注，能够激发研究者的主体意识，使其在探求客观真知的同时又具备应有的主观能动性。研究者的问题意识通常会在深入研究对象之前就已经有了雏形，并在研究过程中不断得到深化和发展。哲学诠释学也非常注重问题意识，伽达默尔在《真理与方法》一书中探讨了"问题在诠释学里的优先性"，指出"问题的本质包括：问题具有某种意义。但是，意义是指方向的意义……问题使被问的东西转入某种特定的背景中。问题的出现好像开启了被问东西的存在"[9]。也就是说，哲学诠释学认为，问题是将主体带入被诠释对象最好的方式，正是基于特定的问题，诠释者与被诠释对象（即文本）才能够实现双向的开放性，而这种开放性是实现理解和意义重构所必需的。彭启福先生曾撰文专门讨论哲学诠释学的"问题意义"，许多观点能够为本书提供方法和认识上的指导。彭文指出："我们可以把理解看作是读者与文本之间的一种'对话'关系，那么其中理所当然地存在着'问—答'结构。问题引出答案，或者也可以说，问题的出现开启了被问的东西的存在，使得文本进入了'效果历史'的流程中，获得其创生的意义。……问题乃是处理文本普遍性与读者特殊性之间张力的关键。"[10]当然，问题在给读者指引方向，实现读者与文本之间的开放性的同时，也将会带来特定的局限性，因为问题总是具有揭示和遮蔽共存的特质。也正因此，哲学诠释学才强调不同理解者之间的对话和沟通。

　　本书也应当首先明确问题意识，才能够有针对性地进入研究对象当中。一些研究中国古典解释学的专著同样能够给出有益的启示。黄俊杰先生在《中国孟学诠释史论》一书中，就将"问题意识的自主性及其性质"作为孟学诠释史中的一般方法论问题。①提出适合的问题，不仅能够给文本解读提供方向性的指引，而且有助于研究创新的产生，因为"问题，无论在自然科学还是在哲学社会科学中都是思维发展的推动力量，是思想创新的推动力量"[11]。具体到本书，传统法典解释学应当是传统（注释）律学的核心与精华所在，而清代又是我国律学及法典解释学发展最为成熟的顶峰时期，这就为研究具有中国民族性特征的法律解释学的技术和知识体系提供了最好的素材。同时，清末以降，中国开始以被动方式步入现代化的进程，法律生活也发生了前所未有的变局，自身固有体系整体瓦解消亡，西方法学引入过程中始终存在着与本土环境的摩擦与抵牾，在宏观社会转型之下的某一学科领域的转型也非常具有标本意义。改革开放以来，中国法学整体上仍然处于这一转型进程当中。若进行反思，其源头仍然应当回溯至清末，而对于那个转型的开端，我们的认识存在一些盲区。基于以上认识，本书希望围绕如下三个问题来展开。

　　第一，以文本为依托，来考察作为一种知识形态的传统法典解释学。本书希望能够在所限定的典型文本范围内，考证中观②层面的《大清律例》解释学的内容，即同时兼顾文本知识考察的具体性与若干文本所呈现的

---

① 黄俊杰先生指出，《孟子》书中触及了许多在思想史上具有重要意义的问题意识，在中国思想史上获得充分发展的是：（1）义利之辩；（2）知言养气之学；（3）王霸之别；（4）公私之分。这些问题一旦形成，就获得了独立自主的生命，能够超越《孟子》这部经典而存在，具有"既内在又超越"的特性。当考察历代孟学的诠释作品时，从以上这些问题切入，往往就能够把握孟学诠释史的"内在整体性"和历史演变路径。参见黄俊杰著：《中国孟学诠释史论》，北京：社会科学文献出版社，2004年9月第1版，第71-79页。

② 笔者将探讨"律学"或"传统法律解释学"整体全局性问题视为宏观层面的研究，这类研究除在过去律学研究中占据主导外，它更多的是将文本作为论证结论的材料而非中心的研究对象，注重对规律和命题判断的提炼；将以具体某个文本或某个人物为中心的解读性考察视为微观层面的研究，这类研究侧重于考证梳理，以知识性的探讨为主旨。本书的选题应当介于上述两者之间，因此将其认定为一种中观层面的研究。

知识系统的全局性。这样的折中纵然是一种良好的预期，却并不一定能顺利达成，殊不知有可能成为彼此俱失的失败尝试。但是，笔者认为这样的尝试或许能对律学研究和传统法学遗产的纵深挖掘产生一些助益，因此仍愿勉而为之。具体言之，本书希望按照著作体式类进行分类，以文本为中心，努力尝试将体式特征、著作逻辑和具体解释内容做一个全面的展示。

第二，以解释方法为中心，来探究中国传统法律解释学中最具代表性的解释技术和手法，并揭示其所反映出的精神意蕴或文化特征。长期以来，律学因在"义理"层面的浅薄而被视为技艺型的末学，但律学家又是浸淫于传统文化的知识阶层，他们如何做到思想观念与学问考究之间的平衡，并非一个没有意义的问题。或许，以技术著称的传统法律解释学正因与义理所保持的距离而孕育着一些可以突破意识和观念障碍的有益遗产，毕竟，古往今来的法律总是人们理性的反映。具体到本书，将不可避免地受到现代类型学的影响，将作为整体的法解释学技术体系进行分割式的考察，以发现其中的机理，这就像"部分—整体"之间的解释学循环一样是不可避免的。但是，中国传统学问理论向以综合贯通为其根本特征，这种意识却应是始终保有的。

第三，以近代社会转型为背景，梳理传统法律解释学与近现代法学之间的内在关联。我们知道，中国近代法律制度和法学体系是在"三千年未有之变局"的冲击动荡中建立的。民族固有的法律制度和学问体系在给西方法律科学引进造成阻碍的同时，又成为不可选择的历史资源。长期以来，我们更多地在反思前者，而对于后者则相对关注不够。彻底与自己的过去决裂，总是需要巨大的勇气并承受极度的痛苦。然而，谁又能真正做到？不顾时代发展之潮流，一厢情愿地希望以旧传统来匡正新世界，总是能被找到"软肋"。问题是，如果就某种旧传统，我们还有深化认识的空间，则"回望过去"就还是有意义的。在本书中，我希望从沈家本入手，来考察所提出的问题。作为中国传统律学的殿军人物，沈家本成功地实现了对新法学的容纳接受，进而完成了近代法律改革的不朽事业。沈家本个人身上的这种转型与兼容，是否具有更为普遍的意义？是否说明在传统法律资源中还有诸多值得认真梳理总结的知识资源？本书希望从法解释学这个角度切入，进行一些尝试性的思考。

第一章 中国传统法解释的流变与成熟

律学能否称为法学，在学术界仍然存有争议，但学术观点的歧异不应成为以特定观点为前提的律学研究的障碍。强调律学与法学差异的见解，总体而言是以西方法学为参照的，它有利于我们警觉到中国传统律学与西方现代法学在内在精神上的鸿沟，从而在看待民族文化遗产时保持一份可贵的批判态度。如果我们对法学采取一种较为宽泛的认知态度，律学则可以被视为有中国民族特质的法学。当然，律学并非中国传统法学的全部[①]，以注释古代律典及其他法律形式为内容的律学在更准确的意义上应当被认为是中国传统的法解释学，代表传统律学发展顶峰的清代注释律学自然就是中国传统法解释学的成熟形态。

---

① 律学是中国传统法学的典型形态，但并不是中国传统法学的全部。总体而言，律学执着于法技术层面的条文注解，以直接或间接地服务于立法与司法实践为目标。何勤华先生在《中国法学史》中提出了"法学形态"的认识理路，并强调"法学是由各种要素组合而成的系统"，只要具备法学世界观（理论基础、法哲学）、法条注释学、法学研究作品等这些必备要素，就可以认为具有法学。在这一判断标准之下，何勤华先生才做出"中国古代不仅有法学，而且还是一种比较发达的法学形态"的判断。就对律学的认识而言，何勤华先生认为，律学应当属于中国传统法学的重要组成部分，但此外，刑名之学、法学世界观（理论基础、法哲学）这些内容也是中国传统法学的内容。参见何勤华著：《中国法学史》（第一卷·修订本），北京：法律出版社，2006 年 8 月第 1 版，第 29-44 页。此外，俞荣根、龙大轩、吕志兴三位学者在其著作中阐明了"中国传统法学"所涵盖的内容，也是将律学视为其中的一个单元，此外还包括中华法系学、礼法学、刑名学、唐律学、刑幕学、宋（慈）学、沈（家本）学，并认为"在中国古代社会，就法律解释学而言，律学是其主要形式"。参见俞荣根、龙大轩、吕志兴编著：《中国传统法学述论——基于国学视角》，北京：北京大学出版社，2005 年 8 月第 1 版，"目录"、第 143 页。

第一节　历史根基：传统律学发展源流

清代注释律学的学术地位毋庸笔者多言。对于律学发展沿革的考证，许多法律史学和律学研究专著当中都有过较为明晰的梳理总结。本节旨在探讨传统律学发展历程为清代注释律学所提供的历史根基。因史料的匮乏，其梳理是粗线条的，难言精谨。

怀效锋先生的《中国传统律学述要》一文，能够为我们大体认知传统律学发展的历史沿革提供指引，文章开篇便指出"律学实质上就是中国古代的法学，它发轫于商鞅变法、兴起于汉、繁荣于魏晋、成熟于唐、衰微于宋元、复兴于明，至清而终结"[12]。《中国传统法学述论——基于国学视角》一书中对律学发展脉络的归纳与《中国传统律学述要》一文基本相同。①

春秋战国时期的社会裂变、学术下移与士人阶层崛起，对旧有的具有神秘色彩的"神法"和"宗法"体系形成根本性的冲击。为了赢得在政治、军事角逐中的优势地位，在士人官僚推动下，各国纷纷实施"变法"，使得肇起于春秋晚期的公布成文法运动得到了深化。其中，商鞅"改法为律"成为这一阶段的标志性事件。从内容上来看，商鞅变法的核心就是明赏罚、奖耕战，以期快速实现国家的富强。在形式上，一方面强调法律应当明白公示及稳定，所谓"错法而民无邪，法明而民利之也"②，"法已定矣，不以善言害法"③，这样才能真正发挥法律对民众的指引作用，将立法的意图转化为民众的行为；另一方面则强调法律解释及裁量权高度集中于君主。《商君书·定分》的内容之一就是君主要选拔"主法令者"以为吏民之师，即"诸官吏及民有问法令之所谓也于主法令之吏，皆各以其所欲问之法令明告之，各为尺六寸之符，明书年、月、日、时，所问法令之民以告吏民"。在整体文化普及程度极低、知识为贵族和士人所垄断的先秦时期，"主法令

---

① 该书将律学的沿革分为以下时期：先秦萌芽期、秦代起始期、两汉形成期、魏晋繁荣期、隋唐成熟期、宋元明清延续期、清末民国终结期。参见俞荣根、龙大轩、吕志兴编著：《中国传统法学述论——基于国学视角》，北京：北京大学出版社，2005年8月第1版，第143-158页。

② 错，置也。《商君书·错法》。

③ 《商君书·勒令》。

者"所告知"吏民"的"法令"，应当含有法律的解释性内容，因为对于主法令者本身就有"使学读法令"①的要求。也正是在这种判断的基础上，有学者才指出，"律学一发端就建立了官方解释之制"，"律学以解释法条为根本特征"。[13]可见，虽然先秦时期尚未出现"律学"一词，也没有完整的法律解释著作得以留存下来，但律学的特征要素已经孕育生成。

秦王朝的政治形态基本上是战国时期秦国的延续，仍忠实奉行"以法为令，以吏为师"的法家治理路线。睡虎地秦墓出土的《法律答问》让后人深切地感受到官方法律解释技术已经取得了极高成就。就规模而言，《法律答问》部分计竹简 210 支，解释法律 187 条。②如果说从《商君书》中我们更多的是在感知法律解释存在的合逻辑性的话，《法律答问》则呈现出具体实在的解释内容。

两汉时期的律学，一方面依附于经学之下而难得独立，另一方面也从经学当中吸收了宝贵的知识资源。经学本质上可以被认定为中国的经典解释学。经学家们注释以"五经"为代表的先秦经典著作，一方面努力还原经典文本的原意，同时也试图通过重新解释而能够超越文本并获得对于那一时期时代主题的答案。无论是董仲舒的"引经决狱"，还是两汉许多古文、今文经学家因注经而旁及注律，都推动了律学的发展。以儒家理论来作为裁判案件的依据，开启了贯穿中国传统法律发展始终的法律儒家化进程，从此，历代注律者一方面在指导原则上找到了恒久的依据，同时也受到了极大的约束。律学整体上在形而上层面无甚贡献而只用心于细节的技术层面，与此不无关系。而经学家在训诂、考证等方面的突出成就则给了律学以方法上的指导。两汉在立法上的成就，也为律学发展提供了前提条件，汉律六十章体系的建立使得律学家有了丰富的注释对象，伴随着对汉律的解释出现了一些非常有影响的律学家及律学著作。譬如，杜周研究汉律并撰《大杜律》，其子杜延年撰写《小杜律》，此外还出现了律学家聚徒讲律进而形成家学传统的事例。同时，"通经"与"通律"成为读书人进入官僚

---

① 《商君书·定分》原文谓："主法令之吏有迁徙物故，辄使学读法令所谓。"

② 何勤华编：《律学考》，北京：商务印书馆，2004 年 12 月第 1 版，第 37 页。

集团的两条路径，也为律学发展提供了制度上的保障。

魏晋时期律学发展的最突出表现就是逐渐摆脱了对经学的附庸而获得了些许独立的地位。魏晋玄学的兴起在否定儒家独尊的同时实际上开启了又一次思想融合的潮流，先秦老学、儒学，以及东汉传入的佛学是其核心思想元素。对原先汉代经学（特别是古文经学）的解释方法进行创造性的发挥，拓展在义理和形上层面的解释空间，成为魏晋玄学的自然发展趋势。这种解释方法论上的革新对于律学具有重要意义。经学束缚减弱、各个政权法典编纂频繁、思想融合趋势引发的经典解释方法上的创新，都促进了魏晋律学的繁荣。制度层面，曹魏时期正式设立律博士，彰显了律学具有与经学同阶而立的官方地位。文献方面，《晋书·刑法志》中辑录的张斐的《律注表》可谓一篇专业的律学论著。《律注表》对律典名例篇的要旨归纳为"律始于刑名者，所以定罪制也；终于诸侯者，所以毕其政也。王政布于上，诸侯奉于下，礼乐抚于中，故有三才之义焉。……刑名所以经略罪法之轻重，正加减之等差；明发众篇之多义，补其章条之不足，较举上下纲领。其犯盗贼诈伪请赇者，则求罪于此。作役水火畜养守备之细事，皆求之。作本名，告讯为之心舌，捕系为之手足，断狱为之定罪，名例齐其制。自始至终，往而不穷，变动无常，周流四极，上下无方，不离于法律之中也"[14]。这里对律典"名例"功能的归纳已经非常系统全面。当然，张斐《律注表》中最有价值的当属他对 20 个法律概念的详细阐释，充分说明了魏晋律学在解释技术上的科学，下面辑录原文，以资证明：

其知而犯之谓之故，意以为然谓之失，违忠欺上谓之谩，背信藏巧谓之诈，亏礼废节谓之不敬，两讼相趣谓之斗，两和相害谓之戏，无变斩击谓之贼，不意误犯谓之过失，逆节绝理谓之不道，陵（凌）上僭贵谓之恶逆，将害未发谓之戕，唱首先言谓之造意，二人对议谓之谋，制众建集谓之率，不和谓之强，攻恶谓之略，三人谓之群，取非其物谓之盗，货财之利谓之赃。凡二十者，律义之较名也。[15]

此外，张斐《律注表》还对许多涉及司法适用的重要问题进行了阐述，这些内容构成了后来律学发展的深厚根基，一直被后世律学家所遵循传承。

以《唐律疏议》为代表的封建法典代表了传统立法水平的成熟。封建法典在结构体例上和内容上日渐成熟稳定，在此前提之下，为适应调整社会生活的需要就应当扩展法典解释的空间。《唐律疏议》当中的"疏议"部分，本身就是官方对律文的解释，这种解释具有与律典正文相同的效力，并构成律典的一部分，该传统一直延续至清末。从这个意义上讲，《唐律疏议》既是法典，同时又是一部具有高度研究价值的律学著作。从学术演变角度看，唐代开始对经学实施"统一化"，以孔颖达的《五经正义》作为官方经学的指定教科书，科举取士也以《五经正义》为标准。经学统一虽然有助于统治思想的明晰划一，但也具有负面效应，即经学解释在思想和方法上守成有余而创新不足。经学解释学的这种状况对于律学也产生了影响，即努力去维护《唐律疏议》的正统解释地位而鲜有创新发展。

由于印刷技术的发展，宋元以后我国传统律学遗产得以保留下来的内容渐多。尽管受科举制度指引的知识分子更多地投身于经学考证和义理阐发当中，形成所谓"读书万卷不读律"的风气，但宋代还是有许多非常有价值的律学著作得以保留下来。代表性的有：（1）孙奭的《律附音义》，该书是对《唐律疏议》的解释，目的是作为科举"明法科"的教材使用。①（2）傅霖的《刑统赋解》，该书"主要是以歌、赋的形式，将《宋刑统》中的一些重要规定予以通俗的诵唱"[16]，这对于后来律学著作中的"歌诀体"产生了重要的影响。沈家本曾作《刑统赋解跋》对该书进行评价说明。（3）王建的《刑书释名》和刘筠的《刑法叙略》，这两部著作属于专题类的作品，前者解释历代法典中的刑名及用刑方法，考察了刑罚演变历史；后者对历代刑官的设置及历史沿革做了系统的考察，是一部"刑官史"。②从以上所引四部律学著作可以看出，其体裁内容较为丰富，不再局限于对法典进行逐条逐节的注疏解释，从中可以看出传统律学在这一时期呈现出了研究旨

① 王应麟所撰的《玉海》卷六十六《天圣律文音义》中阐明了孙奭著书的目的："（天圣）四年（1026）十一月，奭言：诸科唯明法一科，律文及疏未有印本，举人难得真本习读，诏国子监直讲杨安国、赵希言、王珪、公孙觉、宋祁、杨中和校勘，判监孙奭、冯元祥校，至七年十二月毕，镂板颁行。"参见何勤华著：《中国法学史》（第二卷·修订本），北京：法律出版社，2006年8月第1版，第44-45页。

② 这两部作品内容的介绍，参见何勤华著：《中国法学史》（第二卷·修订本），北京：法律出版社，2006年8月第1版，第48-53页。

趣多元化的特征，这一特征在明清得到了更大的发展，最终使律学研究呈
现出高度成熟的形态。

明代的法制建设与律学（特别是私家注释律学）的发展成就为清代奠
定了直接的历史基础。在法典体例上，明代奠定了中国封建法典最后的稳
定形态——"七篇制"；在法典内容上，根据维护封建统治基本秩序和适应
社会生活变化的需要做了诸多调整，尽管相比于唐律这些调整多被诟病，
却为法律解释学的重新兴起提供了前提条件。此外，明代沿袭了宋代在基
本法典之外频繁制定特别法的传统，并在明代中叶正式确立了律、例合编
的立法体例，①这些都使得明代注释律学对清代产生了重大的影响。《大清
律例》本身就是在《大明律》的基础上稍加修改制定的。②就注释律学的发
展而言，清代注释律学也是在经历了对明代注释律学的学习借鉴之后，才
走上了独立发展的道路。评价明代注释律学著作的一个重要标准就是是否
被清代律学家所重视和承认，何广所著《律例辩疑》、雷梦麟所著《读律琐
言》、王肯堂所著《律例笺释》等著作经常被清代律学著作引证和批判，为
清代注释律学提供了重要的知识和学术资源。清末以来，传统法律体系的
动摇瓦解与新法学的引入培育是交织共存的，在这一艰难的转型过程中，

---

① 郑秦先生经过考证认为律、例合编的立法体例始自明中叶万历十三年（1585）。当时的刑部
尚书舒化奏请重修《问刑条例》，并准备纂入当时正在修定的《大明会典》，云："仍将《大
明律》逐款开列于前，各例附列于后，刊刻成书，颁布问刑衙门。"沈家本在《寄簃文存》
卷七的《万历大明律跋》中也认为，"是年（万历十三年）所修条例，附律而行，本非单行
之本"。万历《明会典》所收明律，即"备载大明律文，以条例各附本律之下"。这种律、例
合编的体例经《会典》推广，成为明律刊行的标准，并一直延续至清代。参见郑秦著：《清
代法律制度研究》，北京：中国政法大学出版社，2000 年 5 月第 1 版，第 12-13 页。
② 《清史稿·刑法志》对于顺治三年（1646）大清律对明律的调整改动做了较详细的归纳："顺
治初，厘定律书，将公式门之信牌移入职制，漏泄军情移入军政，于公式门删漏用印，于
仓库门删钞法，于诈伪门删伪造宝钞。后又于名例门增入边远充军一条。雍正三年之律，其删
除者：名例律之吏卒犯死罪、杀害军人、在京犯罪军民共三条，职制门选用军职、官吏给由
二条，婚姻门之蒙古、色目人婚姻一条，宫卫门之悬带关防牌面一条。其并入者：名例之边
远充军并于充军地方，公式门之毁弃制书印信并二条为一，课程门之盐法并十二条为一，宫
卫门之冲突仪仗并三条为一，邮驿门之递送公文并三条为一。其改易者：名例之军官军人免
发遣更为犯罪免发遣，军官有犯更为军籍有犯；仪制门之收藏禁书及私习天文生节为收藏禁
书。其增入者：名例之天文生有犯充军地方二条。"

以沈家本为代表的旧式律学家并未成为局外人，相反，他们成为推动中国法制变革的中坚力量，或许正能体现出传统律学与新式法学之间存在着某种内在的关联。

以上所论，是希望将清代注释律学放在传统律学的整体脉络中加以考察，同时也可以算作在进入清代注释律学专题之前对其历史源流的简要梳理。中国传统社会具有超稳定的结构特征，在其中生长出的学问知识体系也便具有紧密的历史延续性。就中国传统律学的特性而言，学术界已经达成普遍的共识：首先，从产生之初律学就具有官学的性质，尽管国家未对其实施完全垄断，但参与律学研究的主体大都具有完全或部分的官方身份，以各级官员和官员辅助人员为核心。这些人从事律学研究，或为进阶取士，或为职务需要，具有强烈的实用取向。其次，从知识传承的方式途径来看，律学传授的主要形态是私人式的个人钻研或家学传授，体系化的学校传授方式虽然在个别时期存在，但整体上影响不大。虽然法律知识一直也是传统社会各级官员的制度性需要，但由于上升通道的狭窄和儒家经学主体地位的抑制，造成真正以法律知识作为特长的官员在官僚集团中只是配角，因此律学在体制当中也难有大的发展空间。再次，从方法技术上而言，从汉代经学发展兴起之后，经学考证中的许多解释方法就开始被律学所吸收借鉴。由于经学与律学的本质都是解释学，而且都属于解释学当中的权威型解释学，在经学解释居于核心地位的文义解释和历史解释也成为律学最基本的解释方法，律学家在整体上总是恪守法典的有效性和尊崇性而难以形成系统深刻的批判性思维。最后，从流传于世的律学著作来看，以实用性、技术性和知识性著称，内容均围绕核心的解释对象——法典或其他法律形式而展开，抽象的理论性思考整体上处于零散的自发状态。以上这些特征，亦是清代注释律学所具有的。

第二节　学术支撑：清代朴学对注释律学的影响

清代学术，蔚为大观。清代学术与清代律学之间的关联更是一个复杂而有意义的问题，很难厘清。这里侧重讨论清代朴学对注释律学的影响，意在揭示清代注释律学所倚重的学术根基。由于自身学养的浅薄，这里只能进行一些粗略的讨论。

其一，清代朴学对律学家学术根基养成的影响。对于清代学术的称呼，有朴学、考据（证）学、汉学等，更有直称"清学"的，本书将不对这些概念做详细辨析，而是用"朴学"来概称清代学术最具特征的核心部分。梁启超先生认为"朴学"乃是清代居于正统地位的学风，"其学问之中坚，则经学也。经学之附庸则小学，次及于史学、天算学、地理学、律吕学、金石学、校勘学、目录学等等，一切以此种研究精神治之"[17]。也有将朴学直接与考证学等同的，朴学注重对知识的考证求实，反对没有扎实根基而空发义理的做法，在精神实质上更接近于汉代经学中的古文经学。尽管有客观社会因素的影响，朴学的发展在很大程度上还是对单纯义理之学的反动。

由于朴学是清代学术所具有的整体性特征，因此认为作为知识分子组成部分的律学家在相当普遍的程度上具有朴学基础这一判断就并非全无凭据。在清代，对知识分子导向作用最强的清代科举制度在很大程度上吸收了朴学的成分。尽管私人研究仍然是朴学存在的主体形式，但科举制度也同样需要具备一定的朴（汉）学研究能力。刘墨先生在《乾嘉学术十论》一书中专门探讨过"科举与朴学"的问题，他认为，"在 18 世纪晚期，汉学所关注的一些问题终于渗透到科举考试之中，它是随着考官在第三场的策论中开始测验原先国家规定科目之外的技术性考证题目时而发生转变的"[18]。最明显的例证，就是一些乡试中出现了具有很强考证性的题目。①由于科举是通向权力和荣誉的唯一途径，势必会对广大知识分子起到导向作用，也使得包括官学和私学在内的教育系统自觉地将朴学的内容囊括在内。刘墨先生还列出了一份科举得第的名单，其

---

① 譬如，1771 年在山东所举行的乡试中，策论题就问到《尚书》今古文之间复杂的区分；1810 年江苏、安徽乡试第三场第一道策论题，就直接提及《尚书》的真实性问题；1819 年在山东的另一场乡试中，第一道策论明确地要求考生对今古文《尚书》的出处做出考证性的分析："王伯厚谓《周官》据今文，然经古文仍不少，而注中每易以今文，何故？《仪礼》注有从古文者，有从今文者，有今古文兼从者，能分别之否？"……当这些（朴学根基扎实的）考官一进入第三场经史事务策考题时，其考据学的倾向就不由自主地暴露出来。参见刘墨著：《乾嘉学术十论》，北京：生活·读书·新知三联书店，2006 年 11 月第 1 版，第 36-39 页。

中包括许多后来清代朴学的重要学术人物，如王鸣盛、钱大昕、纪昀、朱筠、毕沅、王念孙、章学诚、孙星衍、阮元、王引之、刘逢禄，等等，尽管他们集中在乾隆、嘉庆时期，但还是能够说明清代官僚在整体上受朴学的学术影响。在这一前提下，我们就能够推论出，作为封建官吏中的律学家也便具有深厚的朴学功底，并深刻地影响了他们的律学研究活动。从清代律学家的一些介绍中，我们可以直接感受到他们受整体学术背景的影响，如《历代刑法考》的点校者就指出，"沈家本学有渊源，尤精于经学与小学。本书最见功力的部分，是对于先秦及两汉文献的考订。书中对文献的考辨，一般都是从训诂着手，引经据典，追本溯源，旁征博引，力求阐发其本意。沈家本非常注意吸收清代朴学大师段玉裁、桂馥、王筠等人的研究成果，而又常常做出自己的判断。"[19]

刑名幕友阶层是清代律学研究的另一重要群体，虽然他们未能通过科举途径入仕为官，但其教育背景普遍与官吏律学家是一致的，即受到朴学的熏陶与影响。刑幕人员作为各级官员身边的顾问和助手，其知识背景必须能够胜任工作的需要，其中包括司法和行政执法事务。由于大多数刑幕人员集中于府、县等层级较低的官僚部门，有关他们的学术背景和学术活动的研究资料相对较为匮乏，但是我们还是能够通过一些相关的研究成果来了解他们。北京大学尚小明博士的学位论文《学人游幕与清代学术》是研究清代幕僚阶层学术活动的力作，可以为我们提供一些了解刑幕人员学术背景的宝贵线索。该文的基本结构和内容安排是：纵向上将清代游幕阶层的学术活动分为顺康雍、乾嘉、道咸三个时期，每个时期都选取一些著名的幕府作为研究对象进行重点考察；就学人游幕过程中的学术活动，亦分为三大类——学术交流与传播、个人撰著活动、幕府的大型学术工程（经史典籍的编校、编纂）。尚小明博士在文中统计了康熙中期至嘉庆末年的情况，指出《清代朴学大师列传》《清代学者生卒及著述表》《清史列传》（文学、儒学）中所涉及的学人中，有过游幕经历的比例在 35.7% ~ 40.5%；曾有过游幕经历的著名学人有 170 多人，包括经学家、史学家、地理学家、金石学家、校勘目录学家、诸子学家、历算学家、古文家、文学家，等等，包括了惠栋、钱大昕、孙星衍、王念孙、阮元、焦循、阎若璩、章学诚等朴学大家。相对于从事军政大事顾问、处理案牍文书及编纂著述的高级幕僚而言，刑钱幕友则相对层次较低。尚文特别指出，"刑钱幕友在清代中期是非常活跃的。不过从事这类幕业主要是下层文人，而且主要集中在府、州、县衙门……从整个清朝一代幕府的发展情况来看，能够以州县幕友跻身著名学人行列的，只有康雍时期的李塨和乾嘉时期的汪辉祖等少数人……从清中期学人游幕的情况也可以看出，考据学在学界占了统治地位"[20]。尽管无法直接找到更多关于刑幕人员的术背景的信息，但我们在朴学对游幕阶层存在整体影响的前提下做出一定的演绎推论，认为构成律学研究主体的刑幕人员其知识背景与朴学密切相关的判断应不会有太大的问题。

其二，朴学研究方法是律学研究可资利用的重要资源。朴学研究的核心对象——经学典籍在中华民族的文化传统中具有特殊的尊崇地位，而律学的核心对象——法典在封建政治体制下的权威同样不可质疑，这就为两者在研究方法的共享方面提供了可能。梁启超先生在《清代学术概论》中将朴学的特色概括为十个方面，其要点为："一、凡立一义，必凭证据，无证据而以臆度者，在所必摈；二、选择证据，以古为尚；三、孤证不为定说；四、隐匿证据或曲解证据，皆认为不德；五、最喜罗列事项之同类者，为比较的研究，而求得其公则；六、凡采用旧说，必明引之，剿说认为大不德；七、所见不合，必相辩诘，虽弟子驳难本师，亦所不避，受之者从不以为忤；八、辩诘以本问题为范围，词旨务笃实温厚；九、喜专治一业，为'窄而深'的研究；十、文体贵朴实简洁，最忌'言有枝叶'。"[21]以上所论，并不局限于研究方法，朴学的治学态度和表达特征也包括在内。朴学研究注重实据、注重比较分析和历史考证的方法在清代注释律学中都有具体而丰富的体现，而且朴学研究严谨扎实的治学态度，平实质朴的语言风格也特别适应于律学研究。

由于"朴学"与"考据学"常被互通使用，因此关于"考据学"的一些研究结论其实同样适用于"朴学"。譬如，刘墨先生将考据学研究范式归纳为小学训诂范式、历史考据范式和经典解释范式，对于总结朴学研究方法也很有启发。具体而言：小学训诂范式是由文字、音韵、训诂等语言学入手，探求经典的准确含义；历史考据范式侧重对经典进行历史的分析，考史辨妄，是以史学之实证经学之虚；经典解释范式是以经典为本位，广泛运用各种辅助学科，将儒家学统中博学一派推向极致。[①]如果同解释学联系起来的话，以上三种研究范式大体上对应了训诂（文义）解释的方法、历史考证的方法和引证解释的方法，而它们正是法律解释学方法体系中的重要内容，在清代注释律学中也是主体。

其三，朴学著作的体式及内容对律学著作的影响。清代朴学坚持以考据为本，其研究对象除经学原典之外，也扩展到历史、地理、天文历法、音律、典章制度等领域；其研究方法则以训诂、考证、校勘、汇集、辨伪等为主。清代朴学昌盛的重要标志之一就是大量朴学著作的出现，而朴学著作对清代律学著作是否产生过影响及其影响的体现也是一个值得探究的问题。这里仅以《清史稿·艺文志一》所列的著作为例[②]，从体式和内容两方面考察朴学与律学著作之间的关联。我们按照一定的著作体式选取了部分著作，如表 1-1 所示。

表 1-1　《清史稿·艺文志一》中所涉朴学著作（部分）

体式类别	著作名称	卷数	作者	《艺文志》归类
集解体	《夏小正辑注》	四卷	范家相	礼类
	《周官集注》	十二卷	方苞	礼类
	《孝经集注》	一卷	雍正五年奉敕撰	孝经类
	《晋卫瓘论语集注》	一卷	马国翰	四书类
	《周易应氏集解》	十三卷	应撝谦	易类
	《孙氏周易集解》	十卷	孙星衍	易类
	《尚书今古文集解》	三十一卷	刘逢禄	书类
考证体	《周易考异》	二卷	宋翔凤	易类
	《古文尚书考》	二卷	惠栋	书类
	《尚书义考》	二卷	戴震	书类
	《诗经考异》	一卷	王夫之	诗类

---

① 参见刘墨著：《乾嘉学术十论》，北京：生活·读书·新知三联书店，2006 年 11 月第 1 版，第 255-256 页。

② 按照《四库全书》的分类体系，《清史稿·艺文志一》所列书籍均属于经部，具体分为十大类：易类、书类、诗类、礼类、乐类、春秋类、孝经类、四书类、经总义类、小学类。

续表

体式类别	著作名称	卷数	作者	《艺文志》归类
考证体	《陆玑毛诗疏考证》	一卷	焦循	诗类
	《周礼汉读考》	六卷	段玉裁	礼类
	《三年服制考》	一卷	毛奇龄	礼类
	《四书考异》	一卷	翟灏	四书类
	《论语类考》	二十卷	陈士元	四书类
	《经典释文考证》	三十卷	卢文弨	经总义类
	《经典文字考异》	一卷	钱大昕	经总义类
	《说文解字引汉律令考》	二卷	王仁俊	小学类
注疏体	《尚书今古文注疏》	三十卷	孙星衍	书类
	《仪礼注疏详校》	十七卷	卢文弨	礼类
	《仪礼经注疏正讹》	十七卷	全日追	礼类
	《周易注疏校正》	一卷	卢文弨	易类
	《春秋公羊注疏质疑》	二卷	何若瑶	春秋类
	《尔雅注疏本正误》	五卷	张宗泰	小学类
释体	《易通释》	二十卷	焦循	易类
	《禹贡郑注释》	二卷	焦循	书类
	《仪礼释例》	一卷	江永	礼类
	《曾子注释》	四卷	阮元	礼类
	《论语通释》	一卷	焦循	四书类
	《经传释词》	十卷	王引之	经总义类
	《群经释地》	六卷	吕调阳	经总义类
	《尔雅释服》	一卷	宋翔凤	小学
	《说文释例》	二卷	江沅	小学

　　上表所列著作仅是清代学术著作中非常有限的一部分，但仍能够反映出清代朴学以经学考证为核心的学术宗旨和突出成就。集解、考证、注疏、释体的四种体式是笔者所做的归纳。其中：（1）集解体重在整理汇集对经典著作的各家注释，往往会在引述各家见解的基础上，提出自己的观点；清代就出现了许多集解体的律学著作，譬如本书选作考察对象的《大清律辑注》。它与范家相的《夏小正辑注》均以"辑注"为名，由于古人著书均严格采纳体式，因此我们有理由推定两者在著作形式上及著作手法上存有关联；此外，清代朴学家已经开始将后世学者对经典的解释性著作作为解释对象或创作自己的解释学著作，如《晋卫瓘论语集注》和《孙氏周易集解》，这对于律学家进行明代律学著作的批判性研究和创作自己的律学著作具有重大影响。（2）考证体是朴学著作的重点，相比之下，清代律学著作

中也出现了律例考证、专题考证等多种著作形式，如《毛诗通考》和吴坛的《大清律例通考》在体式上的关联，各种考异类著作如《周易考异》《诗经考异》和《经典释文考证》等对于各种律学著作中比较研究方法的影响；而一些典章制度方面的考证著作则有可能成为律学著作的重要参考著作。（3）注疏体和释体也是历史悠久的经典解释体式，《唐律疏议》本身就应属注疏体，强调将正文和注释都作为解释对象；而通释体则既可作全局性的通释，也可以进行专题解释。由于从唐律至清律的封建法典在内容上均包括正文和官方小注，因此对法典进行综合解释的律学著作其实都具有注疏体和通释体的特征，典型的如沈之奇的《大清律辑注》、薛允升的《唐明律合编》。而各种具有专题解释性质的著作《经传释词》《群经释地》对于律学勃兴后专题解释类著作的出现也具有参照价值。上述内容，并未建立在系统严格的考证基础上，而多有推测的意味，其前提便是，一种独立学科的发展往往会受到当时整体学术发展的影响。清代朴学的核心是经学解释，且注重考据，反对空疏而缺乏实据的义理发挥，正与注释律学的特征相契合，因此，我们才有理由认为除了治学宗旨、治学方法之外，朴学的著作文本亦对清代律学产生了重要影响。

第三节　成熟表现：注释流派与注释著作勃兴

一种学术的成熟繁荣，都有相应的特征和表现，其中最为普遍的就是这门学问谱系内部能够产生不同的流派，每一流派都有相应的代表人物和代表性著作，而且这些代表人物的学说著作能够在不同的流派之间产生相应的影响。我国春秋战国时期的"百家争鸣"当属学术繁荣的典型代表，当时不同学派的思想家都围绕社会转型期的时代主题给出了自己的见解，他们的学说理论具有完整的体系和稳定的传承者和传承方式，各家均有自己的代表著作。在这些著作中，常常能看到各家在系统阐释自己主张的同时，还会对其他学派的主张进行回应，或是激烈批评，或是理性反驳，或是融合吸收，思想学说正是通过这种方式实现了交锋与融合，最终奠定了文化的根基和传统。相比于"轴心时代"诸子百家学说的恢宏气势，清代注释律学自然在理论的原创性和学说的系统性上均处下风，甚至可以说两者存在"道"与"器"的根本层次上的差别。但是，当我们将传统律学作为具有一种学问形态和知识体系来看待，通过追溯其发展源流、探析其学理基础，则可以看出律学本身也具有其相对完整的谱系，其在不同历史时期的发展也具有相应的特征。就清代注释律学而言，它无疑是传统律学的集大成阶段，在中国封建社会即将因外力主导而整体消亡的前阶段，却表现出高度的成熟和繁荣，流派纷呈，著作丰富，为后世留下一份宝贵的传统法学文化遗产。

学术界对清代律学的研究颇为关注，一些学者对注释流派和律学著作已做过总结整理。他们的研究成果对于我们从整体上把握清代注释律学的发展全貌具有非常重要的参考价值。本节首先引述学界已有的研究成果，然后做简要的评析。

张晋藩先生在《清律研究》中以"清代注释律学的解析"这一专题的形式，在国内较早对清代私家注释律学的流派与代表著作进行了系统的梳理，认为"据不完全统计，终清一世，私家注本百有余家，150多种，其中影响较大，适用面较广，对清律的修订、变革有直接影响的有60余种。"[22]他以这些释本的继受关系与侧重面及著述形式，归纳为辑注本、考证本、司法应用本、图表本和歌诀本五个系统。

1. 辑注本系统。所谓"辑注"，按照清代著名刑幕万维翰在《大清律例集注·叙》中的解释，就是"辑诸家之说，间申鄙见，疏其意，解其辞，剖析其同异，使断狱者准情以比例，依例以定律，互相证明，开卷了然"。可见，辑注本的特征就在于博采众家所长，并进行必要的评价说明，一本在手，可以旁及他本观点，有利于读者开阔视野。辑注本系统的代表著作为康熙五十四年（1715）沈之奇所著《大清律辑注》和乾隆三十一年（1766）万维翰所著《大清律例集注》。其他被张晋藩先生列入辑注本系统的还有《大清律集解附例笺释》等20种著作。

2. 考证本系统。该类型著作直接受到清代考据学风气的影响，其特点是"注重对《清律》条文的沿革变化进行探源溯流的历史考证，以阐释立法的原意及变动的因由"[23]。考证本并不像辑注本那样侧重于逐字逐节地阐释律条的文义，而是通过历史沿革的考察来探究立法原意和律例条文变迁的动态历程，其代表性著作为乾隆年间刑部侍郎吴坛所著的《大清律例通考》和光绪年间刑部尚书薛允升所著的《读例存疑》。考证本著作的撰写者通常都是在刑部供职多年的官员，他们对律例变迁的动态过程非常熟悉，才有可能完成这种系统考证的著作。其中，《大清律例通考》一书中，作者通过"谨按"的形式详细交代每条律文和例文的来历、修改及变化过程；对于例文的评价性观点则通过"又按"的形式清晰地表达出来。《读例存疑》的体例与《大清律例通考》基本一致，只是考证部分的重点在"例"，而且只采用"谨按"的按语形式。张晋藩先生认为这两部著作体例相仿，在例文的考证上具有前后延续性。其他的考证本律学著作还有数种。①

3. 司法应用本系统。这类著作记载了一些有丰富司法经验的官员的办案经验，也包括一些刑名幕友撰写的幕学著作，以康熙十三年（1674）出版的《读律佩觿》和康熙年间江苏昆陵太守于琨辑注的《祥刑要览》为代表著作。由于本书将《读律佩觿》作为典型文本，要进行系统考察，这里先引述张晋藩先生对《祥刑要览》的介绍：该书共六册四卷，"以阐述审案要领、诉讼程序、六杀总辨、司法检验文论为主，兼对慎刑、从政等有关吏治的内容加以论述"，其中，"'刑政大纲''六杀总辨'和'从政名言'等篇，从司法审判的角度有针对性地对《大清律例》中一些适用性较强的重点条文、罪名进行注释。尤其是关于诉讼理论的论述，对司法审判有着切实的指导作用，也是撰写、辑注该书的宗旨"[24]。《清律研究》一书所归纳的司法应用本系统的律学著作还有十多种。②

---

① 包括：《大清律目附例示掌》（夏敬一撰，乾隆三十九年，4册）、《大清律例纂修条例按语删稿》（杨白鲲校刊，嘉庆七年，12册）、《大清律例根源》（张泮中辑，道光二十七年，61册，30卷）、《大清律例按语》（黄恩彤辑，道光二十七年，60册，104卷）等。

② 包括：（1）《新刻平治馆评释萧曹致君术》（琴堂卧龙子汇编，康熙初年，6册）；（2）《邢台秦镜》（竹影轩主人汇编，康熙十二年，2册6卷）；（3）《新编文武金镜律例指南》（凌铭麟辑，康熙中期，20册16卷）；（4）《刑钱指南》（万维翰著，乾隆三十九年，7册3卷）；（5）《不碍轩读律六种》（王有孚辑，乾隆三十七年，24册33卷）；（6）《驳案新编》（全士潮校刊，乾隆四十六年，24册33卷）；（7）《律法须知》（吕芝田撰，嘉庆初年，2册2卷）；（8）《读律心得》（刘衡纂辑，道光初年，1册3卷）；（9）《说贴摘要抄存》（清道光年间辑，7册。又：书内另题《刑部说贴各省通行成案摘要抄存》《刑案摘要》）；（10）《刑案汇览》（祝庆琪纂、鲍书云订，道光十四年，64册60卷）；（11）《续增刑部律例馆说贴摘要》（胡调元辑、张曾校刊，道光二十三年，4册）；（12）《明刊管见录》（穆翰著，道光二十五年，1卷）；（13）《祥刑古鉴》（宋邦儶辑，同治年间，3册3卷）。

4. 图表本系统。顾名思义，图表本就是将《大清律例》的内容用图表等直观方式表达出来，以便于理解和应用的一类律学著作。从明律开始，五刑、六赃、纳赎和服制方面的规定，就用图表方式归纳于律典正文之前，《大清律例》也沿袭了此种做法。所谓图表本著作，就是注释律学家在《大清律例》已有图表之外，又对部分内容进行此种方式的归纳编排，形成新的著作。张晋藩先生认为，由两位浙江名幕沈辛田和万维翰分别于乾隆五年（1740）、乾隆十五年（1750）纂辑完成的《名法指掌》和《律例图说》为图表本系统的代表性著作。其中，《名法指掌》"将《大清律例》刑名部分制成图表，使罪名与处分相对应，纵横求索，如指诸掌，故名《指掌》"[25]；《律例图说》在体例上仿《名法指掌》，"以图表形式详列《大清律例》条文，目的在于析义辨伪"[26]。《清律研究》一书中归纳整理的图标本著作还包括其他九种。①

5. 歌诀本系统。将律例的内容编排成歌诀形式便于记忆理解，其实并非清代律学所首创。宋代的《刑统赋》应为我国现存最早的歌诀体律学著作。清代歌诀本律学著作数量也非常丰富，这些著作对《大清律例》的全部或一部分律文进行整体编排，不但有利于各级官员理解掌握，而且也有利于让寻常百姓以通俗的形式掌握律例常识。即使在当下，国家在基层进行法制或政策宣传时，仍然经常采用这种形式，正是此种传统方式的延续。光绪五年（1879）程梦元编纂的《大清律例歌诀》是这一类型的代表性著作，该书"将律例要点编排成七言歌诀，分科分门加以介绍，全书共 1636

---

① 包括：（1）《律例全纂》（孙泰辑，乾隆九年，4 册 2 卷）；（2）《律例掌珍》（鲁廷礼纂，乾隆二十六年，14 册不分卷，又：书内令题《刑钱掌珍》《律例图说掌珍》）；（3）《三订律例图说辨伪》（万维翰纂，乾隆三十六年，10 卷 10 册）；（4）《律例图说正编》（万维翰纂，乾隆三十九年，8 册 10 卷，内附《幕学举要》）；（5）《律表》（曾恒德原辑、曹沂重订，乾隆五十三年，6 册 30 卷，又：书内另题《袖珍律表》）；（6）《读法图存》（邵春涛纂，道光年间，有图表 359 幅，如《承审期限图》）；（7）《名法指掌新例增订》（沈辛田、董南厚原辑，咸丰十年增订，4 册）；（8）《重修名法指掌》（纽大纬、黄杏川增修、徐灝重纂，同治九年，4 册）；（9）《续辑明刑图说》（铁珊原辑，胡鸿泽续辑，光绪八年，1 册，又：书内另题《明刑图说》）。

句"[27]。该类著作还有其他数种。①

张晋藩先生在《清律研究》一书中对清代私家注律作品的分类归纳，全书涉及的著作六60多种，为我们系统认识清代律学的发展面貌提供了宝贵的指引，具有重要的学术价值。尽管何勤华先生在《中国法学史》当中也对清代律学著作进行了统计归纳，但在对代表性著作进行详细介绍之余，更多的只是列明著作的名称，并未进行分类归纳，而且《中国法学史》中归纳的律学著作范围较大，一些通常我们所认定的对先秦法家考证注解类的著作和幕学著作也包括在内，就注释律学著作的整理在精细方面不如《清律研究》。同时，笔者认为张晋藩先生将"司法应用本"作为单独的一个系统列明，与其他几种依照著作体例风格划分的类型并列，似乎不甚周密。一则此种分类的标准不是统一的，难免造成具体归类上的重叠，譬如《读律佩觿》一书就同时属于"辑注本"系统和"司法应用本"系统；二则注释律学著作均具有较强的实用性，我们很难具体区分哪部著作不是为司法实践服务的，以"司法应用本"作为单独的一个系统似乎仍有待商榷。因此，笔者建议不妨就以著作体例风格作为单一的分类标准，随着将来对这些著作考察越来越深入，可再按著作内容或解释风格等作为标准另行分类整理。

何敏先生作为张晋藩先生指导的博士研究生，从何敏先生的博士论文《清代注释律学研究》当中可以看到对《清律研究》一书学术观点的继承和发展。这里引述《清代注释律学研究》中对清代注释律学流派和著作分类归纳的内容时，侧重说明何敏先生所做出的进一步研究和不同之处。何敏先生将清代注释律学著作分为辑注派、考证派、司法实用派、案例汇编派、图表派、便览派、歌诀派、比较研究派和宣教"圣谕"派，一共九个流派，将张晋藩先生在司法实用本系统下的"便览派"独立出来，并增加了案例汇编派、比较研究派和宣教"圣谕"派，其余五种流派的划分与《清律研究》一书相同。下面仅对新增的分类派别予以说明。

---

① 包括：（1）《大清律例歌括》（黄运昌重校，同治十二年，1 册）；（2）《大清律例七言集成》（程熙春辑，光绪四年，2 册）；（3）《读律管琅》（梁他山著，光绪五年，1 册 1 卷）；（4）《读律一得歌》（宗继增著，光绪十六年，4 册 4 卷）。

1. 案例汇编派。由于清朝统治者对编纂案例汇编作品的支持态度，一些地方官员或出于总结办案经验，或出于显示自身政绩的目的，均积极参与汇编此类著作。何敏先生认为，最具代表性的是康熙六十一年（1722）李馥的《案例全集》、乾隆年间的《驳案新编》、道光十四年（1834）祝庆琪的《刑案汇览》和道光十八年（1838）伊里布的《学案初模》。其他的案例汇编作品还有十多种。①何敏先生还对这些作品中案例的来源进行了总结②。

2. 便览派。内容与张晋藩《清律研究》一书完全相同，只是不作为司法实用本系统的子类而是独立出来。

3. 比较研究派。此派系何敏先生所增列。作为一种解释方法，比较解释在清代注释律学当中的运用是非常普遍的，但作为一种著作的内容特征和写作风格，比较研究类的作品出现得更晚一些。此类作品的种类相对较少，代表作品为薛允升的《唐明律合编》和沈家本的《汉律摭遗》，还包括杜贵墀的《汉律辑证》、张鹏一的《汉律类纂》和清末民初程树德的《九朝律考》。何敏先生指出，"该类著作的特点是，借重考据训诂的方法，引经据典，追本溯源。从微观入手，逐条对比较对象进行探隐发微、务求穷尽，并注重辑佚，力图恢复古律的原貌，在此基础上进行比较，故融考证、辑

---

① 包括：（1）《驳案新编续》（辑者不详，嘉庆二十一年，3 册 7 卷，集在朱梅臣的《驳案汇编》内）；（2）《说贴》（宋谦，嘉庆年间，78 册）；（3）《说贴摘要抄存》；（4）《续增刑部律例馆说贴摘要》；（5）《两歧成案新编》（李馥堂，道光十三年，2 册 2 卷）；（6）《刑部比照加减成案》（许槤、陆熊辑，道光十四年，16 册 16 卷）；（7）《爽鸠要录》（同治五年，1 册 2 卷）；（8）《秋审比较实款》（附条款 1 卷，桑春荣，光绪六年，18 册 17 卷）；（9）《秋谳集要》（刚毅，光绪十年，6 册 6 卷）；（10）《（新辑）刑案汇编》（周尔赤，光绪二十三年，4 册 16 卷）等。

② 清代案例汇编作品中案例的来源途径包括：（1）刑部律例馆所存说贴；（2）刑部各司所存成案；（3）刑部所存及各地藩、臬署所刊由刑部颁布各省的"通行"成案和传至部内各司的"遵行"成案；（4）作者在刑部或地方刑署任职或幕时自录所见成案；（5）邸抄例无专条之案；（6）坊本所集所载例无专条尚可比附之案；（7）坊本平反节要所载之案；（8）坊本驳案汇抄所载之案。详见何敏著：《清代注释律学研究》，1994 年中国政法大学博士论文，第 81-82 页。清代案例汇编作品的来源大体分为三大类：一是刑部及地方司法机关的案件档案；二是各级官员的办案经验总结；三是民间其他著作所载的案例材料。大体可见，清代还是建立了比较完善的案例档案制度。

佚和比较批判于一体"[28]。可见，比较研究派与考证派作品具有极强的关联性，从微观角度来说，考证梳理和比较分析是两种经常并列使用的写作方法。笔者同意将《唐明律合编》认定为比较研究派的作品，因为薛允升的写作目的就在于通过对唐律和明律的系统对比，来指出明律的缺陷进而引申出对清律的批评，具有较强的学术性。至于沈家本的《汉律摭遗》和程树德的《九朝律考》，笔者更倾向于将他们归入考证类的著作当中，因为这两部著作只是运用了比较的方法，其目的在于考察汉律和九朝时代律令的原貌，考证求实的色彩居于主导。

4. 宣教"圣谕"派。此流派以解释、宣讲皇帝的圣训、圣谕为宗旨，其内容既包括安分守己的道德说教，也涉及一些律例常识的宣传普及，形式上也有采纳歌谣形式的，因此其著作与歌诀派之间存在一定的关联。何文所归纳的清代圣训、圣谕作品主要在清代开国之初的顺、康、雍三朝，代表著作为顺、康时期魏象枢为顺治帝《圣谕六条》所作的《六谕集解》、康熙时期浙江巡抚陈秉直为康熙帝《圣谕十六条》所作的《上谕合律注解》。

应当说，何敏先生对清代注释律学流派和著作的归纳整理与张晋藩先生的研究保持了整体上的一致性和延续性，提出的"案例汇编"和"比较研究"两个流派具有合理性。此外，《清代注释律学研究》一文所涉及的著作种类多于《清律研究》，也具有重要的学术价值。但同张晋藩先生一样，何敏先生也未对清代注释律学著作进行较为微观层面的仔细考察，更多的是注重学理和规律性结论的总结提炼。

本书将清代划分为三个时期：初期（顺、康、雍三朝）、中期（乾、嘉、道三朝）、晚期（咸、同、光、宣四朝）。①将清代律学著作按照上述分期后的分布情况见表 1-2、表 1-3 和表 1-4。

---

① 划分的依据是，初期是清代法制全面建设时期，就《大清律例》的内容而言，仍然存在一些变动调整；中期是法制基本建成阶段，特别是乾隆五年《大清律例》钦定本颁布后，律文不再调整而只有条例的修正，加之该阶段朴学繁荣，对律学均存在实质性影响；晚期是清代法制开始面临冲击挑战的时期，随着国势的变化，封闭的法律体系逐步被打破，转型时期的特征开始出现。

表 1-2　清代初期（顺、康、雍）律学著作情况

序号	著作名称	撰辑者	时间	类别
1	《大清律例集解附例笺释》	李柟	顺治六年	辑注类（张晋藩 何敏）
2	《读律佩觿》	王明德	康熙十三年	辑注类（张晋藩 何敏） 司法应用本（张晋藩） 司法实用派（何敏） 专题考证类（本书）
3	《王肯堂笺释》	顾鼎（辑）	康熙三十一年	辑注类（张晋藩 何敏）
4	《大清律笺释合抄》	钱之清、陆凤东（辑）	康熙四十四年	辑注类（张晋藩 何敏）
5	《大清律例朱注广汇全书》	对哈纳	康熙四十五年	辑注类（张晋藩 何敏）
6	《大清律辑注》	沈之奇	康熙五十四年	辑注类（张晋藩 何敏） 律例注释类（吴建璠）
7	《大清律附例注解》	不详	康熙五十六年	辑注类（张晋藩 何敏）
8	《祥刑要览》	于琨	康熙年间	司法应用本（张晋藩） 司法实用派（何敏）
9	《新刻萧曹致君术》	琴堂卧龙子	康熙初年	司法应用本（张晋藩） 司法实用派（何敏）
10	《刑台秦镜》	竹影轩主人	康熙十二年	司法应用本（张晋藩）
11	《新编文武金镜律例指南》	凌铭麟（辑）	康熙中期	司法应用本（张晋藩） 司法实用派（何敏）
12	《祥刑典》	蒋廷锡	雍正四年	考证类（何敏）
13	《六谕集解》	魏象	康熙十八年	宣教圣谕派（何敏）
14	《上谕合律集解》	陈秉直	康熙十八年	宣教圣谕派（何敏）
15	《圣谕广训》	雍正皇帝	雍正年间	宣教圣谕派（何敏）
16	《案例全集》	李馥	康熙六十一年	案例汇编本（何敏）
17	《鹿洲公案》	蓝鼎元	雍正七年	案例汇编本（何勤华）
18	《州县事宜》	田文镜	雍正年间	吏治类（何敏）

表 1-3　清代中期（乾、嘉、道）律学著作情况

序号	著作名称	撰辑者	时间	类别
1	《大清律例集注》	万维翰	乾隆年间	辑注类（张晋藩、何敏）
2	《大清律例辑注》	洪弘绪（重订）	乾隆五十一年	辑注类（张晋藩、何敏）
3	《大清律例集注续编》	胡钤增	乾隆五十一年	辑注类（张晋藩、何敏）
4	《大清律例全纂》	黄忍斋	嘉庆元年	辑注类（张晋藩、何敏）
5	《大清律例全纂集成汇注》	李观澜	嘉庆六年	辑注类（张晋藩、何敏）

续表

序号	著作名称	撰辑者	时间	类别
6	《大清律例通纂》	秦蠃等	嘉庆十年	辑注类（张晋藩、何敏）
7	《大清律例重订统纂集成》	王又槐、赵佑文	嘉庆十九年	辑注类（张晋藩、何敏）
8	《大清律例重订统纂集成》	陈若霖、唐勋（重辑）	嘉庆二十一年	辑注类（张晋藩、何敏）
9	《大清律例重订辑注通纂》	胡肇楷、周孟邻（重辑）	嘉庆三十年	辑注类（张晋藩、何敏）
10	《大清律例增修统纂集成》	姚润（纂辑）、陆翰仙（增修）	道光十三年	辑注类（张晋藩、何敏）
11	《大清律例通考》	吴坛	乾隆四十四年	考证类（吴建璠、张晋藩、何敏）
12	《大清律目附例示掌》	夏敬一	乾隆三十九年	考证类（张晋藩）
13	《大清律例纂修条例按语删稿》	杨白鲲（校勘）	嘉庆七年	考证类（张晋藩、何敏）
14	《大清律例根源》	张泮中（辑）	道光二十七年	考证类（张晋藩、何敏）
15	《大清律例按语》	黄恩彤（辑）	道光二十七年	考证类（张晋藩、何敏）
16	《刑钱指南》	万维翰	乾隆三十九年	司法应用本（张晋藩）司法实用派（何敏）
17	《不碍轩读律六种》	王有孚（辑）	乾隆三十九年	司法应用本（张晋藩）司法实用派（何敏）
18	《驳案新编》	全士潮等（辑）	乾隆四十六年	司法应用本（张晋藩）案例汇编类（何敏、何勤华、本书）
19	《读法须知》	吕芝田	嘉庆初年	司法应用本（张晋藩）司法实用派（何敏）
20	《读律心得》	刘衡	道光初年	司法应用本（张晋藩）司法实用派（何敏）
21	《说贴摘要抄存》	清年	道光年间	司法应用本（张晋藩）案例汇编本（何敏）
22	《刑案汇览》	祝庆琪、鲍书云	道光十四年	司法应用本（张晋藩）案例汇编类（吴建璠、何敏、何勤华、本书）
23	《续增刑部律例馆说贴摘要》	胡调元、张曾	道光二十三年	司法应用本（张晋藩）案例汇编本（何敏）
24	《明刑管见录》	穆翰	道光二十五年	司法应用本（张晋藩）司法实用派（何敏）
25	《大清律例提纲》	洪抚民	乾隆十五年	便览本（张晋藩、何敏）

续表

序号	著作名称	撰辑者	时间	类别
26	《大清律例总类》	郎汝琳（增辑）	道光三十年	便览本（张晋藩、何敏）
27	《名法指掌》	沈辛田	乾隆五年	图表本（张晋藩、何敏）
28	《律例图说》	万维翰	乾隆十五年	图表本（张晋藩、何敏）
29	《读法图存》	邵春涛	道光年间	图表本（吴建璠、张晋藩、何敏）
30	《律例全纂》	孙泰	乾隆九年	图表本（张晋藩、何敏）
31	《律例掌珍》	鲁廷礼	乾隆二十六年	图表本（张晋藩、何敏）
32	《三订律例图说辨伪》	万维翰	乾隆三十六年	图表本（张晋藩、何敏）
33	《律例图说正编》	万维翰	乾隆三十九年	图表本（张晋藩、何敏）
34	《律表》	曾恒德（原辑）、曹沂（重订）	乾隆五十三年	图表本（张晋藩、何敏）
35	《学案初模》	伊里布	道光十八年	案例汇编本（吴建璠、何敏）
36	《驳案续编》	不详	嘉庆二十一年	案例汇编本（何敏）
37	《两歧成案新编》	李馥堂	道光十三年	案例汇编本（何敏）
38	《刑部比照加减成案》	许槤、陆熊骉	道光十四年	案例汇编本（何敏）
39	《办案要略》	王又槐	嘉庆年间	刑法专题论文集（何勤华）
40	《幕学举要》	万维翰	乾隆十五年	幕学类（何勤华、何敏）
41	《佐治要言》	汪辉祖	乾隆五十年	幕学类（何勤华、何敏）

表1-4　清代后期（咸、同、光、宣）律学著作情况

序号	著作名称	撰辑者	时间	类别
1	《大清律例增修统纂集成》	任彭年（重辑）	同治七年	辑注类（张晋藩、何敏）
2	《大清律例汇集便览》	李翰章等	同治十一年	辑注类（张晋藩、何敏）
3	《大清律例刑案新纂集成》	胡璋增	同治十二年	辑注类（张晋藩、何敏）
4	《大清律例汇纂达成》	宋文雄	光绪二十九年	辑注类（张晋藩、何敏）
5	《大清律例增修统纂集成》	陶东皋、陶晓贇（增修）	光绪三十四年	辑注类（张晋藩、何敏）
6	《读例存疑》	薛允升	光绪后期	考证类（吴建璠、张晋藩、何敏）
7	《历代刑法考》	沈家本	光绪后期	考证类（何敏）
8	《祥刑古鉴》	宋邦儒	同治年间	司法应用本（张晋藩） 司法实用派（何敏）
9	《读律提纲》	杨荣绪	光绪三年	便览本（张晋藩、何敏）
10	《续辑明刑图说》	铁珊（原辑）、胡鸿泽（续修）	光绪八年	图表本（张晋藩）

续表

序号	著作名称	撰辑者	时间	类别
11	《名法指掌新例增订》	纽大纬	咸丰十年	图表本（张晋藩、何敏）
12	《重修名法指掌》	沈辛田著，徐灏（重纂）	同治九年	图表本（张晋藩、何敏、何勤华）
13	《大清律例歌括》	黄运昌（重校）	同治十二年	歌诀本（吴建璠、张晋藩、何敏）
14	《大清律例七言集成》	程熙春	光绪四年	歌诀本（张晋藩、何敏）
15	《读律管朗》	梁他山	光绪五年	歌诀本（张晋藩、何敏）
16	《大清律例歌诀》	程梦元	光绪五年	歌诀本（张晋藩、何敏、何勤华）
17	《读律一得歌》	宗继增	光绪十六年	歌诀本（张晋藩、何敏、何勤华）
18	《大清律例精言辑览》（又名《律例精言歌括》）	吴雨轩	光绪十四年	歌诀本（何敏）
19	《刑案汇览续编》	吴潮、何锡俨	同治年间	案例汇编类（何敏）
20	《新编刑案汇览》	潘文舫、徐谏荃	光绪年间	案例汇编类（何敏）
21	《爽鸠要录》	不详	同治五年	案例汇编类（何敏）
22	《秋审比较实款》	桑春荣	光绪六年	案例汇编类（何敏）
23	《秋谳集要》	刚毅	光绪十年	案例汇编类（何敏）
24	《（新辑）刑案汇编》	周尔赤	光绪二十三年	案例汇编类（何敏）
25	《唐明律合编》	薛允升	光绪年间	比较研究类（吴建璠、何敏、何勤华）
26	《汉律摭遗》	沈家本	光、宣年间	比较研究类（何敏）古律辑佚考证类（吴建璠）
27	《刑幕要略》	朱子勋	光绪十年	幕学类（何敏）
28	《提牢备考》	赵舒翘	光绪年间	狱政类（何勤华）

　　从上述三个表当中，我们可以看出清代注释律学著作在创作阶段和体裁分布上的一些特征：第一，从所收集的著作信息来看，清中期（乾、嘉、道三朝）出现的著作最多，此时恰好也是清代朴学发展最为兴盛的阶段，而清前期和后期的著作相对少一些。第二，著作体裁分布上，辑注类、司法实用类、考证类和案例汇编类作品在三个时期均有，因此属于基本的著作体裁；清前期由于稳定统治的需要，还出现了宣教"圣谕"类的著作；中期是新体裁出现最多的时期，便览本、图表本和具有综合特征的幕学类著作均在此时出现；后期出现的新体裁主要是歌诀本。此外，后期的一些

著作是对中期著作的重新纂辑和修订，充分说明了律学著作本身的传承和发展特征。

对清代注释律学的著作进行细致的梳理总结，除了反映律学的兴盛繁荣，还在于呈现一个广阔的文本世界。我们有理由相信，在如此丰富的文本素材之中仍然蕴含着丰富的有关传统法律解释的知识、技术和精神智慧，能够为今人理解传统律学、传统法解释学及民族固有的法学传统提供一个值得深入研讨的视域。通过这个视域，我们能够更直接地与古代的法律解释者们进行对话和沟通，进而寻求一种更具历史理性的共识。

第二章　清代典型法律解释文本的
体式与内容

在文本阅读的过程中，读者总要面对部分与整体之间的循环往复问题，即理解文本的部分是理解整体的前提，但若不能同时做到对文本的总体把握，也会使部分的理解出现偏差。每一位读者都应当主动适应这种必然存在的"部分—整体"之间的解释循环。当然，以上所言的整体与部分都是侧重于文本内容的。实际上，在把握文本体式、结构与文本整体内容之间，也存在着类似的循环往复问题。本章希望能够在《大清律例》解释学典型文本的体例与整体内容之间建立一种沟通的可能，通过对二者的有机把握，来呈现中国传统法律解释作为一种知识形态的特质。因此，本章内容以客观"考察"为宗旨。

第一节　中国古典解释学体式简述

中华民族在长期的历史发展过程中，孕育了丰富厚重的经典著作体系，也形成了独具民族特色的古（经）典解释学。随着 20 世纪以来西方哲学的"语言学转向"和哲学诠释学的兴起，国内学术界在积极关注吸纳西方学术研究成果的同时，也提出了"重建中国传统（古典）解释学"的命题。许多学者在这方面进行了大量扎实的研究工作，①这些研究成果为我们系统了

---

① 譬如，黄俊杰先生所著的《中国孟学诠释史论》，周光庆先生所著的《中国古典解释学导论》，成中英先生所著的《从中西互释中挺立：中国哲学与中国文化的新定位》，李清良先生所著的《中国阐释学》，等等。

解中国古典解释学传统提供了有益的指导。

律学的发展从古典解释学当中吸收了大量的学术养料。在两汉时期，律学与经学在很大程度上是融为一体的，经学解释传统为律学家和律学著作所自觉吸收。古典解释学在很大程度上可以被看作传统法律解释学的文化背景，古典解释学著作的体式也经常为律学著作所采纳。周光庆先生在《中国古典解释学导论》一书中专章论述了"中国古典解释学的典型体式"的问题，并指出，"所谓解释体式，是指解释文化典籍专门著作的体裁和格式。对解释体式的研究，是解释学家首先应该注重的目标之一"[29]。这种对体式的理解与训诂学研究者的观点大体是一致的。①通过研究著作的体式，可以从整体上把握著作的内容，从而有利于深入探寻著作的精神内涵。笔者所了解的关于解释学（包括训诂学）体式的划分种类主要有：章太炎先生在《国故论衡·明解故上》提出训诂体式有通论、附经、序录、略例四大类；冯浩菲先生将中国训诂体式分为随文附注体、文献正文体、考证体、总论体、翻译体、释例体、图解体、训诂工具书体八大类；周光庆先生则致力于整理具有典范性质的解释学体式，并归纳为诂体、训体和传体三种。应当说，解释体式也有一个伴随学术发展而不断传承演变的过程，了解这一过程对于把握古典解释学体式的内涵具有重要意义。

先秦时期是我国思想文化的原创期和学术传统的奠基期。诸子百家在形成各自思想体系和理论学说时，往往借助于上古圣贤这个"体"来进行言说，因此便形成了学者所指称的中国学问"是温和的，渐进的，是以尊崇和解释文化经典的方式进行的"这一特征。以孔子为代表的儒家在这方面的贡献无疑是具有开创性的。孔子坚持"述而不作"的治学态度，以代表周文化的"五经"作为基本教材，并潜心从事这些古籍的整理和解释工作。当时，各家学派兴起，均围绕文化经典进行形式多样的解释学工作，并逐步形成了最初的解释学著作体系。这些著作体式总体包括：（1）单书

---

① 譬如，冯浩菲先生指出，"训诂体式是指训诂著作的体裁和格式"。参见冯浩菲著：《中国训诂学》，济南：山东大学出版社，1995年9月第1版，第75页。周大璞在其主编的《训诂学初稿》中提出，"训诂体式，即训诂的体制和形式"。参见周大璞主编：《训诂学初稿》，武汉：武汉大学出版社，2007年2月第3版，第29页。

总论体，通过一部著作来解释经典的部分内容，如《礼记·冠礼》就是解释《仪礼·士冠礼》的著作，这种体裁往往要全面阐释经典的精神原则、文义内容等。（2）群书总论体，就是在一部解释性文献中要对多部经典进行解说，往往侧重于精神实质。如《礼记·经解》就在一部著作中对儒家经典均进行了总体阐释。①（3）故体，侧重于引证古代史实进行解释，侧重解释古代词义，与"诂"相近，譬如《尚书·大誓故》。（4）传体，侧重于基本书义理解基础上对精神内涵和义理的阐释，多见于对《诗经》等具有文学色彩著作的解释。（5）说体，这种体裁也主要阐发典籍的深层含义，而且多融入解释者自己的意见，并形成新说，譬如《韩非子·内储说》。（6）解体，与说体的特征较为相近，通常是对解释对象的专篇论说，论证观点，进而阐述解释者的理论学说，典型的如《管子·明法解》《韩非子·解老》等。（7）记体，与传体相似，"传主于传承师说，记主于录其闻见，不必师训"[30]，可随文作记，也可单独作记，多见于《礼记》中的篇目。

两汉时期，是我国经学发展的繁荣时期，以"今文经学"与"古文经学"的争论为契机，两汉经学家通过解释先秦经典来回应时代主题。在汉代创立的解释体式主要包括：（1）注体，"注"的基本含义，就是将解释性的内容加入经文原句之后，如水之注物。周光庆先生认为，东汉经学大师郑玄对注体的发展贡献尤大，如郑作《周礼注》《仪礼注》等，该体式重视在语言解释基础上，揭示经典的"元意"。（2）微体，"微"的意思就是努力去揭示经典文义背后的深层内涵，通常更为今文学家所使用。（3）笺体，这种体裁通常会引用其他注家的意见，同时自己也会在某些问题上提出不同看法，譬如郑玄的《毛诗笺》。有学者认为，"笺"对于后世的疏、补注、考辨三种体式有重要影响。②（4）训诂体，训诂体是汉代创立发展的重要解释体式之一，以至某种程度上"训诂学"就是经学与经典解释学的代表。

---

① 譬如《礼记·经解》曰："其为人也，温柔敦厚，《诗》教也；疏通知远，《书》教也；广博易良，《乐》教也；絜静精微，《易》教也；恭俭庄敬，《礼》教也；属辞比事，《春秋》教也。"这就是在一篇文献中对儒家"六经"的总结性解释。参见周光庆著：《中国古典解释学导论》，北京：中华书局，2002年9月第1版，第160页。

② 周光庆著：《中国古典解释学导论》，北京：中华书局，2002年9月第1版，第163页。

汉代古文经学家在训诂上贡献最大，"训"就是通过音、形、义来解释字词的意思；"诂"通"古"，侧重解释古代文字的意思。（5）章句体，在汉代有重大发展，并对律学产生了重要的影响，其特征就在于从结构上划分解释内容，分章分节解释文义，有助于对篇幅较长、内容较复杂的解释对象进行阐释。

魏晋至隋唐时期，一方面以儒家为主导的经典解释范围开始拓展到道家经典、佛经及其他著作；另一方面，随着解释类著作的丰富，这些解释类著作又成为新的解释对象。就解释体式而言，这一时期最突出的就是疏注体和集解体的发展。不同于汉代的各种体式只注解经文，疏注体的特点在于既解释原文，也解释注文，显然是解释类著作丰富后的自然趋势。集解体的最大特点就在于集中辑录了多个注家的见解，最大限度地从不同侧面满足解释原文的需要，如曹魏时何晏的《论语集解》，唐代李鼎祚的《周易集解》等。可见，这一时期的特征就在于，不同体式之间的融合趋势增强，综合性的体式逐步受到青睐，此种趋势一直延续到清代。

宋代兴起的程朱理学，在很大程度上是对汉唐以来侧重训诂词句并拘泥于探求经典元意的汉学传统的反动。理学侧重义理的阐发，但并不代表理学家完全抛弃了已有的经典解释传统。宋代理学家勇于疑古，一方面使得他们敢于指出以往解释学著作中存在的错讹之处，进而促进了综合性解释体式的发展，理学集大成者朱熹的《四书章句集注》《楚辞集注》就是代表；另一方面，宋代理学家又往往凭借自己对义理的理解而对典籍进行了许多修改，以致皮锡瑞评价宋儒"体会语气胜于前人，而变乱事实不足为训"。但就整体而论，理学对汉学的颠覆并没有对解释学体式造成实质性的影响。

经典解释学在元明时期整体上衰落，但至清代，以朴学为标志的经学，特别是继承汉代古文经学传统的考据学全面复兴，为经典解释学的复兴创造了契机。梁启超先生尝言："清学自当以经学为中坚。其最有功于经学者，则诸经殆皆有新疏也"[31]，充分肯定了清代在经典解释学方面的贡献。这里的"新疏"，应当包括内容和形式两个方面，即清代的经典解释著作不但内容丰富，而且体式也极甄完备。在《清史稿·艺文志》中，仅对经部的分类就达十种①，其所罗列的浩繁的著作能够涵盖所有的解释学体式。仅以"四书类"为例，各种具有体式代表性的著作就包括《孟子师说》（黄宗羲）、《四书稗疏》（王夫之）、《孟子生卒年月考》（阎若璩）、《大学传注》（李塨）、《论语附记》（翁方纲）、《乡党图考》（江永）、《孟子字义疏证》（戴震）、《中庸注》（惠栋）、《论语通释》（焦循）、《论语古注集笺》（潘维城），等等。"小学类"中的《尔雅补注》《尔雅义疏》《尔雅古义》《方言疏证》《广雅疏义》《广雅疏证》《经籍纂诂》，等等。学者们所归纳的任何一种解释学体式，在清代都能找到为数众多的著作。因此，清代作为我国传统学术发展的最后一个高峰，在经典解释学著作体式上也出现了完备和综合的特征。

　　古典解释学和传统注释律学发展到清代，在解释方法的运用上已经呈现出一种综合化、系统运用的特征。在著作体式上，清代律学家突破了前人严格的类型区分观点，凡有助于恰当表达著作内容、服务于律例解释的体例都得到了充分重视。当然，在这种整体化、综合式的前提下，我们还是能够大致地将这些著作文本在解释体式上做出一种区分。本章将在后面的内容中，对所选典型律学文本进行横向的"独立"考察，努力做到体式与内容的兼顾平衡，即通过体式指导对文本内容的归纳整理，同时又通过文本内容来具体反映著作体式的特征。这和清代学者对"义例"的研究有所吻合，此"义例"就囊括了著作体式和结构框架。譬如，清代考据学大师钱大昕就"善于归纳每部史书的义例，然后再依此义例对史书进行考据，正所谓'读古人书，先须寻其义例，乃能辨其句读，非可妄议'"，"对清人来说，发现古书典籍中的义例，可以掌握古书典籍行文修辞的规律，从而正确理解书中的意思而不致产生歧义；可以掌握古书典籍在流布传抄过程中所发生的错讹规律，从而对古书典籍发疑正误。"[32]这种认识为本章提供了写作思路上的指导。

第二节　随文注释：《大清律辑注》的奠基之功

　　随文注释的体式在清代律学著作当中居于主导地位，正所谓"随文附

---

① 分别是易类、书类、诗类、礼类、乐类、春秋类、孝经类、四书类、经总义类和小学类。参见《清史稿·艺文志》。

注是训诂体式中的正宗"[33]，凡这一时期对律例进行全面解释的作品都倾向于优先采纳此种体式，其中，清初沈之奇的《大清律辑注》是该体式最具代表性的权威文本。

一、文本概观

关于《大清律辑注》作者沈之奇的生平，各类文献中已没有更多记载。目前所知的信息只有"字天易，浙江秀水人，曾于淮、徐'院、司、府、州、县'游幕三十余年，潜心名法，'屡佐烦剧之幕'"[34]。根据《大清律辑注》刊刻于康熙五十四年（1715）的信息，可知沈之奇的游幕经历在清康熙年间，是当时的资深刑幕。

首先，该书是作者对多年刑幕经验的总结，所谓"作客三十余年，所至院、司、府、州、县，阅历案牍多矣，窃见讲读通晓（律例），又若是之难也。不揣浅见，考据思索，谬为《辑注》"[35]，其著书目的在于能够为各级官员理解律例和处理案件提供帮助。其次，该书对前人（主要是明代）律学著作的态度是既广泛引述又理性批判。对于其他律学著作，沈氏更多地采用一种批判的态度来对待，其言曰："解律之书，如《管见》《琐言》《折狱指南》《刑书据会》《读法须知》《辨疑疏义》《法家哀集》《集解》《笺释》诸家①，各有发明，尚未详尽，且多穿凿传会"[36]，因此对待诸解的观点和自身的见解，采取的态度便是"采辑诸家者十之五，出于鄙见者半焉。其有诸家谬误之处，为世所遵信者，间为指出，请正法家"[37]。这也正是学者们做出《大清律辑注》开启清代注释律学独立发展道路这一判断的重要根据。对于《大清律辑注》的著作体式和内容，沈氏也在自序当中做了交代，即"顺文解释于每条之后，而义有未尽者，逐节发明，分列上层"；对于顺治年间《大清律例》中的"集解"②部分"间有与本书之义别出不可

---

① 《管见》系明代陆柬之所著《读律管见》，《琐言》系明代雷梦麟所著《读律琐言》，《笺释》系明代王肯堂的《律例笺释》。

② 所谓"集解"应当就是指律义中双行排列的小注，其实是历代司法官员和解律者对律文的注解，但在"顺治律"中被采纳作为律的正文。郑秦先生认为，这种对官员解释的采纳，是立法上的贡献。参见郑秦著：《清代法律制度研究》，北京：中国政法大学出版社，2000 年 5 月第 1 版，第 11 页。

拘泥者，仅为辨析"；对于新例的情况也做了说明，"凡有新例者，俱有本律上标出备查"，也就是说新例不作为注解的重要内容，只是进行列示，可见《大清律辑注》一书注释内容的重点是律文。因此，我们认为《大清律辑注》应为随文附注体式，其基本注释内容应当是顺治三年（1646）颁布的《大清律》中的四百五十八条律文，对于条例更多地只是做出说明而非逐字逐节地进行文义解释。

学术界对于《大清律辑注》的评价，前文已经有所涉及。归纳如下：第一，《大清律辑注》是清初最重要的律学著作，是辑注类著作的首要代表，它的注释体式和注释内容对于后世律学发展均产生了重大的影响。第二，《大清律辑注》受到了官方的高度重视，譬如，该书受到康熙皇帝的青睐，曾朱笔亲题"御制大清律辑注"，这对于在政治上并不处于显赫地位的刑幕阶层而言应当是非常不易的，而且对于清代的立法、司法产生了重要的影响，各地刑署衙门包括刑部在司法实践中也多援引《大清律辑注》的观点。第三，对于清代律学而言，《大清律辑注》标志着清代注释律家开始摆脱对明代律学著作的依赖和信从，走上独立发展的道路。

根据何勤华先生在《中国法学史》中的介绍，《大清律辑注》的原本现在已经很少见到，许多文献学著作和专家的书目整理类著作当中均未提及[①]，目前国内只有北京大学图书馆和中国政法大学图书馆收藏有足本，且版本相同。怀效锋、李俊两位先生根据中国政法大学的藏本完成了《大清律辑注》的点校，并收录于"中国律学丛刊"丛书当中，本书所依据的《大清律辑注》就是该点校本。

《大清律辑注》全书可以分为两大部分：（1）辑录的各种序、题本、总

---

① 《清史稿·艺文志》、孙祖基所撰的《中国历代法家著述考》中均未提及《大清律辑注》，学者张伟仁先生的《中国法制史书目》也未提到该书；此外，何勤华先生认为日本东京大学东洋文化研究所图书馆所藏沈之奇的《大清律集解附例》应当是《大清律辑注》的又一种名称。目前国内只有北京大学图书馆和中国政法大学图书馆收藏有足本的《大清律辑注》原本。参见何勤华：《中国法学史》（第二卷·修订本），北京：法律出版社，2006年8月第1版，第303-304页。

目、图表；^①（2）正文。正文无疑是全书的主体部分，根据《大清律》的编排顺序分为三十卷。《大清律辑注》原本的正文部分分上下两栏排列：（1）在下栏中辑录律条正文并做出逐字逐句的注解，然后再列出相关的例文；（2）上栏中的内容较为丰富开放，有对律文和例文中名词的解释说明，对律文、注解或例文中的背景或典故所作的说明，对下栏律注做进一步的引申性说明，解析评价各家律学著作的观点并提出自己的见解主张，对有些条例做出必要的说明。^②大致而言，下栏辑录律文和条例原文及对律文的文义解释；上栏则对律文进行各种拓展性的解释、说明和评价，对条例也进行说明，即沈氏自己所指出的"义有未尽者，逐节发明，分列上层"。作为随文注释体式的代表性律学著作，《大清律辑注》中的解释部分集中在"律注"和"例注"上，为我们系统考察提供了许多便利。本节的考察工作也将围绕"律注"和"例注"来展开。

二、律注

（一）律后注

经笔者统计整理，《大清律辑注》全书的"律后注"共计 477 条，在各篇分布情况如表 2-1 所示。

---

① 第一部分所辑的序包括：御制大清律序（顺治三年五月）、内翰林国史院掌院事大学士林刚等的进大清律奏文（未署日期）、太子太保文华殿大学士管刑部尚书事对哈纳等人翻译校正奏文（康熙九年十二月十二日）、巡抚山东等地方都察院右副都御使虞山蒋陈锡叙（康熙岁次乙未）、沈之奇自序（康熙五十四年春二月）、大清律总目（四百五十八条）、例分八字之义、五刑之图、狱具之图、各种有关服制的图表八份、大清律例集解名例·服制、附六赃图（附文字说明）、附纳赎例图（在京 附文字说明）、附在外纳赎诸例图（附文字说明）、附限内老疾收赎图（附文字说明）、附诬轻为重收赎图（附文字说明）。

② 这里的归纳参考了何勤华先生在《中国法学史》中对《大清律辑注》原本结构体系的说明。参见何勤华著：《中国法学史》（第二卷·修订本），北京：法律出版社，2006 年 8 月第 1 版，第 305-316 页。

表 2-1　《大清律辑注》"律后注"分布情况

	名例	吏律	户律	礼律	兵律	刑律	工律	总计
律文数	48	30	95	26	76	170	13	458
"律后注"数	63	30	95	26	79	171	13	477

可见，律文与律后注基本上是"一一对应"的。"名例"篇律后注多于律文数的原因是，"五刑""十恶""八议"只计三个条文，但其中进行注解的时候则是分别进行的。刑律中"官吏受财"一条的正文因分为两部分注解，所以律后注数多律文一条。由于"律后注"是律条正文逐字逐句的解释，因此律后注和律文一一对应，也体现了《大清律辑注》作为随文注释体著作的特征。

在"名例"篇中，由于律文呈现出由简到繁的特征，即从"五刑""十恶""八议"等这样一些更多概念性的条款过渡到后面具有原则意味的条文，因此"律后注"的内容也相应地由比较单纯的训诂解字过渡到后面详细的文义解释，并综合运用举例说明、比较说明和立法原意阐释等解释手法。下面通过典型的例子予以说明。

例：对"笞"的解释，"笞者，击也，击以耻之之义。"

对"徒"的解释，"徒者，奴也，奴以辱之之义。"

对"流"的解释，"流者，遣之远去，使离乡土，终身不归，如水之流而不返也。"[38]

以上解释就采用了声训和义训的方法。所谓"声训，就是因声求义，即通过语音寻求语义。简单地讲，就是从被释词的语音着眼，利用语音与语义的关系，推求它的词义"[39]。所谓"义训"，"就是直接陈述语义而不借助于音和形"[40]。具体到这三个例子中，对"笞"和"徒"的解释属于声训中的"音近"，即被释词与解释的词两者声母不同而韵母相同；对"流"的解释属于义训。

在"律后注"部分对条文进行逐字逐句解释的过程中，对一些概念进行解释也是重要的内容，下面举例予以说明。

例："名例·十恶·谋反"条的"律后注"整个内容就是对"社稷"的解释："社稷者，天下之辞。社为土神，稷为田正，所以司地道而司稼穑。"[41]

这样的解释本身不侧重从字词的音形入手进行，而是更多的具有文化的色彩。同样是"十恶"中的"谋叛"，对"叛"的解释则采用了例举行为特征的方式："叛者，背也。或欲翻城投伪，或欲率众外奔。如莒牟夷以牟娄来奔，公山弗扰以费叛之类。"[42] 对"八议"中"贤"和"宾"的解释，"律后注"引用了儒学大家贾谊和经典著作的表述，以阐明律文：对于"贤"，律文小注解释为：谓有大德行之贤人君子，其言行可以为法则者。"律后注"引用贾谊的话来说明议贤的立法精神，"贾谊曰：廉耻礼节以治君子，有赐死而无戮辱，即议贤之意也。"[43] "议宾"的"律后注"引用了儒家经典，"《书》曰：虞宾在位，群后德让。《礼》曰：天子存二代之后，犹尊贤也。"[44]

"律后注"对律文文义进行解释的基础上，说明立法理由或立法精神，是更为普遍的情形。

例：职官有犯

[律文]凡京官（不拘大小、已未入流）①及在外五品以上官有犯（公、私罪名，所司开具所犯，实封）奏闻请旨，不许擅（自勾）问。六品以下，听分巡御史、按察使（正官）并分司（就便拘提），取问明白，议（其原犯情由）拟（定罪名）闻奏区处。若府、州、县官犯罪，（虽系六品以下者）所辖上司（提调官、风宪官不在此列）不得擅自勾问。止许开具所犯事由，实封奏闻。若许准推问，依律议拟回奏，（仍）候委官审（果是）实，方许判决。（若府、州、县六品以下官）其犯应该笞决（私罪）罚俸、收赎、记录（三项公罪）者，（其罪既轻，所辖上司亦得径自提问发落）不在奏请之限。若所属（府、州、县）官被本管上司非理凌虐，亦得开具（凌虐）实迹（不用经由合干上司），实封径自奏陈。

[律后注]京官不分大小，皆近君之臣也。外官五品以上，品级已崇，职任綦重，有犯一应罪名者，所司虽应究问，不许擅专，必先奏闻请旨。若外官六品以下，则品级渐卑，职任亦小，御史、按察、分司等风宪官，职任激扬，权司纲纪，故听径自取问，拟议罪名。仍必奏闻区处，所以禁

---

① 括号中的内容为律文中的官方小注，下同。

自专也。在外府、州、县，皆亲民之官也，有犯罪者，所辖本管上司，虽有统属之分，不得擅自勾问，止许开具所犯，实封奏闻。必先奏闻许准而后推问，必须拟议回奏而候委审，必待委官审实而始判决，盖风宪官止听取问六品以下者，而上司于府、州、县，则一概如此也。若府、州、县所犯系私罪应改笞决，公罪应改罚俸、收赎、记录者，其过既小，所犯亦轻，何庸上书？所辖上司，得以径自发落，不必奏请矣，故曰不在奏请之限。若所属官被本管上司，以非理之事，故行凌辱虐害，亦听开具凌虐实迹，不必经由合干上司，径自奏陈于朝。本管上司，指布政、府、州之递相统属者言。然御史等官有凌虐者，亦得奏陈也。[45]

有许多律文的"律后注"当中能够看到对概念的解释、对立法理由的阐述、对于理解律条的关键标准的分析等内容，呈现出一种"综合"的特征。如"名例·犯罪自首"：

[**律文**]凡犯罪未发而自首者，免其罪。（**若有赃者，其罪难免**）犹征正赃。（谓如枉法、不枉法赃，征入官用。强生事逼取、诈欺、科敛、求索之类，及强窃盗赃，给赃主。）其轻罪虽发，因首重罪者，免其重罪。（谓如窃盗事发自首，又曾私铸铜钱，得免铸钱之罪，止科窃盗罪。）若因问被告之事，而别言余罪者，亦如（上科）之。（止科现问罪名，免其余罪。谓因犯私盐事发，被问不加拷讯，又自别言曾窃盗牛，又曾诈欺人财物，止科私盐之罪，余罪俱得免之类。）其（犯人虽不自首）遣人代首，若于法得相容隐者（之亲属）为（之）首及（彼此讦发互）相告言者，各听如罪人自首法。（皆得免罪。其遣人代首者，谓如甲犯罪，遣乙代首，不限亲疏，亦同自首免罪。若于法得兼容隐者为首，谓同居及大功以上亲，若奴婢、雇工人为家长首及相告言者，皆与罪人自首同，得免罪。其小功、缌麻亲首告，得减凡人三等。无服之亲，亦得减一等。如谋反、逆叛未行，若亲属首告，或捕送到官者，其正犯人俱同自首律，免罪。若已行者，正犯人不免，其余应缘坐人，亦同自首律，免罪。）若自首不实及不尽者，（重情首作轻情，多赃首作少赃）以不实不尽之罪罪之。（自首赃数不尽者，止计不尽之数科之。）至死者，听减一等。其知人欲告，及逃（如逃避山泽之类）叛（是叛去本国之类）而自首者，减罪二等坐之。其逃叛者，虽不自首，能还归本所者，减罪二等。其损伤于人，（因犯杀伤于人而自首者，得免所

因之罪，仍从故杀伤法。本过失者，听从本法。）损伤于物不可赔偿，（谓如弃毁印信、官文书、应禁兵器及禁书之类。私家既不合有，是不可赔偿之物，不准首。若本物见在首者，听同首法免罪。）事发在逃，（虽不得首所犯之罪，但念出首，得减逃走之罪二等，正罪不减。）若私度关及奸，并私习天文者，并不在自首之律。若强窃盗、诈欺取人财物，而于事主处首服，及受人枉法、不枉法赃，悔过回付还主者，与经官司自首同，皆得免罪。若知人欲告，而于财主处首还者，亦得减罪二等。其强窃盗，若能捕获同伴解官者，亦得免罪，又依常人一体给赏。（强窃盗再犯者，不准首。）

[律后注]自首者，将己身所犯之罪，自具状词，而首告于官也。于未经发觉之时，先出自首，惧法悔罪，出于本心，则免其罪，所以大改过也。然情必实，赃必尽，事必不由人告发，方得全免。罪虽全免，于中有赃者，犹征正赃，应入官者入官，应给主者给主。正赃，谓原得之赃物也。若犯二罪，轻者已发在官，因自首其重者，则止科前发之轻罪，而免后发之重罪。或犯数事中，而一事被告，因于鞫问时，别言状外余罪，情同自首，不论重轻，止科被告之事，而免所言之余罪，亦如前所得免后首重罪之例也。犯罪本人虽不到官自首，而具状遣人代首，所遣不论何人，所首出于本犯，即自首也。得兼容隐本条，谓同居若大功以上亲，及外祖父母、外孙、妻之父母、女婿，若孙之妇，夫之兄弟，及兄弟妻，又奴婢、雇工人，皆是也。为首者，代为之首也；相告言者，互相讦发也。状首曰告，口诉曰言，虽其意非己出，而人实己亲，于法得相容隐，于情当为首告，犹自首也，均得如自首法免罪。若为首告，言出于小功、缌麻之亲，减罪三等，无服之亲，减罪一等。得兼容隐之中，亲与疏不同，亲者全免，疏者减等也。以上自首、代首、得兼容隐之人为首及相告言，或捕送到官，系谋反逆叛之事，未行者，俱同自首免罪；已行者，正犯不免，其余皆免缘坐之罪。若所首之情罪不实，则另科不实之罪；所首之赃不尽，则止科不尽之数也。如本犯抢夺，首为窃盗，首重为轻，是曰不实，则仍坐抢夺之罪，所首非本罪，犹未首也。如本犯窃盗赃一百两，首为六十两，首多为少，是曰不尽，则仍坐四十两之罪，匿赃即匿罪，不得免也。若所首不实之罪重，不尽之赃多，各至绞、斩死罪者，听减一等，杖一百、流三千里。如强盗得财，首作窃盗得财，则不实之强盗应斩；如枉法赃一百两，首作二

十两，则不尽之八十两，罪应绞，凡若此至死者，皆得减流。盖未经权首，则有匿罪之心，法不可纵，已有所首，则有悔罪之意，情亦可原，故贷其死也。若本犯初无自首之心，因知人欲赴官陈告，事机已发，然后自首，及已经逃叛，复自首告，皆减本罪二等。其逃叛者，虽不自首，而还归本所，亦减本罪二等。盖知人欲告而始首，与未发而先首不同，逃叛罪重，与犯他罪不同，故皆不得全免也。"损伤"二字，统人与物言，谓人与物已受损伤，不可赔偿，正文是一句，而注则分别解之也。损伤于人而自首，虽已悔罪，而人之损伤不可赔矣，故不准首。注曰："得免所因之罪，仍从故杀伤法"，其义甚微。所因，谓杀伤之因也，本犯他罪，因有杀伤之事，而自首者，则止论其杀伤之罪，得免所因本犯之原罪。盖自首免罪，损伤于人，则不在自首之限，恐有司拘执损伤之故，并其他罪亦不准首，故特申明之。如因谋反逆叛，曾杀劝阻之人，未行之先又自悔罪自首，则杀人之罪不免，止坐故杀，而所因谋反逆叛之罪已首，同居之亲缘坐之人，皆得免也。又如白昼抢夺、略人略卖、窃盗拘捕，但伤人者皆死罪也，因此等伤人而自首者，则得免其抢夺等项死罪，止照所伤科之也。若过失杀伤者，自有正律，故云听从本法。损伤于物，如弃毁印信、官文书及应禁等物，非私家所得有者，已经损伤，不可偿矣，犯罪之事，既已发觉，即不得首，而又曾在逃，其情益甚。关者，盘诘奸究之处。无文引而潜过曰私，不由门而他出曰越，关已度而不可追，已行而不可改，天文推步之学，非在监官生不得习，已私习而不可悔，以上各项虽首仍问罪，并不在自首之律。或强或窃，或诈欺取财，皆非事主所自与也，故首还者，则曰于事主处首服。首者，自言强窃、诈欺之情；服者，谢过请罪之意也。或枉法或不枉法，皆系本主和同自与也，故首还者曰悔过回付还主，悔自己之过，还他人之物也。虽不经官首告，而赃既还主，罪亦发露，其悔罪之心，与自首一也。知人欲告而首还，亦如前减二等之罪。其强、窃盗既将同盗之人捕获解官，则本人自首，不待言矣，既应免罪，即同常人，故一体给赏。已免本身之罪，仍赏获盗之功，亦弥盗之微权也。[46]

以上引用篇幅如此长的一段"律后注"，可以比较全面地展现其内容的丰富。上述"律后注"整体随"犯罪自首"律文逐次展开，其中解释说明的概念包括"自首""正赃""首""言""所因""关"。在解释律意时同样要给出立法的理由，比如，"犯罪未发而首，免其罪"的理由就是"惧法悔罪，出于本心，所以大改过也"；又如对"首重为轻，首多为少"者仍然科以"不实不尽之罪"的理由就在于对行为的区别对待，自首显示了犯者畏罪之心，不实不尽又显示其有所隐瞒，因此律例必须做出权衡。此外，该段"律后注"在多处采用了例举的方式，以说明律意，远远超出律文小注中所举的内容，如通过"抢夺首为窃盗"说明"不实"，"窃盗赃一百两首为六十两"说明"不尽"，等等。

《大清律辑注》的"律后注"在以紧密围绕律文做逐字逐节的文义解释为根本宗旨的同时，也常常以"按语"的形式，或对律意的重点做出说明，或针对其他律家或著作的观点做出评析，或结合相近条文进行比较，进行一定的阐发性解释。[①]经笔者检索统计，"律后注"中加入"按语"的条文有无官犯罪、亲属相为容隐、立嫡子违法、卑幼私擅用财、娶逃走妇女、出妻、虚出通关朱钞、谋反大逆、造妖书妖言、盗印信、常人盗仓库钱粮、劫囚、恐吓取财、夜无故入人家、盗贼窝主、谋杀人、杀死奸夫、杀一家三口、造畜蛊毒杀人、斗殴及故杀人、戏杀误杀过失杀伤人、威逼人致死、威力制缚人、骂人、骂祖父母父母、官吏受财、家人求索、嘱托公事、应捕人追捕罪人、罪人拒捕、主守不觉失囚、知情藏匿罪人、故勘故禁平人、淹禁、官司出入人罪、决罚不如法，共36条。下面以"谋杀人"为例，来谈论"律后注"按语的解释功能。

例："谋杀人"[②]

[**律后注**]谋者，计也。先设杀人之计，后行杀人之事，谓之谋杀。谋

---

① 关于对《大清律辑注》中"按语"在律例解释学中的作用和意义，可以参见拙作《〈大清律辑注〉按语的类型化解析》一文，载于《河北法学》，2008年第9期，第156-160页。

② "谋杀人"律文为：凡谋（或谋诸心，或谋诸人）杀人，造意者，斩（监候）；从而加功者，绞（监候）；不加功者，杖一百，流三千里。杀讫乃坐。（若未曾杀讫，而邂逅身死，止依同谋共殴人科断。）若伤而不死者，造意者，绞（监候）；从而加功者，杖一百，流三千里；不加功者，杖一百，徒三年。若谋而已行，未曾伤人者，（造意为首者）杖一百，徒三年；为从者，（同谋，同行）各杖一百。但同谋者，（虽不同行）皆坐。其造意者，（通承已杀、已伤、已行三项）身虽不行，仍为首论。从者不行，减自（而不加功）者一等。若因而得财者，（无问杀人与否，）同强盗，不分首从论，皆斩。（行而不分赃，分赃而不行，及不行又不分赃，皆仍依谋杀论。）

之迹必诡秘，谋之故亦多端，如有仇恨妒忌，贪图争夺等事情，因思杀害其人。或自己算计，而独谋诸于心，或与人商量，而共谋诸人。《名例》称谋者，二人以上，本注曰"谋状显著明白者，虽一人，同二人之法"，此谋杀人有造意、加功之别，正为二人以上言之。若出于一人之心，一人之事，则造意加功，俱自为之，径引谋杀人斩罪，所谓一人同二人之法也。造意者，区书定计之人；加功者，助力下手之人；从，谓随顺造意者指使也。造意者斩，所以严首恶也；加功者绞，所以重同恶也。造意不必亲杀，致死实由加功，虽以数命抵一命，亦情法应然也。若虽共谋同行，而临时不加功者，犹有畏缩之心，止杖一百，流三千里。然必杀讫，乃坐此斩、绞、流之罪，若未曾杀讫，则其谋虽行，其杀未成，自有下节伤而未死、行而未伤之法也。若谋杀人，已曾伤人尚未至死，造意者绞，未至杀人即得死罪，以其实设杀人之谋而致伤人也；从而加功者，减一等，杖一百，流三千里，以其亲行杀人之事，而已伤人也；同行不加功者，又减一等，杖一百，徒三年，以其曾预杀人之谋，而又同行也。若谋杀人已行，或自己拒斗，或遇人救护而得免，或知风引避，或临时脱逃而自全，其人尚未受伤，造意者，杖一百，徒三年，原未伤人，故无加功、不加功之别；凡同谋为从者，均杖一百，是虽未及伤人，犹恶其谋而已行，故不全贷。以上论谋而已行之罪也。若谋杀人之造意者，其人虽不亲行，仍为首论，已杀者斩，伤人者绞，未伤者徒，盖杀人之谋皆其指授，不以不行而宽之也。至于同谋为从之人，但谋而不行者，则减行而不加功者一等，已杀者，杖一百，徒三年；伤·人者，杖九十，徒二年半；未伤人者，杖九十。既已共谋，而又不行，非系胁从，即有悔意，故得减等，此论谋而不行之法也。夫谋杀人，不取人之财，特以报仇怨耳，非利其财也，故为从得以末减。若因谋杀而得所杀人之财，犹之强盗矣，故同强盗，不分首从皆斩。然强盗意主于得财，则但得财者皆斩，谋杀意主于杀人，则因而得财者，必加功分赃，方同盗论。其同谋者，行而不分赃、分赃而不行，与不行又不分赃者，仍以谋杀本律科断，以其共谋之初，原为杀人，不在得财。观共谋为盗条可知推矣。

　　按：误杀律内，谋杀人误杀旁人者，以故杀论，注曰"不言伤，仍以斗殴论"。夫杀照故杀，伤照斗殴，则止坐下手伤人之人矣，其造意与同谋之人，或行或不行者，何以科之？若仍照本律已杀、已伤之罪，则太重，且与故杀论之法不符。如所谋杀者赵甲也，而下手者误杀钱乙，则非其所谋之人，失其所谋之意，岂可加造意同谋者已杀已伤之罪？所被杀伤之旁人，已有下手者抵罪，而造意同谋所欲杀之人，原未受伤，则应照已行而未伤人科断，似为情法之平。详见误杀本条。

《笺释》云：假如欲谋人财，将砒霜与啖，得财，不死，砒霜乃杀人之物，其设心已必致之死矣。得财者，问以谋杀人因而得财，同强盗之罪；不得财者，问以伤而不死之罪。按：因财起意应从强盗之法，但盗止图财，此兼谋杀，虽被害之人幸未至死，而图财之心实主于杀，以强盗、谋杀两律参之，得财则同强盗论，不得财仍尽谋杀之法。所见良是。犯因图财而谋杀者，可以类推。

《笺释》又云：如见人有财，欲取不便，将麻药与啖，使不能言，因而得财，麻药特一时不能言语，原无杀人之心，止宜问以药迷人图财者，同强盗已行未得财之法。按：本为图财，因以药迷，自有强盗条内本律，与谋杀条无涉，何必赘言？[47]

上例中第一部分是对律文的随文解释，对"谋杀"的概念进行了详细阐述，并引述了《名例》中对"谋"的界定，指出本条"一人谋杀"情形下的特殊之处；其次，对于律文中"从者不行，减行（而不加功）者一等"的规定，结合谋杀的不同情形进行了详细说明。第二部分结合明代律学著作《律例笺释》，加入了三条按语。第一条按语表达了沈氏对于"谋杀中误杀旁人"问题的处理意见，在此情形下应对造意同谋（而未行者）按照"已行而未伤人论"，在具体解释时沈氏还虚拟了案例来更好地说明问题，这也是《辑注》解释的一个特色；第二条按语表达了沈之奇同意《笺释》关于"运用足以致人死亡手段谋财"的处断意见；第三条按语则在上条按语基础上讨论"运用不能致人死亡手段谋财"如何处理的问题，认为直接按照强盗律本条处断即可，不同意《笺释》"同强盗已行未得财之法"的意见。"律后注"的按语部分，沈之奇已经开始探讨律文背后更为复杂的问题，并且不盲从盲信权威著作的观点，表现出解释技术的高度成熟。

仅通过几个典型的例证是很难全面呈现《大清律辑注》"律后注"中丰富的解释学知识的，但仍然可以发现其中的解释线索和著述逻辑。整体而言，"律后注"部分紧密围绕律文的文义展开，解释内容也是按照律文表述的结构来安排的，体现了典型的"随文注释"的特征。具体言之，"律后注"中为表述律意，往往首先会对律文中的一些关键概念进行解说；然后逐句表述律意，同时又会以"所以……"和"以……也"的典型句式来点明律文如此规定的立法理由和精神；在具体解释律意时，会综合运用概念解释、比较、例举等解释方法，以求全面展现律文的含义，对于涉及律文适用的标准等核心内容更是不遗余力地追求完备；同时，在一些内容较为复杂的律文中，通过按语的形式，或是提出引申问题并解答，或是引证其他律家的观点表示同意或反对并进行详解，或是与其他相关条文进行比较阐释，展现了宽广而务实的解释视野。

（二）律上注

"律上注"作为《辑注》原本上栏的内容，是在律文文义解释基础上的引申性解释部分，其内容非常丰富，但归纳整理的难度也很大。本节侧重于在全貌上展现《大清律辑注》的"律上注"。总体而言，457条"律上注"基本与律文是一一对应的。[①]

其一，《大清律辑注》全书有 28 条"律上注"列于每篇的"门名"之后，其内容是对该门的历史沿革与演变情况进行说明，这28条涵盖了名例和户律中除"田宅"和"婚姻"之外的所有门名。[②]以刑律"斗殴"后的"律上注"为例予以说明。

"斗殴二十二条附例八条。秦、汉至晋，未有斗殴之名。魏分《击讯律》为《斗律》，北齐以讼事附之为《斗讼》律，后周为《斗竞》律，隋、唐复

---

① 有个别条文后没有"律上注"，如"十恶""八议"中的某些子项、"称乘舆车驾""僧道拜父母""失占天象""术士妄言祸福"等条；同时一些门名，虽然不计入律文数，但后面加入了"律上注"。因此，"律上注"的总数与律文数相当。

② "田宅"门后的"律上注"指明了"田"和"宅"的范围；"婚姻"门后的"律上注"则是指出首条"男女婚姻"和末条"嫁娶违律"为婚姻各条之通例。

为《斗讼》。至明分为两篇，曰：《斗殴》《诉讼》，国朝因之。内斗殴、保辜二条，又诸律之通例也。"[48]

以上对篇目沿革的介绍，从内容上并无太多新意，却能够显示出沈氏对法典结构变迁的重视，彰显了一种历史意识。在此基础上，对具有通例性质的律文予以说明，从解释技术上有助于对律例结构特征的把握。

其二，各条律文后的"律上注"才是解释内容的重点所在。在"律后注"对律文做文义解释的基础上，"律上注"通常对"律后注"的内容做一个归纳概括，分节分层次地指出律文的意思，这对于解决传统著作中表述不分段造成的理解困难非常有必要。

经过笔者统计，有32个"律上注"内容涉及对"律后注"的文义解释进行分层分节归纳概括。①这些条文内容复杂，立法技术性强，"律上注"通过分层归纳使得"律后注"的解释更容易完善。为和前面"律后注"内容衔接，我们仍以"犯罪自首"条后"律上注"第一部分为例，予以说明。

例："犯罪自首"

[律上注]此条分三大目。首二节言犯罪得准自首之事，凡六项：一、未发自首；二、轻罪已发而首重罪；三、一事被问而言余罪；四、遣人代首、亲属为首，及相告言；五、自首不实、不尽；六、知人欲告及逃叛而自首。第三节言不准首之事，凡六项：一、损伤于人；二、损伤于物；三、事发在逃；四、越关；五、犯奸；六、私习天文。末节言不经官自首及盗捕同伴自首之事，凡四项：一、强盗诈欺首服于主；二、枉法、不枉法悔过付还；三、知人欲告而首还；四、捕获同伴而免罪、给赏。[49]

通过以上三大类16项的分类，关于"犯罪自首"条内容的整体框架就清晰地展现出来，读律者就可实现对律文"提纲挈领"的理解。

---

① 具体分布情况为：名例4条（职官有犯、给没赃物、犯罪自首、犯罪共逃），吏律3条（官文书稽程、磨勘卷宗、增减官文书），户律5条（立嫡子违法、收留迷失子女、居丧嫁娶、那移出纳、船商匿货），礼律1条（服舍违式）兵律5条（宫殿门擅入、漏泄军情大事、擅调官军、纵放军人歇役、宰杀牛马），刑律14条（发塚、盗贼窝主、杀子孙及奴婢图赖人、斗殴、良贱相殴、奴婢殴家长、妻妾殴夫、诬告、嘱托公事、告状不受理、徒流人逃、因应禁不禁、鞠狱停囚待对、决罚不如法）。

其三，针对律例理解中的关键所在，包括理解的难点、核心的语词，或者需要与其他条文进行甄别之处，进行详细的引申阐发，是"律上注"部分最为核心的内容。沈氏在这部分根据其对律例的理解能够展开丰富的论证和解说，所运用的解释方法也是多元的，字词解释、历史考证、比较说明、例举说明等均包含在内。对于此种内容进行系统梳理具有很大难度，本书不能保证做到完整无误，但仍试图在学者已有论述的基础上做一个更系统的分析整理。限于篇幅，用表2-2选取《名例》中的一些典型的引申解释内容予以反映。

表2-2 《大清律辑注》（名例篇）"律上注"对律文的引申解释说明情况

序号	律文	内容摘要
1	议亲	引《礼》指明"袒免"的范围
2	应议者有犯	比较"请旨"与"取旨"的差别
3	文武官犯私罪	比较"流官"和"杂职"的区别：流官之义，谓如水之流，循行正道；杂职者，如水之支流，杂出也
4	犯罪得累减	指明"累犯者"不得累减；因他人犯罪而受累者可以累减
5	徒流人又犯罪	说明"二罪俱发以重论"①与"再科后犯"的具体含义和内容
6	老小废疾收赎	解释说明"废疾"和"笃疾"的情形②
7	给没赃物	指明律文"赦"的范围仅指财产；比较说明"入官"与"还官"的差异
8	犯罪自首	说明"相告言者"与"皆得免罪"的含义③；"被告"的广义理解④；引用其他条文说明"亲属首告减等"⑤；举例解释"赃虽不尽而罪无不尽"情形的处理⑥

---

① 《辑注》"律上注"中对"二罪俱发以重论律"的解释为："一罪先发，已经论决，余罪后发，其轻若等者弗论，重者更论之，通计前罪，以充后数。"这与现代刑法理论中"重罪吸收轻罪"的理解是一致的。

② "废疾者，或折一手，或折一足，或折腰脊，或瞎一目及侏儒、聋哑、痴呆、疯、患脚瘸之类，皆是。笃疾者，或瞎两目，或折两足，或折两肢，或折一肢瞎一目，及癫狂、瘫癫之类，皆是。"通过这种清晰的例举说明，可以对司法适用进行事实判断起到重要的指导作用。

③ "相告言者，是亲属平日各犯有罪，偶因忿争，遂相互讦发，如兄窃盗财物，弟私刻印信，彼此告言。皆得免罪，盖指他人受害之事，非告言自己己受害之事也。""律上注"在解释某些律文中的表述时，经常运用举例说明的方式。

④ "'被告'字不必拘，凡有发觉在官之事，因鞫问而别言余罪者，皆是。"

⑤ "注内小功、缌麻、无服之亲，首告减等，见《刑律》干名犯义条。本条止是告者，告言且然，为首自不待言矣。"

⑥ "有赃虽不尽而罪无不尽者，如窃盗银二百两，首作一百三十两，窃盗至一百二十两以上绞，其罪已尽矣；又如强盗得财五十两，首作一十两，强盗但得财皆斩，其罪已尽矣。若此者，止科不应、不得，仍以不尽论也。"

续表

序号	律文	内容摘要
9	二罪俱发以重论	对比本条与"徒流人又犯罪"条的不同，指出"发"与"犯"的差异①；举说明赔偿、罢职、刺字的规定
10	犯罪共逃	结合其他条文，指出因人连累应区别对待②；说明"罪人自死"中"自死"情形
11	公事失错	比较本条与"同僚犯公罪""官文书稽程"的差异；指出若失出不能追回，（后果不可逆转）仍依失出律处断
12	共犯罪分首从	对"共犯罪"概念进行详解③；对"侵""损"做扩大解释④
13	犯罪事发在逃	指出前后两段理解的关键；说明注内"仍加逃罪二等"的来历
14	亲属相为容隐	指出各篇与名例本条不同的几种情形；说明"减等"的具体计算标准
15	本条别有罪名	解释"规""避"的含义，并评价其他注家的理解⑤
16	加减罪例	解释"各加各减""递加、递减""各递加、各递减"等概念⑥
17	称与同罪	与"受财故纵"比较；归纳"罪同"的情形

其四，"律上注"在解释某一个律文时，常引入其他相关律文，或通过比较以更好地说明解释，或者是提示与被解释条文关系密切的其他律文，

---

① "'二罪俱发以重论'乃二罪以上一时俱发及先后拟断之通例。与'徒流人又犯罪'条不同，彼是又犯，此是俱发及先后发。'犯'字、'发'字，义各自别，盖犯罪乃发而又犯者，犯于已发之后也，徒流又犯者，犯于已遣之后也。此皆是未发以前所犯者，故曰'俱发''先发'、'后发'，曰'二罪以上''一罪'、'余罪'也。"

② "按：律意因人连累，是言无心过误，如失觉察之类是也。藏匿、引送、资给，乃有心故犯，似有不同。'知情藏匿罪人'律内，泄露者，罪人已死、自首，止减一等，而藏匿等项，并不得减。此条罪人自死者，连累人听减二等，注又引藏匿等项。"

③ "共犯罪者，谓数人共犯此一罪者，如共谋为盗，同行分赃之类。《笺释》谓甲乙二人同盗张三家财物，是谓共犯。如甲自盗张三家，乙自盗李四家，虽先曾同谋，不得谓之共犯矣。此说虽是，然其中亦有分别。窃盗计赃论罪，以一主为重，二人虽曾同谋，而各盗一家，各得赃物，不当同科一主之罪，自不合共犯之法。若彼此分赃，应仍作共犯。共谋为盗律内，有共谋而不行者，参看明白。"

④ "如狂诈吓索、枉法不枉法赃等俱谓之'侵'，不独盗也；发觉坟冢、弃毁身尸亦谓之'损'，不独杀伤也。"

⑤ "'规'者有所窥求之意，'避'者有所脱卸之谓，求取贿赂曰规，脱免罪名曰避。或曰：'规'者规矩之意，若违其规矩，则必有所避矣。其说似偏。"

⑥ "有称各加、各减者，分别而加之、减之也。有称递加、递减者，挨次而加之、减之也。有称各递加、各递减者，各分其类，递次其等，而加之减之也。又有无本罪，照他人之罪而加重者，如诬告反坐之类是也；有无本罪，照他人之罪而减轻者，如失出、失入之类是也。"

这样就使解释呈现出一种体系化的特征，有利于从整体上把握律文的文义和内涵。①下面通过表 2-3 将《户律》当中部分"律上注"引述其他律文，进行体系化解释的情形予以反映，以呈现《大清律辑注》"律上注"的这一解释特征。

表 2-3　《大清律辑注》（户律篇）"律上注"引述相关律文情况

序号	注释律文	引述律文	内容摘要
1	立嫡子违法	官员袭荫（吏律）	指出与官员袭荫律参看；比较二条量刑的差异
2	收留迷失子女	略人略卖律、娶逃走妇女律、出妻律	指出与略人略卖律参看；按语中引娶逃走妇女律和出妻律，指出若收留在逃妇女系罪犯或背夫在逃者，或卖人，或自留为妻妾，与买者知情，当参拟从重论
3	丁夫差遣不平	赋役不均（户律）	进行比较解释：赋役不均是科敛于民者，不均之害大；此条是现役于官者，不平之害小，故罪有轻重之分
4	盗卖田宅	典卖田宅	提出对于买主、牙保知情者，应当借引"典卖田宅"关于重复典卖的同罪的规定
5	男女婚姻	嫁娶违律	指出妾冒未成婚者，应当引嫁娶违律规定，减五等科之
6	娶亲属妻妾	尊卑为婚、犯奸律	比较与尊卑为婚条在主体上的差异②；指明本条量刑与犯奸律"奸同宗无服之亲，及无服亲之妻者"相同
7	娶部民妇女为妻妾	强占良家妻女	比较两条轻重悬殊的理由③
8	良贱为婚姻	男女婚姻	指出本条奴婢妾冒良人的处断与男女婚姻条妾冒加等的情形相同
9	多收税粮斛面	监守自盗律等	指明本条与监守自盗之间在何种情形下可以转化④

---

① 譬如，在《吏律·职制》"官员袭荫"条的"律上注"就因法律责任的关联而指出本条应当与"立嫡子违法"条参看；《刑律·贼盗》中"盗印信"条的"律上注"则基于犯罪对象的相关而指出应当与"盗制书"条进行比较，等等。

② "此条（即娶亲属妻妾）专言娶同宗亲属无服有服亲之女及妻妾之罪。内舅甥在外姻中为至亲，故不如前条尊卑为婚条内，而于此带言之。若其他异姓之亲，则前条备矣。"参见：《大清律辑注》，第 270 页。

③ "后豪势强夺良家妻女，奸占为妻妾者，绞，与此娶去之罪（最高杖七十，徒一年半），轻重悬殊。盖此虽言强，而犹是娶，与强夺奸占之情不同也。"参见：《大清律辑注》，第 274 页。

④ "主守收受粮米，恐有折耗，因于斛面多收，以免支销赔累，非侵民利己之比，故其罪轻。注云：'入己，以监守自盗论'，夫多取于民，而科监守自盗者，借斛面而侵民，即同盗矣；既入仓而私出，即自盗矣。"参见：《大清律辑注》，第 298 页。

续表

序号	注释律文	引述律文	内容摘要
10	船商匿货	匿税	比较两条对举报人的奖励办法：匿税条是以入官十分之三，本条则是定额二十两
11	违禁取利	在官求索（刑律）	相关条文引述
12	私造斛斗秤尺	多收税粮斛面	指明本条处断重于"多收税粮斛面"条的理由

其五，指明立法理由和阐述立法精神，也是"律上注"的重要内容。因为对立法原意的揭示，总是能够促进对律文的理解，是律例解释所不可或缺的内容。同时，"律上注"部分还有许多对律例的评价性内容。总体上，沈之奇强调《大清律例》的宽仁和合理，多有赞誉之辞，体现了传统律学家浓重的"权威型解释"特征，但我们还是可以发现在一些细节之处，沈氏仍然以极为含蓄的方式指出了律例存在的一些问题，虽不占主流，但仍然彰显出律学家在解释过程中的科学精神和怀疑态度。这类"律上注"的内容广泛分布于各篇，譬如，仅在"名例"篇就有 14 处。下面分别选择一些典型例证，来展示此类"律上注"的丰富内容。

譬如，名例篇"化外人有犯"条的"律后注"对归附的化外人适用《大清律例》的立法理由进行了阐述，"化外人既来归附，即是王民，有罪并依律断，所以示无外也"[50]。"奸党"后的"律上注"对立法本意进行了阐释，"重听从之罪，所以惩奸臣之党；赏陈诉之人，所以离奸臣之党也"。[51]户律篇"别籍异财"条的"律上注"则侧重从传统家庭观念出发阐释立法的理由，"祖父在而别籍异财，恶其有离亲之心也。父母亡，兄弟虽许分析，然三年之丧未满，而即别籍异财，恶其有忘亲之心也"。[52]刑律篇的"律上注"中涉及阐释立法理由和立法精神的条文更为集中，多达 50 多条。相对于前面各条侧重于整体说明，刑律篇的"律上注"则侧重于对律文中某些部分立法理由的解释，因而更具技术性。譬如"强盗"条的"律上注"就对使用迷药和砒霜之类药物谋财的情形进行了详细讨论，给出了立法理由，即"以药迷人，如蒙汗、闷香之类，但以迷人图财，非毒药杀人之物。然亦足以杀伤人，故与强盗同科""若以砒霜等药，与人吃而得财，死者，依谋杀人因而得财律；得财不死，依以药迷人律。如不死，又不得财，则依谋杀人伤而不死律。盖砒霜等药，服之必死，与迷人之药不同也"。[53] "诈教诱人犯法"律的"律上注"中，对于为什么处罚教唆者和被教唆者、两者刑罚有差别的理由给出了详细的阐释，即"教诱虽出于人，犯法实由于己，若己不欲为恶，人即教诱，亦必不行，故坐本犯之罪。教诱人捕告（欲得奖赏或陷人刑罪）犹科同罪，使不得行其诈也。至死得减一等，终与自犯者有间也"。[54]

其六，沈之奇"采辑诸家者十之五，出于鄙见者半焉。其有诸家谬误之处，为世有遵信者，间为指出，请正法家"的创作原则，在"律上注"中的体现也最为集中。"律上注"整体上的解释视野更为宽广，可以将很多问题的讨论都纳入其中。沈氏在"律上注"中，有时引述其他著作的观点表示赞同，但更多的是提出质疑和异见，有充分理由时则不迷信权威而是大胆陈述，当只是有所怀疑时仅表示其见解"俟考"，传统律家严谨精细的治学态度令人钦佩。

经过笔者初步检索，《大清律辑注》"律上注"涉及引述、评价、批驳其他律学著作和有关观点的条文为 118 条①，涉及的律学著作出现频率为《笺释》57 次（个别条文中多次出现，下同）、《琐言》6 次、《指南》4 次、《律解》3 次、《管见》2 次、《据会》2 次、《会要》1 次、《读法》1 次，未注明来源而只以"或谓""诸解（注）"类的观点共出现 50 多次。下面通过一些较有代表性的例证，来反映沈之奇在律例解释方面的分析论证和解释创见。

"律上注"部分所引的其他律学著作的观点，绝大多数都是沈之奇认为存在错误或问题的。以引述最多的《笺释》为例，在《名例》篇"职官有犯"条的"律上注"中就对《笺释》有关府、州、县官员相互统辖职权和律注承接律文的范围两个问题的观点提出反对意见，原文表述为："府辖州、县，州亦辖县，而统言之者，盖府于州、县，州于县，不惟不得擅问，亦不得奏闻，皆待所辖上司也。《笺释》以布政司、府、州、县层累而言者，

---

① 各篇分布情况为：《名例》篇有 14 个律文的"律上注"部分涉及此类内容；《吏律》有 9 个条文；《户律》为 26 个条文；《礼律》为 2 个条文；《兵律》为 12 个条文；《刑律》为 53 个条文；《工律》为 2 个条文。

非是"和"据第三节之注，是止承第二节府、州、县言。盖一切公私小过，自是所辖上司之事，不烦御史等风宪官也。《笺释》诸家，皆统承上二节言者，非是"。[55]这里对《笺释》观点的批评已经细化到对律文结构的解读方面，可谓精细。

《刑律》篇中引述其他著作观点是最丰富，而且内容最为复杂的。譬如"劫囚"律中就曾多次涉及《笺释》和未指明具体来源的"或谓"观点：（1）在讨论若狱卒追赶囚徒过程中因其自己跌伤或畏罪自杀等情形致死，如何处断劫囚者时，不同意"或谓"的观点，"律上注"指出"或谓狱卒追囚跌伤，及畏罪自尽，亦照因而杀伤论。此说非是。按：律内非自行凶致死人命者，皆云因而致死，如威逼条云'因奸盗而威逼人致死'，诬告条云'因而致死随行家属'之类。此律云'杀伤'，与致死之义不同，岂可混坐？"[56]（2）针对律文中"（罪囚）家人（参与劫囚）伤人，仍以凡人首从论"的理解，"律上注"指明"此凡人，即指上聚众之众人也，尊长绞斩，家人作流。乃《笺释》则云：'以凡斗殴为从律科断'，则照伤之轻重定罪矣。非是。"[57]（3）紧接上文，止言家人伤人如何处断，若家人因劫囚杀人应如何处断的问题，提出了自己的见解并否定了"或谓"的观点，即"或谓律止言家人亦曾伤人者，仍以凡人首从论；不言亦曾杀人者，则应依聚众下手致命者绞。非也。聚众者，同恶相济，率领者，事有专制，故聚众罪分首从，率领止坐家长。而此止坐之罪，即是打夺者流，伤人者绞，杀人者斩，非不言也。家人伤人、杀人，皆是为从流罪，故止言伤人以例之。律意不同，其法个别。仍以凡人首从论，家人即聚众之为从者也。聚众杀人，为首斩，下手致命绞，乃分别科罪之法，非凡人首从之例也"。[58]

以上所进行的分类考察，是将《大清律辑注》的律注分解成若干层次来加以解读的，可以达到揭示其内容构成的目的，但同时也会对律注的整体性造成破坏。这种问题在后面的考察中仍会出现，体现出一种解读本身对文本的"解构性"影响。为应对这一问题，就必须时刻保持一种整体意识，即认识到考察过程中的各层次分析之间是紧密联系而非各自独立的，对于中国传统学问更加注重整全性而言，这种警醒尤其必要。

三、例注

《大清律辑注》的"例注"在原书中全部位于上栏，在点校本中用"例上注"，共计 194 条。"例上注"涉及的内容十分广泛，或对条例进行文义解释，或阐明制定条例的立法本意和目的，或就理解条例中的关键问题进行引申说明，等等，与"律注"部分基本一致。整体而言，"例上注"的篇幅和精细程度要逊于"律注"部分，而且，分布相对较为集中。在各卷中的分布情况如表 2-4 所示。

表 2-4　《大清律辑注》中"例上注"的分布情况

	名例	吏律	户律	礼律	兵律	刑律	工律	总计
"例上注"数	50	10	23	5	17	88	1	194

可见，《名例》《户律》和《刑律》三篇最为集中。单个律文后面所附的"例上注"数量较多的有：军官军人犯罪免徒流（名例：10 条）、工乐户及妇人犯罪（名例：8 条）、五刑（名例：6 条）、官员袭荫（吏律：7 条）、强盗（刑律：6 条）、威逼人致死（刑律：5 条）、越诉（刑律：5 条）等。这些律文本身所附的条例较多，因此，"例上注"也相对集中。下面分别通过一些典型例子，来展示"例上注"在内容中的特征。

其一，尽管"例上注"内容并不将文义解释作为重点，但若条例中出现的表述需要做出说明解释时，"例上注"也会进行适当的文义解释，但并不像"律后注"那样详细完整。譬如"五刑"后的一条"例上注"。

[例文]凡在京在外运炭、纳米赎罪等项囚犯，监追两月之上，如果贫难，改拟做工、摆站的决等项发落。若军职监追三个月之上，及守卫上直旗军人等，纳银赎罪监追一月之上，各不完者，俱先发还职着役，扣俸粮、月粮准抵完官。其一应纳纸囚犯，追至三个月不能完者，放免。

[例上注]此贫难乃无力而错审有力者，流、徒在京做工，在外摆站，笞、杖的决。若军职、守卫旗军等，既难旷职役，又有俸粮、月粮可扣，故先还职役，而徐扣月粮准抵。至于纳纸者，数既轻微，追至三月不完，贫难可知，则免之已。

俸粮，承军职还职者言。月粮，承旗军着役者言。纳纸名色，律例无文，盖必另有此罚例也。[59]

此条"例上注"重点就在于例文的文义解释，解释了"贫难"的含义，并且对军人和纳纸情形规定的理由进行了交代，就使得例文容易理解。

其二，"例上注"也经常对条例的立法理由或者立法目的进行阐述。譬如，《名例》篇"应议者之父母有犯"。

[例文]凡先系应议，以后革爵者，径自提问发落。

[例上注]应议之人，既已革爵，则本身无恩可推，子孙无爵可袭，与平人无异矣。[60]

这里用简洁的语言，指出了条例规定的理由，即身份不再，法律上的特权随即消亡。

其三，引述与所注条例相关的条例，或进行引申说明，或进行比较，也是"例上注"内容的一个重要方面。

《户律》"盐法"的"例上注"就对律文中的"犯界"和例文中的"越境"进行了比较，其表示为："律之犯界，兼行盐地方与派引处所言。例之越境，则止言越过行盐地方也。"[61]此外，《刑律》"斗殴及故杀人"条的"例上注"也较为典型。

[例文]凡同谋共殴人，除下手致命伤重者，依律处绞外，其共殴之人，审系或执持刀枪等项凶器，或亦有致命伤痕者，发边远充军。

[例上注]执持凶器，分别伤人、不伤人，有新例。

律内余人，不论伤之轻重，概杖一百，例则分执持凶器，亦有致命伤痕，边远充军，盖律意自死者之命言。虽死于殴，实非有意而杀，既已有人抵偿，不更深坐他人也。例自生者之情言，均有重伤，一人抵其命，恶此行凶已甚，不使独从轻典也。[62]

上例中，不但比较了条例和律文的差异，更对这种立法差异背后的缘由进行了分析，从而有利于对律、例的一体理解和相互贯通。

其四，对于一些内容复杂的条例，"例上注"部分也会如"律注"那样，指出其理解的重点和关键所在，并进行详解。

《刑律》"威逼人致死"第一条例文后的"例上注"就指出，"须重看'挟制窘辱'四字"，指出了条例中的关键所在；"白昼抢夺"后的"例上注"也对条例的重点内容做了如下表述："此例重在殴打平人，抢夺财物上"，并就相关问题进行了引申说明，即"若官差人役，抢所拘人财物，各照本律，不引此例，以非平人也"，就本条例的适用对象的除外情形做了交代。

其五，对条例中的内容进行引申说明，或提出疑问，或引证其他律学著作观点，也是"例上注"部分的重要内容。譬如：刑律"伪造印信历日等"条后的"例上注"部分，就引证了《读律指南》的观点，还表达了对《律例笺释》有关看法的否定，其文曰：

[例文]犯描摸印信，行驶诓骗财物，犯该徒罪以上者，问发边卫，永远充军。

[例上注]《指南》云：用笔描书摸写，以成印文，三尺童子能辨之，岂能诓骗财物？不知诈伪日滋，奸巧百出，有用印色描摸，实与印文无异者；有将文书旧印，反面用油币影描，以印色搨润，覆打在所为文书之上，宛然真印，此真描摸之罪也。

[例文]起解军士，捏买伪印批回者，除真犯死罪外，解人，发附近；军士，调边卫；原系边卫者，调极边卫，各充军。

[例上注]捏买伪印批回，不过知情行用之罪，而云除真犯死罪者，谓行用伪批而犯死罪之事也。《笺释》云：恐有自行伪造。非也。既云捏买，何得又谓自造。[63]

上引第一条"例上注"中引述《指南》观点，指出伪造定罪必须达到能够以假乱真的地步；第二条"例上注"中则首先提出自己对"真犯死罪"的理解，即购买并使用伪造印信本身并非死罪，而是指所犯之事为死罪的情形，在其基础上认为《笺释》的观点不对。

以上是对"例上注"内容在类型上的大致划分，而且所选取的仅是一些典型例证，只能有限地反映文本全貌。下面选取部分"例上注"条数较多的一些律文，概括其后"例上注"内容，以期弥补分类例证的不足，见表2-5。

表 2-5 《大清律辑注》部分 "例上注"内容汇总

序号	律文	"例上注"条数	各条"例上注"内容要点
1	五刑（名例）	6	（1）对所附六条例文进行总体归纳①；指示相关问题有其他新例，起到提示作用②；指明特定人群的身份如何界定，即"未荫官生、荫生依监生，无荫即民"；通过"按语"指明赎刑执行的问题，并指出有些问题未曾详解的疑问③。 （2）与后面相关条例进行比较；指明不在赎限的几类人员，特殊问题，指引到其他例文④；比较"赎罪"与"收赎"的差别；通过"按语"说明老、幼、废、疾全罪收赎与妇人、天文生百杖之外余罪可赎的差别⑤。 （3）解释例文中"贫难"的含义，指出"俸粮"和"月粮"的适用对象。 （4）解释例文中"通减二等"的含义。 （5）通过"按语"说明例文中"则例"所指⑥。 （6）解释例文中的"供送"；引申说明例文中"各照彼中事例发落"的含义；指出新例内容的变化⑦。
2	犯罪自首（名例）	3	（1）概括条例内容⑧；指明本条例对律文有突破，必须互参⑨。

---

① "例上注"原文为：附例六条。首三条，皆言五刑科赎之法。第四条，当与下条常赦、会赦等条参看。第五条，当与下给没赃物条参看。末条则言差遣供送人来京犯罪者之断法，正与第二条相发明也。

② "例上注"原文为：现任文武官员问罪者，准赎不准赎有新例。

③ "例上注"原文为：按……运灰罪重，运砖次之，运木炭、运囚粮、做工，又挨次减轻，皆得折银……且但言俱令运炭云云，何等当重而使运灰、运砖，何等当轻而使运炭……皆未详解其法。

④ "例上注"原文为：例难的决之人，谓内府匠作等项，详见工乐户及妇人犯罪律内各条例。

⑤ "例上注"原文为：按：老、幼、废、疾所犯，全罪皆得收赎。妇人、天文生则杖一百之外，方赎余罪。此余罪收赎之法，止指妇人、天文生犯徒罪以上者也。余罪收赎法，见工乐户及妇人犯罪条内。

⑥ "例上注"原文为：按：《会典》刑部内，有计赃时估定价。一切物皆有一定之价，所谓则例也。

⑦ "例上注"原文为：今新例，凡外省人有犯徒者，即在犯罪地方发驿；流罪则发原籍金妻，照依原籍应发之地方也。

⑧ "例上注"原文为：此条例乃发明亲属相告，有不当如律全免之法，及亲属本身被害，不在首告之例也。

⑨ "例上注"原文为：律后注曰："强盗再犯不准首"，盖强盗律后条例之文也。此又云亲属首告行劫累次者，发边远充军，盖必彼例定在前，而此例定在后也。当参看互证。

续表

序号	律文	"例上注"条数	各条"例上注"内容要点
2	犯罪自首（名例）	3	（2）指出该条例具有补充律文漏洞的性质；通过"按语"提出自己的见解，否定《笺释》的主张①。 （3）结合"放火律"的规定，来说明例意。
3	立嫡子违法（户律）	2	（1）指出该条例具有补充律文的作用；说明承继之法的立法精神。 （2）归纳条例宗旨，并做出评价②。
4	盗卖田宅（户律）	2	（1）解释例文中的概念，并说明重点部分的文义；指出有新例的情形。 （2）就例文的重点内容进行文义解释。
5	强盗（刑律）	6	（1）指明有新例的情形；指明例文中的"给主"是指典当收买之主，而非失主。 （2）指明有新例的几种情形③。 （3）指明有新例的几种情形。 （4）指明"响马"的判断标准及处刑④；指明新例情形。 （5）指明新例情形；解释例文中的"推究得实"的含义。 （6）阐明例文主旨，乃"审盗之令"；指明新例情形。
6	盗贼窝主（刑律）	4	（1）指明"窝主"的判断标准，知情即算，包括造意、共谋等情况；解释大户家长对佃仆为盗，知情不首责任的立法理由。 （2）对条例做出引申说明。 （3）指明该条例适用的具体条件，对"贼及其行为"的界定。 （4）指明条例适用的赃数标准。

① "例上注"原文为：按：强盗律内条例，有强窃盗再犯及侵损于人不准首之条，故复著此例，谓伤人未死者，姑准自首也。与前得免所因之注，自是两项。盖侵损之盗，若许首而得免所因之罪，则伤人未死，止科伤罪矣，何以充军？解者谓此正是得免所因之意，大失律意。《笺释》亦误。

② "例上注"原文为：应继次序，既有一定之法，而立继之子不得于所后之亲，又听择贤能亲爱者别立，不许宗族以次序争竞。至于义男、女婿，为所后之亲喜悦，听其相依，不许继子逼逐。曲体人情至此，可谓仁至而义尽矣。

③ "例上注"原文为：强盗自首之事不同，各有新例。强盗伤人不死自首；同伙杀伤人，己不知情、未下手自首；同伙奸淫放火，己未奸淫放火自首；行劫数家，止首一家，俱有新例。

④ "例上注"原文为：响马，谓有响箭为号也，乘马执械，白日公行，其罪重于强盗，故枭示以别之。

续表

序号	律文	"例上注"条数	各条"例上注"内容要点
7	斗殴及故杀人（刑律）	3	（1）指明存在新例的情形；比较该条例与律文。 （2）指明该条例与前条例的关系，应当参看；指明该条例的设立理由及适用中的注意事项①。 （3）解释此条例的立法理由，并评价其"仁至义尽"。
8	威逼人致死（刑律）	5	（1）指明该条例的关键是"挟制窘辱"；并说明具有将律文威逼情形具体化的立法目的。 （2）指明该例系补律之不完备；讨论"致命重伤"的问题，并提出与其他条例参看②。 （3）引申说明家长威逼奴婢、雇工人致死，应比照条例中的子孙论。 （4）按语说明本条例设立的目的在于规范强娶守志寡妇的特殊情况。 （5）引申说明逼死印官有新例；说明全律"枷号半年"的只有这一例。
9	越诉（刑律）	5	（1）指明该例的纲领是"假以建言为由"；指明刁告情形有新例；说明对翻供者追查的原因，查处教唆者，显示防讼的观念。 （2）指明该条例理解的关键在"欺诈、吓取财物"。 （3）指明本例的立法精神，土官应当随本族习惯处理。 （4）简要复述例意。 （5）指明有新例情形。
10	诬告（刑律）	3	（1）指明该条例的旨意，根据被诬之人的死亡原因，来决定诬告者的处理，补充律文不完备③。 （2）指出该例应与其他条例参看；结合名例，说明为从者照常发落。 （3）与前一条例进行比较说明。

---

① "例上注"原文为：枪刀等项，乃是杀人之物。持之以殴，又有致命之伤，几有杀人之心矣。然非谋杀，不能以两命、数命同抵，故特立此例。然须是枪刀等器，如木棍之类，似不得同论也。

② "例上注"原文为：致命重伤，谓所伤之重，足以致命，非必拘尸格内致命之处也。伤轻在致命处不死，伤重在不致命处亦死。打有致命重伤，即不自尽，亦不能生，但既有此自尽实迹，问拟不可，拟杖则轻，故权衡而定此充军之例也。今新例又以尸格内致命处虑为重伤，当参论之。

③ "例上注"原文为：诬告死罪已决者，是或绞或斩也。其未决而拷禁致死者亦是。因而致死，律无文，故条例补之。拷则死于刑，禁则死于狱。

通过上述内容，可以看出《大清律辑注》的"例注"与"律注"在解释方法和内容上是基本一致的，区别仅在于全书将律文的解释作为重点，而对条例的解释则相对次要，因而"例注"在篇幅和深度上要少于"律注"部分。这或许与条例本身的性质有关，灵活多变而不像律文那样具有稳定性，同时也和清初法制初建时期的实践要求相吻合。本书将"律注"和"例注"作为两个部分来进行考察，虽然从逻辑上有助于对《大清律辑注》解释内容的宏观认识，却有损于律文和例文解释的一体性。但是，我们还是能够梳理出律、例解释在方法、风格上的一致性，能够从解释著作体式的方面认识到作为随文附注类代表作品的整体特征。

第三节　专题考证：《读律佩觿》的一枝独秀

考证体也是中国古典解释学的基本体式之一。"考证体以对原文及与之有关的重要问题进行考稽、考释、论证为任务。"[64]有学者认为，训诂学研究中一般将考证体分为一书单考体、群籍合考体、专题考证体、古文字考释体四大类。①就律学研究而言，其所解释的典籍往往是单一的某一部法典或若干部法典，在性质上具有同一性。本书所选取的典型律学文本均以《大清律例》为注解对象，从这个意义上讲，其体式均属于一书单考体。但是，这样往往不能够揭示出某一部著作更为细致的特征。前文已述，《读律佩觿》的最大特征就在于突破了随文注释的一般体式，而是以自拟的专题来对《大清律例》进行考证研究。因此，本书将《读律佩觿》著作体式归纳为"专题考证体"。

---

① 一书单考体，是对某一部书的有关问题进行考证的一种训诂体式，不载原书全文，根据既定的研究角度自拟纲目，以此进行考稽论证；群籍合考体，是对群籍的有关问题进行综合考证的一种训诂体式；专题考证体，是对群籍中的有关重要问题，立为专题，进行考证论述；古文字考释体，是对于龟骨和古器物上的甲骨文、金文、陶文等进行考释，以达到能够识读理解的目的。参见冯浩菲：《中国训诂学》，济南：山东大学出版社，1995年版，第98-100页。

一、文本概观

《读律佩觿》的作者王明德，在《清史稿》和《清碑传》等史书中均无传，20世纪20年代商务印书馆出版的《中国人名大辞典》中也只有短短的19个字："王明德，高邮人，字金樵，官刑部郎中，有《读律佩觿》。"根据王明德的本自序写于康熙十三年（1674），可见他从事律学研究活动主要在康熙前期，并且是当时具有重要影响的律学家。

《读律佩觿》在清代就受到了高度重视，被收录于《清史稿·艺文志·法家类》和《四库全书总目·法家类存目》当中。从书名也可以明白王明德著书的目的在于阐明理解律例的要旨，服务于律例运用的实践。《说文解字》对"觿"的解释为："佩角，锐而可以解结，从角'巂'（xī）声。[65]"也就是说，"觿"是一种角质的解绳结的工具。王明德亦是希望《读律佩觿》一书能成为别人解开《大清律例》疑难的得力工具。王明德为《读律佩觿》所作的自序很长，为清代其他律学著作中所少有，系统地阐述了王氏对律例的看法及著作目的。序中详细梳理了"律"的发展历史，并表达了当时将律学视为末学的不满与忧愤，"（清律）源而溯之，则实归宗乎有汉，孰谓萧曹刀笔吏，所学非同儒术，可尽薄而莫可宗也哉？"[66]并不时发出"律学之不明久矣"的感叹！

《读律佩觿》全书共八卷，全书的内容包括：三篇他序①、王明德自序、凡例、读律八法和八卷正文。其中第八卷的内容是对《洗冤录》的解释说明，前七卷讨论对律例的理解，其体式上最大的特征就在于打破了通常注家按《大清律例》篇目来安排注解内容的做法，而是按照不同的问题进行分类，将散见于各篇各门中的有联系的内容综合归纳在一起，再进行系统地注释说明。

学术界对于《读律佩觿》一书的理论贡献也给予了肯定。张晋藩先生在《清律研究》一书中认为，该书是"一本著名的司法指导性的学术专著，为以后的注律诸家奉为圭臬"，"书中的'律母释义'和'律眼释义'是王明德独

---

① 三篇他序分别由户部郎中詹惟圣、翰林院侍读豫嘉和彭师度撰写，主要内容是阐释他们对法律和律学研究的一些观点，并在此基础上肯定了《读律佩觿》在律学方面的独特贡献。

创之作"，"终清之世翻印流传甚广，得到朝廷的重视和首肯"。[67]何敏先生从对清代律学发展的贡献方面给予王明德以高度评价，认为从他开始，"清代律学家已经不满足于跟在明代律家后面亦步亦趋的作法，注意开拓新的领域了"，他的初创"为稍晚些沈之奇彻底摆脱明律学的束缚铺平了道路"。[68]何勤华先生在《〈读律佩觿〉评析》一文中，对该书在著作体例上的创新给予了积极评价，指出该书"不是以法典的结构顺序为纲目，而是以专题的形式，即以一项罪名或一项刑法原则为轴心，而后将法典各个部分中有关的律文附上，展开讨论"，"是明清律学（理论研究）过程中的一个高潮，突破以往仅仅对律文、例文进行注释的框框，变革了以往律例注释书的结构和体系，具有鲜明的创新特色，该书开启了以后薛允升、沈家本的集大成式的律学研究著作的体例，为我国封建社会后期律学的发展做出了突出的贡献"。[69]

该书自序的篇幅较其他律学著作长。首先，王氏通过追溯法律产生的缘起而强调法律对于国家治理的重大意义，所谓"万古圣王不易之轨度也"，亦指出刑律在精神实质上的宽仁，即"实本道德仁义以基生"，反映出律学家为法律和律学正名的苦心。其次，详细阐述了律的发展历史，从春秋以降至有清以来，主要申明两点：(1) 清律本乎汉律，具有悠久的历史传承；(2) 法律在历朝历代社会治理中的样态曲折多变，整体而言，离"律本道生，礼律相得益彰"的理想状态尚存差距。最后，王明德发出了"律学不明也久矣"的慨叹，同时也更能彰显他创作《读律佩觿》的意义。王明德指出世人将律学"鄙之为刀笔之传，薄之为残忍之习，抑之为俗吏之司，泥之为拘牵之具"是对律学的偏见和误解，是不能深察律例和律学"实为开物成务，法天乘气所必遵"，这种偏见对律例发展和律学研究都有极大的伤害。

"凡例"的内容有助于我们把握全书的体式和内容上的特征。其要点包括：第一，针对当时奉为圭臬的明代王肯堂的《律例笺释》，《读律佩觿》坚持原创原则，"凡王君所已著，概不剿袭"，同时《笺释》所未详，则从及之"。第二，本书探讨重点内容是正律，虽有涉及"条例"的内容，也是服务于考证正律的。第三，因"未敢僭及时禁"，全书不涉及清朝新定条例。

第四，凡书中有所议论，均以各类典籍为依据，所谓"凡有立说，皆本经史传记"，并十分重视历史考证，即"一追立法之初，以期共信"，充分体现了考证体著作重视历史源流的特征。第五，指出于各卷之前，专门论述"读律八法"。第六，对于理解律意需要特别关注的关键字词，用特殊符号予以标注，以引起读者的重视。这些关键字词包括《读律佩觽》所归纳的"律母"和"律眼"。

"读律八法"既是王明德研究律学的心得体会，同时也是一篇专门论述律学方法论的文献。王明德认为，律中义意"虽云亦系读律所资，而实非所以读之之法"，作为研究律例的方法和经验总结，"读律八法"应当得到高度重视。"八法"归纳为"扼要、提纲、寻源、互参、知别、衡心、集义、无我"，是一个融技术方法与心态要求于一体的完整体系。王明德对"八法"分别进行了论述：第一，"扼要"的必要性在于律例全文篇幅宏大，作为运用律例的各级官员因精力有限有必要抓住重点，此外，律例本身存在贼盗、人命、斗殴三个重点篇目；对于这三篇的 130 条律文则要悉心研读，烂熟于胸。第二，所谓"提纲"是指《名例》篇，"乃所以运用全律之枢纽，轻重诸法之权衡"，其中的重点又集中在五服、六赃、折赎、收赎、十恶、八议、老幼废疾、常赦不原、得相容隐各款。第三，王明德认为律例的各个条文并非互不相关，而是存在一种逐步演化发展的历程。在这个逐步发展的图谱中，有些居于根源地位的条文，需要重点考察，通过发掘这种律文之间的演变关系，就可实现系统掌握全律的目的。所寻的这个"源"，王明德归纳为谋反、大逆、子孙杀祖父母父母及奸党诸条，其他律文的刑罚在此数条基础上逐步递减而成。第四，之所以强调"互参"，其理由是律例的许多相关条文之间存在着密切的关联，立法上遵循着同一的精神，必须对这些相关条文做到系统理解，方不失律意并能够提高理解效率。第五，"知别"的方法归纳深刻地把握住了传统法典伦理法的特质。主体的伦理身份和政治地位的差别，决定了律例采取差别对待的原则，才能做到准确理解和适用律例。第六，这里的"衡心"强调对行为主观方面的把握和分析，所谓"律虽刑书，是即心学也，读律者以心衡心，则律义自昭昭矣"，这是基于"律贵诛心"的立法传统。第七，"集义"强调对具体律条立法规定差别的深刻把握。虽然前文强调了若干原则和重点的作用，但因调整的情形千差万别，律例在细节上的差异也是普遍存在的。如果过分自信地秉持原则而随意推论，将极有可能错会律意。第八，"无我"是对读律心理的要求。王明德强烈反对执法者希图通过施用律例而追求自我功德的观念，认为这本质上是一种谋私的行为，而"无我"首要是"无私"。同时，王明德认为，屈法以求所谓的"仁慈"也是不应该的，律例的首要目标是"公"，而实现公平就应当做到"无我"。

《读律佩觿》的首卷内容是"律分八字之义"，八字分别为"以、准、皆、各、其、及、即、若"，也就是"律母"。用现代的语言来概括，这八个字就是最具代表性的立法术语，它们频繁地出现于律例条文当中，并具有法律上的特殊含义，理解它们就是找到了理解律例的钥匙。《读律佩觿》首卷中对八字基本内涵的概括与明代律学著作是一致的，但是相对于其他律学著作通常只是用一个图表列明意思，王明德的专题论述在内容上进行了拓展。首先对八字做了一个总结性的概述，即"八字广义"，指明八字为"五刑之权衡，非五刑之正律"，八字与正律为"体与用"的关系，掌握它们方能正确地理解律意。同时，八字之中，"以、准、皆、各"为用中之体，"其、及、即、若"则为用中之用，性质上存在一些差异。首卷的后面内容，分别对"八字"进行了详解，其基本结构为：（1）首先列出《大清律例》本注的解说；（2）引述《明律》的旧注和王肯堂《律例笺释》中的解释[1]；（3）在此基础上，以"按语"的形式给出王明德自己的解说，这部分无疑是全书的重点和精华所在。后面我们将给出较为详细的解说。

第二卷的内容是对"律眼"的解析。所谓"律眼"，是王明德的创见，"实际上是他认为在整个法律体系中重要的一些关键词"。[70]这些关键词包括：例、二死三流各同为一减、杂、但、并、依、从、从重论、累减、递减、得减、听减、罪同、同罪、并赃论罪、折半科罪、坐赃致罪、坐赃论、六赃图、收赎，共20个，基本上可以分为两大类：（1）律文中常见的关键字，如例、杂、但、并、依、从；（2）其他为涉及定罪量刑的。正文中对

---

① 由于王肯堂《律例笺释》中的解释与《明律》旧注相同，因此首卷中各条只以"同前"概括。

各个"律眼"的讨论基本上都是一篇专题论述。首先，要做出文义解释，从字面来描述这些关键字在律文中的基本含义；其次，如果律文中同一个"律眼"有不同含义的话，则会归纳整理出来，加以比较分析，这时通常会以律文作为例；最后是就一些问题，进行专门分析，在过程中会综合运用各种解释方法。本卷个别条目后面还加有"附记"，辑录一些与正文有关的案例材料。

第三卷的内容，可以被视为一些难点的归纳，其涵盖范围较广，有基本制度（如缘坐、充军），具体条文（如谋杀人因而得财条、斗殴及故杀人），行为特征（如窝主窝赃、因公科敛），也包括一些量刑规则（如免罪勿论、不言刺免）。就条目类别来讲，很难都归入一类。但整体而言，这些都是理解具体律文所必须破解的内容，因此大致可以认为是难点总结。具体条目包括缘坐、谋杀人因而得财条、斗殴及故杀人、剩罪余罪、免罪勿论、照与此照、贼盗盗贼、窝主窝赃、因公科敛、不分曾否刺字革前革后俱得并论、革、虽系初犯、不言刺免、增笞杖从徒包杖一百从流包杖二百及以徒从徒以流从流不包杖、各尽本法、充军，共16项。本卷的论述风格与第二卷存在许多类似之处，通常也是先对这些条目进行文义解释，然后将律文中涉及的内容进行归纳整理，有时还进行分类，进而会围绕若干论题展开分析。其论证的方法具有综合性的特征，或引述他者论点加以分析评价，或举例（包括虚拟的案例）说明，或考证历史源流，或作比较分析，或探究立法原意，等等，而且常常会对律例做出评价。

第四卷的内容分为上、下两部分。前半卷的内容是对明嘉靖二十九年（1550）刑律内所载的一首《金科一诚赋》的详解。《金科一诚赋》以歌诀的形式，将理解律例的若干关键之处鲜活地表现出来。王明德对每一句的解释中，先引述《明律》旧注，然后以"按语"的形式将自己的理解详细地表述出来。其结构非常类似于首卷"律分八字之义"。后半卷的内容可以归纳为"刑罚专题"，除五种正刑外，还包括凌迟、枭首、戮尸、不杖流、安置、迁徙、边外为民、边远为民、原籍为民和黜革为民等刑罚。对每一种刑罚，通常要依《名例》篇规定的含义和等级，对一些刑罚（如流刑、凌迟、枭首、戮尸、安置）追溯了其起源演变的历程，还有一些刑罚（枭首、戮尸、不杖流、安置、迁徙、边外为民、边远为民、原籍为民、黜革为民）等，则将各篇中所有适用的律文全部归纳列示出来。

第五卷是将"真犯"以外的情形做了一个归纳。所谓真犯，在律文中的表述为"依……论"或"问……"，行为完全适用律文规定，至斩绞不减。而"以……论"和"准……论"均非真犯，两者的区别是"以……论"虽非真犯，但视同真犯，罪止绞斩不减，而"准……论"则只是定某项罪名，刑罚上则是至死减一等。《读律佩觿》本卷的主体内容就是将散见于全律中的各种"以……论"和"准……论"的真犯之外的情形做了一个便览式的归纳。卷首的"以准总类"对此做了这样的说明，"若冠之以'以''准'字样于上，则皆非本罪之真，乃从其类而以之准之者耳。……予故汇集□较，分款胪列，各以盗款冠于首，此则不分罪之轻重，一照律中次序为后先，用以便翻阅而速奏谳，未必非当官之一助云"。[71]本卷共归纳"以……论"内容 55 项，每一项均按照律例六篇顺序将律文列示于后；同样，归纳出"准……论"5 项，和"特准免刺""不概准免刺""不言刺免而免"3 项。本卷除了一些简要总结类的内容外，不再有其他分析性的内容，但王明德要对整部《大清律例》做细致的梳理和分类工作，从中亦可见律学家扎实的考证学风。

第六、七卷的风格与第五卷相同。第六卷围绕法律责任中的"罪止"展开分类总结，而且是五种正刑；第七卷则围绕法律责任中的"不准折赎"类展开分类归纳。这两卷当中，也是要将整部律例中属于某种情形的律文全部归纳在一起，起到"便览式"的作用，只是在每卷卷末增加一个简短的总结。第六卷从"罪止杖一百流三千里"到"罪止笞一十"共 18 项，其中"罪止杖一百流二千五百里""罪止笞二十""罪止笞一十"后面没有具体律文。第七卷除卷首的总目外，也是遵循从重到轻的顺序，分为 19 项，其中有 4 项下面没有具体律文①。

《读律佩觿》第八卷的内容是对《洗冤录》的原文摘录和王明德本人对法医鉴定方面的经验总结，内容均围绕如何辨认各类身体伤害展开。点校

---

① 没有具体律文的是：二等流不准折赎类、三等笞不准折赎类、二等笞不准折赎类、一等笞不准折赎类。

本上、下两部分共包括23项对具体伤害的辨认技巧，每一部分在辑录《洗冤录》原文的基础上，再加入王明德的评析。鉴于本书主题限定于法典解释学，因此对第八卷的不做考察，这里只做一个简要交代。

通过对全书结构的了解，我们可将《读律佩觿》的专题考证分为三大类：对关键词的考证，包括第一卷"律母"和第二卷"律眼"；对律文的技术考证，即对律文中重要的制度、律条和规则的考证，包括第三卷和第四卷上半《金科一诚赋》部分；统计归纳类，包括第四卷下半部分第五、六、七卷。

二、关键词考证

（一）"律母"的考证

八字"律母"，在明清法典中均冠于律首，必须对八字在律例中的基本含义掌握熟练，才谈得上读懂律例。首卷"八字广义"明确提出，"必于八字义，先为会通融贯，而后可与言读律"。王明德认为，八字作为五刑之权衡，"要皆于本条中，合上下以比其罪，庶不致僭乱差忒"[72]，也就是说，通过律母的连贯，律文所体现的罪责的差别才能够很好地体现出来，律文的公正合理性才有基础。首先，我们将《大清律例》中对八字的解析做一说明（见表2-6），然后在此基础上看《读律佩觿》的深化发展。

表2-6 《大清律例》八字"律母"的含义

序号	"八字"	含义
1	以	以者，与真犯同。谓如监守贸易官物，无异真盗，故以枉法论，以盗论，并除名、刺字，罪至斩、绞，并全科。
2	准	准者，与真犯有间矣。谓如准枉法论、准盗论，但准其罪，不在除名、刺字之例。罪止杖一百，流三千里。
3	皆	皆者，不分首从，一等科罪。谓如监临主守、职役，同情盗所监临官物，并脏满数皆斩。
4	各	各者，彼此同科此罪。谓如诸色人匠赴内府工作，若不亲自应役，雇人冒名私自代替，及替之人，各杖一百之类。
5	其	其者，变于先意。谓如八议罪犯，先奏请议，其犯十恶不用此律之类。
6	及	及者，事情连后，谓如彼此俱罪之赃，及应禁之物则没官之类。
7	即	即者，意尽而复明。谓如犯罪事发在逃，众证明白，即同狱成之类。
8	若	若者，文虽殊而会上意。谓如犯罪未老疾，事发时老疾，以老疾论。若在徒年限内老疾者，亦如之类。

多数律学著作（如《大清律辑注》）对"八字律母"均是原文誊录，而《读律佩觿》首卷则在每一字后面加入"按语"进行了拓展式的综合解析。限于篇幅，下面摘录王明德　"皆"字按语的部分内容。

明德谨按：皆者，概也，齐而一之，无分别也。人同，事同，而情同，其罪固同。……盖缘全律中，其各罪科法，原分首从、余人、亲疏、上下、尊卑、赃之多寡、分否，以及事情之大小、同异，各为科断以著其罪。此则不行分别，惟概一其罪而同之，故曰皆。

如谋反条内，正犯皆凌迟处死，缘坐男子，年十六以上，皆斩。……如谋反、谋叛二条，凡所云皆者，对人言也。……妖书妖言条内，其所云皆者，对事言也。造与或传、或用、其事不一，唯归根于惑众。"众"字罪要紧。所谓不分事之大小、同异，是也。

……谳狱君子，又未可因其各着以皆焉，遂不细为详察以通之。盖律所最重，莫若反逆，是以虽系老幼、废疾、笃疾、亦皆不为稍贷，恶之至也。外此乎者，则又当准名例以互参，方不失全律之旨，盖凡遇老幼，废疾，笃疾，除反逆二项外，又有俱准拟议奏闻，取自上裁。及罪坐教令之例，此等人犯，其罪虽在皆律之中，而实出乎皆律之外，是又皆律之有微异处，不可不敬为留意者耳。[73]

从上面的引文可见，按语首先深化了对"皆"的文义解释，强调其在律例中的含义为不区分各种情形，都定同样的罪名，较之"与真犯同"的官方解释更为具体；在此基础上，按语中举出了更多的实例来说明"皆"所涵盖的各种情况，对人、对事、对赃，等等；最后，针对司法实践中可能出现的对"皆"的拘泥理解，指出了必须结合《名例》，举例说明需要用心发现一些特殊之处，以防错判。这里，王明德运用了文义解释、例证解释、归纳分类等多种方法来对"皆"字做出拓展式解说。

其他各字的解说方法，与上例基本相同。下面用表 2-7 予以归纳总结。

表2-7 《读律佩觿》首卷对八字"律母"的考证情况

序号	"八字"	王明德"按语"要点归纳
1	以	（1）文义解释。 （2）归纳"以"的情形：有由重而轻，先为宽假而用以者，如谋叛条内的有关规定；有由轻而重，示人以不可犯，而用以者，如私借钱粮条的有关规定。 （3）"即同真犯"是理解的关键，但其适用的范围只是"律"，"例"则不可一概论之。
2	准	（1）文义解释。举例说明，以米柴准布帛论。 （2）讨论为什么"注中不曰减等，但曰不在除名刺字之例"，引官吏犯赃例说明。
3	皆	（1）文义解释。 （2）举谋反、谋叛律为例说明对人言的"皆"；举妖书妖言律为例说明对事言的"皆"；举强盗律为例说明对赃言的"皆"；举盗大祀神御物、盗印信、盗制书，盗乘舆服御物为例说明对物对人又对赃的"皆"。 （3）阐述以上各种情形，在细节方面存在差别，需要关注。例如，除反逆外，老幼、废疾、笃疾俱准拟议奏闻，而非一概为死罪，另外举盗乘舆服御物、犯奸条予以说明。
4	各	（1）文义解释，指出含义有多种。 （2）分类说明四种情况：有因事同、情同，而人不同，以各字别之者，如选用军职律、举用有过官吏律、发冢律、犯奸律有关规定；有因事异、人异、情同，以各字别之者，如无故不朝参公座律、纵容妻妾犯奸律内有关规定；有情同事异、情异事同、法无分别，人非齐等，条难共贯，而义实同辜者，亦以各字别之，如亲属相奸律、私借官畜产律内有关规定；有所犯之事与人，大小攸分，科条不一，而情则无分，或法应累加，而律难该载，或罪无死律，而法应齐等，又或各有科条而文难复述者，亦以各字别之，如谋杀祖父母父母律、诬告律、略人略卖人律、发冢律的有关规定。
5	其	（1）文义解释，说明与"若"似同而实异，举谋叛律、盗大祀神御物律、强盗律、亲属相盗律为例说明。这种情况下"其"字承接上下文，虽然"其"后的内容发生转折，但与前文不出一类。 （2）还有一种情形，"其"字后的内容与前面内容在事实上不是一类，仍然放在一起，如职制律有关规定。
6	及	（1）分类说明"及"字的含义：有因亲而用"及"者，如谋反律有关规定；有因情而用"及"者，如略人略卖律有关规定；有因事而用"及"者，如强盗律、白昼抢夺律有关规定；有因人而用"及"者，如抢夺律有关规定。 （2）总结：大约凡人与事，各有不同，而罪无分别者，皆以"及"字联属之。
7	即	（1）分类说明"即"字的含义："即"作为副词，表示"同时即刻"，如仪制律、禁止官员迎送律；作为连接词，引出对前文的判断说明，如共谋为盗律、犯罪事发在逃律、职制律；作为虚词使用，如名例"卖放充军人犯"。
8	若	（1）文义解释。 （2）分类说明"若"的使用情况：有自本律特及于轻者，如谋反律、谋叛律、造妖书妖言律、盗贼窝主律的相关规定；有自本律而特入于重者，如谋杀人律、谋杀祖父母父母律的有关规定。

从上表可以看出，《读律佩觿》首卷对八字"律母"所做专题解析的基本路径是：在法典原注基础上，做更为完善的文义解释，然后重点放在该字在律例中的具体使用情况的分类归纳上，同时对每一种情况举出律文作为例证。其中，对"以""准""皆"三字的解析，还提出了一些问题进行了阐释。

（二）"律眼"的考证

第二卷对"律眼"解释内容整体上较"律母"更为丰富深刻，但其逻辑安排和考证路径与首卷是一致的。只是在文义解释的内容上更为充分，一些地方进行了历史沿革的考证，分类论证的内容更为翔实，例证运用也更为充分，所探讨的问题也多一些。我们首先通过摘录部分原文来体现这种深化，然后通过图表将总体情况再做一个归纳整理。

例如，对"例"的文义解释，就更为详细具体："例者，历也，明白显著，如日月之历中天，令人晓然共见，各为共遵共守而莫敢违。又利也，法私奏之，公卿百执事议之。一人令之，亿千万人凛之。一日行之，日就月将，遵循沿袭而便之，故曰例。"[74]这种解释具有明显的训诂韵味，通过音训的方式，标明两层含义："例"具有法律的一切性质，必须被遵守；从"例"的产生，也指出其具有方便司法实践的"功利"属性，因而不如正律稳定，但其效力可以经过时间的推移而不断增强。对于"例"的意义，《读律佩觿》也以名例、条例、比例、定例、新例五种分类进行了详细的解析，在这个过程中或追溯历史，或进行例证，或就某一问题展开论述。譬如，在阐述名例产生的根源时，就追溯了从舜帝命皋陶创作《五刑》以来的法律发展历程，认为随着社会生活的发展演进，法典日益复杂，出现了"科条等则未可概而绳也，懂威创惩之未可统而论也，异同同异之未可以片语分、只字别也"的情形，因此，有必要出现能够统领全律，起到总结指示作用的名例。

对"律眼"的含义进行分类解析也同样是第二卷的重要内容。譬如，"依"就分为三类：舍正律以依例律也；略例律以依本律也；经所谓轻重诸罚有权也①；"从"在律中的意义有三种：谓二事以上之罪，一时俱发，以律断之，其罪各各相等，难分轻重，则竞舍其余各案，止从其一者以科之，此一义也；较量轻重，审定而从其重者也，此一义也；各从其类，此一义也。经过笔者考察，第二卷20个"律眼"中，涉及对字义进行分类解析的为：例、依、从、从重论、递减、同罪、并赃论罪、坐赃论、收赎，共9个。在进行分类解析时，如同首卷，往往都会以具体律文作为例证来进行说明。

在对"律眼"进行解析的过程中，《读律佩觿》也常常会归纳出一些问题来进行探讨，以达到更好地阐明"律眼"意义的目的。其中有些内容已经非常具有理论深度，譬如对律、例适用关系的探讨，等等。下面我们以"从重论"中的内容为例来说明，《读律佩觿》对法条竞合问题的解析。

"若律中各条下，所载之从重论，则又有就所犯一事之律言者。如所犯止是一事，而罪名却干乎两条。其两条中，又各有轻重不同，须斟酌详审，细为究论。或彼重而此轻，则舍此而从彼；或彼轻而此重，则又略彼以从此。如亲属相盗条内，卑幼为强盗，犯尊长，以凡人论。此种论法，是按已行、未行、得财、不得财律定罪矣。下云，至有杀伤者，或强、或窃，各依杀伤尊长、卑幼本律，从重论。……若有或杀、或伤，则依尊长殴杀卑幼本律，细为较论。如照服制减算，其或伤或杀之律重，则从杀伤之律；如照服制减算，其或伤或杀之律轻于亲属相盗律内减等之罪，则又从亲属相盗之重律，而不依杀伤卑幼之轻罪矣。……"[75]

从以上引文可以看出，"所犯止一事，而罪名却干乎两条"与我们现代法律所言的"法条竞合"的内涵是一致的。只是由于传统法律以刑法为主体，侧重公法责任，坚持"从重论"，而不像现代刑法有特别法优先和民法竞合中的当事人意思优先的制度安排。然而，由于传统法律坚持刑罚的绝对确定，使得"从重"实际上是针对量刑而展开的，如引文中的亲属相盗有杀伤情形，因有服制因素影响，造成这种"细为究论"的过程也可能是较为复杂的。

---

① 关于"依"的"经所谓轻重诸罚有权"这层含义，《读律佩觿》第二卷所举的例子为：名例内称，本应重罪而犯时不知者，依凡人论之类。

下面对《读律佩觿》一些"律眼"的考证情况做一个归纳总结，见表2-8。

表2-8 《读律佩觿》"律眼"的考证情况

序号	律眼	内容归纳
1	例	（1）文义解释，如上引文。 （2）追溯历史，指明律、例的基本关系为"盖以条例所在，乃极人情之变，用补正律本条所未详"。 （3）分类说明"例"的五种含义：名例、条例、比例、定例和新例。追溯法律发展历史，指明名例于律首概括各条的必然性，并给出关于"名例"的新解[①]；指出条例系从明律中继承并加以整理修订而来；解释比例的文义，并指出大体已经不再施行；对比定例与新例，运用比较方法，解释两者的含义，并提出"新例定例一书，止可抄录示规，断未可刊刻以行世"，原因就在于其不稳定。 （4）重点阐述如何判断律、例适用中的关系问题。指出司法实践中，"皆先酌乎例，而后准夫律之正"，即优先适用例。但同时指出，从例不从律、从律不从例，以及律例并存者，三种情况均存在。通过模拟案例的形式予以解说。 （5）附记：引述康熙十五年上谕，重新删定《现行处分条例》，删繁从简，并提出应去应留建议。
2	但	（1）文义解释："但者，淡也，不必深入其中，只微有沾涉便是。律于最大最重处，每用但字以严。"举谋反、谋大逆律、强盗律为例予以说明。 （2）以强盗律为例说明，律文加入"但"的立法理由。
3	依	（1）文义解释："依者，衣也。如人之有衣，大小长短各依其体。律有明条，罪实真犯，一本乎律文以定罪，故曰'依'。" （2）分类说明三种含义：其一，舍正律以依例律也，如名例工乐户及妇人犯罪有关规定；其二，略例律以依本律，如名例本条别有罪名，与名例罪不同者，依本条科断；其三，经所谓轻重诸罚有权也，如名例内，本应重罪而犯时不知者，依凡人论。
4	从	（1）文义解释："从者，宗也，宗而主之。惟察其情理，遍查各律，斟酌妥便，以求其恰合。故曰从。"通过与相对概念"舍"对比来揭示意义。同时，引孟子、孔子、《尚书·洪范》的言辞来解释。 （2）分类说明三种含义：如前引文，分别以名例二罪俱发以重论、亲属相盗律、名例除名当差诸条为例说明。

---

① 王明德认为，自《唐律疏议》以来对于名例的律注：名者，五刑之正名，例者，五刑之体例，未免有举一遗百之谬；并提出了自己的见解，"愚则以名者，五刑正体变体，及律例中，人所犯该，以及致罪各别之统名。而例，则律例中，运行之活法，于至一中，寓至不一之妙，更于至不一处，复返至一之体。举凡宽猛竞求，权变经常，无不备为该载"。参见王明德：《读律佩觿》，第20页。

序号	律眼	内容归纳
5	从重论	（1）文义解释："较量重轻，从其重者以论罪也。" （2）分类说明两种含义：其一，平日所犯之罪，一时俱发，罪无重科，就各事之中，从其重者而科之，如名例二罪俱发从重论；其二，一事关涉两条罪名（法条竞合）情形下，较其重轻，从重论，如亲属相盗有杀伤情形的处断。
6	递减	（1）文义解释："分等而减之，统众人论。盖因同犯此一事之人，其中名分、实有大小攸分，尊卑各异，以及职掌、统摄、亲疏、贵贱不同。各就名分所在，为之分别轻重而递减之。" （2）分别说明两种情形：其一，有自下递减而上者，如名例同僚犯公罪、发冢律有关规定；其二，有自上递减而下者，如名例同僚犯公罪、亲属相盗律相关规定。
7	得减	（1）文义解释："得减者，法无可减，为之推情度理，可得而减之。得者，因其不得减而特减之，故曰特减。"如嫁娶违律主婚媒人罪条，期亲之外的余亲主婚时，主婚为首，男女为从，得减一等。 （2）指明上例中，得减的范围包括首犯和从犯。不能够详细进行解析，分析缘由。 （3）同时针对得减后罪止乎笞，有纵容犯罪有伤风化的意见，提出自身的看法。 （4）附记：举出相关案例予以说明。
8	罪同	（1）文义解释："罪同者，厥罪惟均也。人虽不同，犯虽各别，而罪无轻重，故曰罪同。至死，不减等。"如强盗条，以药迷人得财与强盗得财罪同，皆斩；禁经断人充宿卫条的相关规定。 （2）同时指出，同者，仅限于律的范围，若条例所赠，则不得而同之。理由为，律制定于前，例制定于后，若罪同则后增之罪有粟及既往的问题。《大清律辑注》也持同样观点。
9	同罪	（1）文义解释："同罪者，同有罪也。"以官吏犯赃，与者与受者同罪为例进行解说，指明新例将同罪改为罪同，值得商榷。 （2）分类说明律中同罪的两种含义：其一，大约与"准"字义同，如名例称同罪者的规定；其二，大约与监守盗、常人盗，区别的意思相同，如受财故纵，与同罪者，全科，至死者，绞。 （3）附记：辑录一件行贿判同罪的案例。
10	并赃论罪	（1）文义解释："并赃论罪者，将所盗之赃，合而为一，即赃之轻重，论罪之轻重，人各科以赃所应得之罪，故曰并赃论罪。"如倾销金银铜锡，不问成分，皆镕而化之为一，止计分两之轻重而已。 （2）分别说明论法的两种情形：其一，监守盗、常人盗并赃论罪之法，即虽赃非同时获得，参与人数多寡不分，共计，对所有人按此赃数定罪；其二，盗赃，止以一主为多者计赃论罪，余者不论。 （3）引申指出官吏受赃情形，赃数就一人之身并之，但不及他人，与并赃论罪有细微差别。 （4）解释窃盗不同于监守盗、常人盗的问题，并举例说明。

三、要点考证

"扼要"是《读律佩觿》在"读律八法"中非常强调的一点。这里所归纳的"要点考证",或涉及制度(如缘坐、革、充军),或是具体律文(如谋杀人因而得财条、斗殴及故杀人等),或者是量刑规则(如剩罪余罪、照与比照、不言刺免,等等),以及第四卷上半部分的《金科一诚赋》所归纳的律例要点,本书在此统归为一类。相对于上文的关键字而言,要点考证的对象更为复杂,考证的内容和运用方法也更为多样。这里只是希望能够勾勒出《读律佩觿》中进行此类考证的方法和逻辑,而非完全准确地复述文本的全貌。

下面首先用表 2-9 将第三卷所考证内容的要点归纳出来,先形成一个整体的认识,并适当地采用举例的方式引述原文,以弥补细节考察上的不足。

表 2-9 《读律佩觿》第三卷考证内容要点汇总

序号	条目	类型	考证内容归纳
1	缘坐	刑罚制度	(1)对"缘坐"进行解说。 (2)归纳出律中涉及缘坐的七个条文和缘坐范围的四个等级。 (3)按照四个等级分别对七个条文中的缘坐进行要点详解,并追溯立法历史,进行评价。 (4)在此基础上,对一些专门问题进行解说论述,如"各条异同轻重之分""反逆条中正犯兄弟之孙是否在缘坐范围""律注中'余律不载'如何理解""回应有人对'采生折割人'以后各条中,缘坐是否及乎女与妾所作解释的怀疑""解释'杀一家非死罪三口'中'三人''非死罪''一家'如何理解"。
2	谋杀人因而得财条	律文	(1)就"谋杀人"律后新注增加"行而不分赃等"23 字的内容,应如何理解的问题,进行详解;提出应在 23 字前添一"若"字;并解释立法理由。 (2)指出律文中"不分首从"四字是关键,并说明后面"同行不同行"中的"行"是指什么;结合"强盗律"等条文来解说"谋杀人因得财"中先言"同强盗不分首从",律注中又写"分赃不分赃""同行不同行"及"不行又不分赃"应如何理解。 (3)指明若是谋杀人的主谋,则不能因不分赃或不行或不行又不分赃而只定谋杀罪(仍定强盗),解释理由;评价本条的律注的修改本是好意,但造成理解和适用上的分歧,应当进行修改。

续表

序号	条目	类型	考证内容归纳
3	斗殴及故杀人	律文	（1）主题："斗殴及故杀人"条不列入"斗殴"门而列入"人命"门的立法结构应如何理解？后面内容围绕此展开讨论。 （2）比较"人命"和"斗殴"两门的划分依据，指出"斗殴及故杀人条"不符合"斗殴"各条依据伤势轻重并考虑辜限的标准。 （3）通过"按语"指明斗殴致死在主观犯意上与谋杀和故杀的关联。 （4）推测立法原意，指出"斗殴及故杀人"指当场气绝之条，不同于斗殴中的因伤而致死，因此入"人命"门；认为故杀分为"斗殴中之故杀"和"同谋共殴中之故杀"，并详解其主观犯意。
4	剩罪、余罪	量刑规则	（1）比较说明"剩罪"和"余罪"的含义，关键是"剩罪"为两人之间比较（如诬告情形），"余罪"指一人情形。 （2）分别说明"诬告"条内剩罪计算的三种不同方法：a.以诬告二事相较，除实计虚，而罪其剩；b.就所告一事，轻重相较，除轻计重，而罪其剩；c.所诬之笞杖徒流均折为杖，若被诬之人已经决配，则实杖一百之外的部分准令收赎，曰剩罪；并适用虚拟案例进行说明。 （3）讨论一人情形为何不言剩罪，而言余罪的道理；引申指出律文中"剩罪收赎"已成具文。
5	免罪、勿论	刑罚制度	对比解释"免罪"与"勿论"的差别，前者必须审明定罪但不执行，后者免予问罪。
6	照与比照	定罪规则	（1）对比解释"照"与"依"，基本相同但存在细微差别。 （2）解释"比照"，指明其与"准"的含义基本相同。
7	贼盗、盗贼	行为	（1）解释"贼""盗"的文义和轻重差别；并对全卷的类别划分做了交代。 （2）回应篇名曰"贼盗"，而有些条文则用"盗贼"（如盗贼窝主），这种差别的含义，主要是别轻于重。
8	窝主、窝藏	行为	（1）通过"按语"，比较"窝主"和"窝藏"的文义差别，重点分析立法规定的重点在于防范"窝主"参与谋反叛的同谋行为，因而刑罚偏重。 （2）回答贼盗律第二十五条下条例中的窝藏人数后"以上"二字的理解，即数量对定罪的影响。
9	因公科敛	律文	对律文中因公科敛的行为进行专门的详解，认为重在"擅"字；并解释各种情形处理的立法理由和精神
10	不分曾否刺字、革前革后俱得并论	量刑规则	（1）指明该项规则的存在前提是，律文中存在真犯盗而免刺的情形。 （2）即使在"免刺"情形下，还存在不准概免的情形，很难整齐划一；因此才有"不分……俱得并论"的立法规定。

续表

序号	条目	类型	考证内容归纳
11	革	制度	（1）引经解释"革"的文义。 （2）举例说明"革"不是"赦"。 （3）就"官吏给由"条中涉及"革"的内容进行详解，意在指明"革除"并非"赦"。 （4）归纳："革"可以包括"赦"，但"遇赦"则断不可理解为统括"革"。
12	虽系初犯	行为	（1）讨论主题："白昼抢夺"条内，同时存在"若初犯……"和"虽系初犯……"，两者如何理解，是否前面所言"初犯一次"就是后面所指的"虽系初犯"？ （2）认为两者有同指情形，也有区别情形，最为周密而容易遗漏；解释此条例的适用条件和立法理由，来说明例文的理解。
13	不言刺免	量刑规则	（1）指出"盗内府财物"和"盗园林树木"两条中只言盗罪，而未直接直面刺字的有关内容，应当理解为不准刺字。 （2）解释不准刺字的理由，根据条文中"各加凡盗罪一等"七字可以推论出，并详细论证。 （3）说明之所以不明言"免刺"的立法考虑，保持一份威慑力。
14	增笞杖从徒，包杖一百；从流，包杖二百；及以徒从徒以流从流不包杖	量刑规则	（1）主题："官司出入人罪条"中有关增减轻重的问题。 （2）分类详解"增笞杖从徒，包杖一百""从流，包杖二百"及"以徒从徒，以流从流不包杖"的理由和理解难点。
15	各尽本法	定罪规则	（1）主题：名例"二罪俱发，以重论"中"……其应入官、赔偿、刺字、罢职，罪止者各尽本法"中的"本法"和"各尽"如何理解？ （2）说明律、例的差别，又指明律和例中均分为"罪"和"法"两途，罪为五刑，法则指刺字、赔偿、枷号等（类似附加刑），本法之"法"即是此义。 （3）通过虚拟案例说明"各尽本法"的理解和适用要点，即勿论者为正刑，"法"的部分仍根据有关条文追究（即主刑从重科断，附加刑仍然重复处）。
16	充军	刑罚制度	（1）阐述充军制度的历史沿革和立法精神。 （2）分类详解充军的内容：分为永远和终身两类，若不明言"永远"则即为"终身"；按照远近又分为烟瘴、极边、边远、近边、沿海和附近充军；还包括罢职充军、降罚充军、收籍充军、受该卫充军、抵罪充军、抵数充军、诬告充军等变例；并分别解释其理解重点。

表 2-9 所做的考证要点的内容归纳，仅是一个粗线条的描述，在于对《读律佩觽》全书考证内容、方法和风格有一个整体直观的反映。可以看出，本部分考证内容是极有深度的。首先是对核心要点的把握，直接选择一些理解难点作为主题；其次，在逻辑上基本遵循着文义疏解再到专门问题的顺序；最后，在方法技术上具有综合性，文义解释、比较解释、引经解释等传统律学解释手法都有体现。由于该部分考证内容普遍篇幅较长，且逻辑联系紧密，因此这里只是选取两个典型的例子来将原文的面貌做一个"点"的展示。

例：对"缘坐"的文义解释

缘坐者，虐非本犯所自作，罪非本犯所自取，缘乎犯法之人罪大恶极，法无可加，因以及其所亲所密而坐之以罪，故曰缘坐。缘者，延也，如火之相延。《语》云："火燎于原，延及林木。"要皆从正犯一人本身上，凡其亲枝嫡派，皆因其罪而罪之。夫以无罪之人，必缘而坐之以罪者，盖所以甚正犯之恶，凛人不敢犯之惧，而更动人以交相戒畏、互相规正之义也。[76]

以上解释，除对"缘坐"的文义进行深刻阐释外，还解释了该制度的立法精神在于"惩罚与震慑并重"的一般预防和特殊预防的兼顾平衡。

例：通过"按语"来考察"斗殴致死"与"谋杀、故杀"在主观犯意上的关系

按：此条所以标名之文也，曰斗殴及故杀人。而详此条所以著此之序，乃首先曰：凡斗殴杀人者，不问手足、他物、金刃，并绞监候；次方曰：故杀者，斩监候；复曰：若同谋共殴人，因而致死者，以致命伤重者绞监候，元谋者不问共殴与否，杖一百、流三千里，余人各杖一百云云。在说者多以"故杀"二字认为有故之故，谓系有仇而杀之；又谓故杀之上，隔以一圈，系另为一条，原与上下文各不相侔。迹而论之，似若合矣，殊不知有仇而杀，必蓄积于平日，然后见而必欲殴杀之。则此杀也，是又临时之谋杀，而非故杀矣。不观"谋杀"条内之注乎？其注曰：或谋于心，或谋于人；又曰：律称谋者，二人以上；又曰：谋状显著，一人同二人之法。因仇而杀，非谋于心乎？非一人同二人之法乎？夫殴而故杀，其有夙仇者亦在内。但执定谓故杀者，必以有仇方，是将彼此原无夙怨，偶尔相殴，

其人已为慑状而哀求；抑或众为劝阻而奔救，而此则愤愤不舍，必为痛而锤击，非立毙其命而不已者，反非故杀乎？恐非制律者之本义也。[77]

上引内容中，首先引律文规定和其他观点，然后给出王明德自己的理解；在论证过程中，引述了"谋杀"和"故杀"条有关犯意的律文和律注，并结合斗殴杀人的通常情形，指明斗殴情形存在故杀的可能，因而律文定名为"斗殴及故杀人"。从中可以反映出《读律佩觿》在律例细节考证上的功力和风格。

第四卷"金科一诚赋"本身是对律例理解中的一些重点和难点内容的归纳，王明德称其为"无形之律眼"，所做的考证也颇具特色。下面我们通过表 2-10 将歌赋和考证所涉及的一些主要问题归纳出来，然后再通过注解的方式引述考证原文，来揭示该部分考证的内容和特征。

表 2-10　《读律佩觿》第四卷"金科一诚赋"考证内容汇总

序号	赋文	问题	王明德"按语"归纳
1	玉律贵原情	法律观念和意识	由"玉"的文化含义指出法律的道德意蕴，"刑期于无刑"；指明法律重视根据人的主观状态，力求情法兼备。
2	金科慎一诚	执法者的道德品质	运用阴阳学说和儒家学说，阐明"诚"对于读律执法的重要意义。
3	夫奸妻有罪	违礼行为的不合法性	引经引礼来解释夫妻居丧期间性行为的可罚性；指出明《辩疑》旧注中未包括未婚奸的内容是疏漏。
4	子杀父无刑	子孙杀父祖行为	指出《辩疑》所解三种"无形"①的意思不合理，并给出自己的解释，即这里的"无刑"必须是严格的真正过失杀。
5	不杀得杀罪	杂犯死罪的处理原则	指出《辩疑》的概括不全面，指明这里指杂犯死罪的情形，虽定死罪，但因杂犯而"准徒五年"，不杀也。
6	出杖从徒断	刑罚执行	考证"减杖加徒"的历史渊源。
7	纸甲殊皮甲	"盗军器"条中不同犯罪对象在计赃、定罪的影响	指明《辩疑》的理解虽正确但仍有不完善之处，指出纸甲、皮甲不像铁甲那样属于应禁军器，因此盗窃均按凡盗论，但两者价值有差等，应区别对待。

①《辩疑》认为，"子杀父无刑"中的"无形"有三种理解：（1）子孙谋杀、故杀父祖，罪大恶极，应出五刑外处凌迟，故言"无刑"；（2）翁男夜半奸淫妇女，子以为奸夫而杀之，勿论，曰"无刑"；（3）父夜间谋盗子家，子不识其父而杀之，勿论，曰"无刑"。

续表

序号	赋文	问题	王明德"按语"归纳
8	伤贱从良断	不按身份贵贱差别处刑的特例	指明除《辩疑》提到的盗贼劫财物而伤身份低贱者以良人论外，还包括家长及其期亲不告官或无罪而殴杀贱者和娼优工乐户等贱民无端被杀伤的两种情形。
9	达兹究奥理	总结以上内容	对上述赋文进行总结概括，提出必须仔细斟酌，方能准确把握律意。

从论说逻辑上来看，该部分首先引述《辩疑》的解释，然后通过"谨按"的形式来交代自己的理解。王明德往往先对《辩疑》解释给出一个总体评价，或同意，或否定，或认为其理解正确但仍需补充完善，然后再相应地给出具体的解说。考证方法的运用与之前内容基本一致，篇幅较短但层次清晰。譬如，对"金科慎一诚"句的解释，就通过阴阳五行学说和儒家理论来解说法律的精神要旨，其言曰："金者，西方正位也，其令秋，其气肃。天运至秋，则肃杀乘权，木叶零而万物死。功成者退，将长者孕。杀之，乃所以生之……孟氏曰：盈科而后进放乎四海。六合之大，四域之广，举凡亲疏贵贱、老幼男女、礼乐兵农、工虞水火，以及万汇散殊，无不各本其类，因其类而别之。故曰：科，从古圣帝明王，明刑弼教，以齐天下之不齐。故刑之为德，本乎义。义主断，金之象也……一诚者，至诚也。诚则不畏权势，不涉己私，不溺女谒，不贪贿赂，不受干请，洞洞空空，澄然卓立本皋之执，而更益以龙之允，有何讼狱之不得平哉。"[78]这里用洋洋洒洒百余言来阐述刑律的内在品质和执法者的道德素养，充分体现出传统文化对律学家的影响。在对"不杀得杀罪"句的考证中，则能够生动反映出王明德律例解释的技术特征，其"谨按"言曰："《辩疑》之说是已，惜乎所指未备，所见未尽广。夫谋杀造意，身虽未行，仍坐以斩，乃显明易见之事，非有微奥难明，前贤何独显揭而特示之？恐非命赋本旨。思谓此句与下句紧紧相对，皆指杂犯死罪言。盖律中杂犯科条，人所易忽，故特为指示。所云不杀者，真于不杀也。杂犯斩、绞，及律所谓之二死，不为各分，总准以徒五年。故折赎图内，绕著以'准徒五年'四字，非真斩真绞也。夫既非真为或斩或绞，是年杀矣，而谳狱者依律定罪，则必各

照律内所科此数，著以或斩或绞，然后申而名之拘杂犯。是不杀者，朝廷之恩；而彼之所得，则杀罪也。非特为揭示，不几将杂犯斩、绞，皆误认为真绞、真斩耶？不杀得杀，愚意以为如此，料高明必不以为妄耳。"[79]从以上引文中可以看出，王明德在理解该句时，注重于相对的下句进行联系性的思考，认为两者存在关联，因而提出此"不杀得杀"应当指杂犯死罪情形，并且通过分析先贤拟赋时的推测来证明其观点，这种方法十分类似于解释学中的探究作者之原意。其他各句的解释在共性基础上还具有许多特性的地方，这里仅举以上两例。

四、统计归纳考证

律学是一门实践之学，各类律学著作中无不倾注着律学家希望辅助司法实践、实现善治的良苦用心。《读律佩觿》第五、六、七卷的内容，就是通过统计归纳的方式，希望能够帮助各级官员掌握律例。应当承认，归纳整理在学理上的贡献有限，但有可能为实践提供巨大的帮助。第五卷围绕"以""准"两个律母展开，主题是对行为的认定问题；第六、七卷的主题则是量刑，包括"罪止"和"折赎"两类。除篇幅较小的总结性内容外，主体是将律例内的条文按照《大清律例》的结构排列出来，能够起到"便览"的作用。

但对于进行统计归纳考证的主题，王明德则是有所考虑的。第五卷卷首"以准总类"中指出，"以""准"并非真犯，但需要以真犯为标准进行认定，"按'以''准'之条，律载甚多，检查未易，胥役每为上下其衡以作奸，遂致轻重之权下移"，故进行汇总整理工作。可以看出，王明德希望方便各级官员运用律例的同时，其实也希望通过明白归纳来限制各级官员对律例的滥用。

由于《大清律例》的律文正条，往往会在一个条文中表述若干种行为和情形的处理方式，而且相互之间常存在差异，因此按照不同的"以""准"细目来进行整理归纳，就需要对律文进行分解梳理，是需要花费巨大心血的。第五卷的整理中，先列条目，如"以监守自盗论""准凡盗论"等共计

63 条，然后按照《大清律例》六篇的顺序，依次列明该项下的律文，每条律文都会指明所属门、律文名称和律文内容，非常清楚合理。王明德对《大清律例》的律文逐一归纳统计，仅从多数项目仅有一条律例内容就可看出工作量的繁重，对律例内容不是谙熟于心，以及没有踏实的学问态度是无法完成的。

第五卷"特准免刺""不概准免刺"和"不言刺免而免"，是从"以""准"的比较中引申出来的问题。通常情况，"准"类的行为不在除名、刺字之列，而"以"类行为则通常除名、刺字。同时，律例中也有例外情况，"复有所犯实系各盗之真，又或因其人、因其职、因其役亦为之准免（刺字）者。且有同此免刺之人，又或因其籍、因其艺、因其犯而不为尽免者"[80]等特殊情况，为了防止司法实践中出现简单化处理的问题，造成不该刺而刺和其他非正确适用律例的情形，因此王明德特别将这类内容做了统计归纳。从中也可以看出律学家正确运用法律、防止法外滥刑的内在精神追求。

同样的，在第六卷对"罪止"项目的统计归纳，也反映出王明德对律例适用环节严格准确的追求。该卷内容从法律责任入手，其基本方法与前面是一致的。在卷首"罪止总目"中交代根本目的在于"盖以慎加、减之防"，由于《大清律例》中的减包括递减、累减、听减及分等减，加也有严格的条件（满数乃加，加不入于死，本条有死罪则入绞不入斩），这样就需要仔细甄别。同时，加与减中，尤其重视加，因为减罪失误犹可追，而加罪则不可复矣。王明德也指出，"本卷所标虽以止云罪止，乃实所以著加律也"。[81] 表 2-11 将卷六中对"罪止"的统计归纳情况予以反映。

表 2-11 《读律佩觽》第六卷"罪止"项目统计归纳情况

序号	项目	数目	分布情况
1	罪止杖一百流三千里	41	名例 1、吏律 1、户律 2、兵律 2、刑律 31、工律 4
2	罪止杖一百流二千五百里	0	
3	罪止杖一百流二千里	6	刑律 6
4	罪止杖一百徒三年	16	吏律 2、户律 5、兵律 1、刑律 6、工律 2
5	罪止杖九十徒二年半	4	户律 1、兵律 1、刑律 2
6	罪止杖八十徒二年	9	户律 5、兵律 1、刑律 3
7	罪止杖七十徒一年半	4	户律 1、兵律 1、刑律 2

续表

序号	项目	数目	分布情况
8	罪止杖六十徒一年	6	户律 4、兵律 2
9	罪止杖一百	59	吏律 7、户律 23、兵律 19、刑律 9、工律 1
10	罪止杖九十	15	吏律 2、户律 4、礼律 1、兵律 6、刑律 2
11	罪止杖八十	25	吏律 6、户律 8、礼律 1、兵律 5、刑律 5
12	罪止杖七十	9	吏律 1、户律 3、兵律 4、刑律 1
13	罪止杖六十	16	吏律 1、户律 5、兵律 4、刑律 6
14	罪止笞五十	15	吏律 2、户律 7、兵律 4、刑律 1、工律 1
15	罪止笞四十	14	吏律 6、户律 3、兵律 1、刑律 3、工律 1
16	罪止笞三十	3	吏律 3
17	罪止笞二十	0	
18	罪止笞一十	0	

在卷末，王明德以"按语"的形式指明了进行"罪止"类律文归纳统计的一些问题。首先是"罪止"律文的范围很广，不仅包括正文明示的那些，而且包括其他未明示"罪止"但实际上能够推算出的内容，譬如"惟本条于所引'准'律，及格律上注以'加'字，并于本条下注以'加一等''加二等''加三等'，而未注以'加入于死'，及明注以'减一等''减二等''减三等'者，其中所包则皆罪止之条也"。[82]其次，按语部分探讨了有关流刑加、减等理解中的疑难之处，重点指明流刑的减等之法与加等之法存在差异，必须在理解刑级差别的同时，正确把握名例（如加不至于死、减罪三流为一等）的统领作用。

第七卷中对"不准折赎"类律文的归纳统计也是着眼于法律责任的。在卷首的"不准折赎总目"中，王明德首先对赎刑的历史沿革进行了考察，从周穆王始定赎法到清律对唐明律赎法的基本承继做了简要梳理，指出从杂犯斩绞到笞杖轻刑大体上可以通过折赎、收赎的形式，按照有力、无力的不同标准来"赎"，但同时律文也有明示或隐含着一些不准折赎的条款，值得重视。针对律文对折赎类条款的分散状况，王明德认为需要进行深入分析，所谓"赎法之微，岂可满为概论，不惟斟酌乎重轻轻重之原，详别其异同同异之等，以期其适当欤"[83]。本卷的归纳统计方法与上卷相同，均是先列明项目，然后按照律例篇幅的顺序将具体律文内容列出（但未指明篇目），然后加一个简单的注解，说明不准折赎的理由，譬如"满流不准折赎类"中的一条内容："宫卫律'向宫殿射箭'条内，凡向太社射箭，杖一百，流三千里者。前条（系大不敬，杖、流俱不准赎）。"

本卷的分类及律文数情况为：满流不准折赎类 34 条、二等流不准折赎类（无）、一等流不准折赎类 13 条、五等徒不准折赎类 30 条、四等徒不准折赎类 7 条、三等徒不准折赎类 8 条、二等徒不准折赎类 1 条、一等徒不准折赎类 5 条、五等杖不准折赎类 26 条、四等杖不准折赎类 4 条、三等杖不准折赎类 19 条、二等杖不准折赎类 4 条、一等杖不准折赎类 7 条、五等笞不准折赎类 6 条、四等笞不准折赎类 2 条、三等笞不准折赎类（无）、二等笞不准折赎类（无）、一等笞不准折赎类（无）、笞杖徒流不准折赎类 35 条。

随后，王明德回应了一个问题，即刑罚不准折赎（特别是像笞杖之类的轻罪）是否与"尚德缓刑"的观念相悖，是否有申韩重法的痕迹？对此，王明德作为律学家仍然秉持了维护立法权威的立场，指出"笞以被罪，诚乎其为细，议以不准折赎诚乎其为苛，然亦奉教君子矣，敢务申韩之学以故蹈夫苛耶！虽然，非苛也"[84]，即承认笞杖不准折赎存在过苛，但否认是在施行申韩之学。随后，王明德展开了深入的论证。他首先从刑法的发展历史讲起，法律必须强调适用环节的精微和审慎，并像经学家那样采用托古手法，"圣王立法率皆慎微于泰豫，虑始乎渐蒙"。其次，他认为律例如此规定的根本在于对预防微小犯罪逐步膨胀的问题，并引用了家喻户晓的事件①和中国经典典籍中的故事来阐发律例不从严执行会造成严重后果的道理，所谓"大信不信，大仁不仁，法之执，即仁之至也"。最后，王明德总结性地提出了自己的结论："推本乎三细不宥之源，而实以曲体夫刑期乎无刑之微义也"，这里的"刑期乎无刑"正是律学家所普遍秉持的一种刑

---

① 故事大意是：明朝嘉隆年间（1522—1572），一个死刑犯临刑前，提出再吃一次母乳，并将生母咬伤。当面对谴责时，罪犯却言："某今已就戮，斯戮也，非天，非人，戮某者吾母也。"因为当从小就有微小的偷盗行为时，母亲没有尽到惩戒教育的义务，甚至还进行鼓励，致使他最终铸成大错。

罚观。律学家在法律解释上始终恪守权威型解释的原则与这种刑罚观也是
密切相关的。

第四节　律例考证：《大清律例通考》和《读例存疑》的一脉相承

　　学术界将《大清律例通考》和《读例存疑》两部著作认定为考证类的
著作已是主流观点。笔者认为，此一观点主要侧重从著作内容来进行归类，
实际上就体例而言，这两部著作也是随文注释体，即考证内容就是逐条列
于相关的律文和例文之后的。可见，体式的划分也是相对意义上的。整体
而言，《大清律例通考》和《读例存疑》在许多方面都有相同之处：作者均
属于司法官吏出身的律学家；体例上的安排基本一致；其内容的重点均不
在于考察律例的文义，而在于对律文和例文（后者更是重点）的纂修演变
做出极臻完备的考察，且在例的考证上具有时间上的衔接性，因此具有一
脉相承的关系。

一、文本概观

　　《大清律例通考》的作者吴坛（？—1780），山东海丰人，出身法律世
家，与其父吴绍诗都长期在刑部任职。吴坛的主要活动是在乾隆年间，他
受父亲影响，明习法律，作为律学家的身份在当时就得到了承认，其最重
要的律学研究成就便是《大清律例通考》一书。

　　目前所见的《大清律例通考》是吴坛的玄孙吴重熹在光绪十二年刊刻
的版本，中国政法大学出版社1992年出版了由马建石、杨育棠主编的《大
清律例通考校注》一书，本书所依据的正是此校注本。吴坛在该书中未并
专门作自序，由于书稿写就进呈未果，吴坛就在江苏巡抚任上病故，也不
见有当时人为该书作序，缺少了宝贵的背景材料。吴重熹在"校刊缘起"
中对该书的内容和体例做了如下归纳："盖公生平无嗜好，独于刑名之学夙
所专心，用是辑为《通考》一书。溯源三代、汉唐，以迄昭代。每一图、

一律、一例后，各注按语。凡例文之修改，字句之增删，莫不竟委穷源，精详甄核。修止于乾隆四十三年，其四十四年之新例，则列为应纂以备编入。其已删之例，亦必附书本条之末，申明所以删之故。凡有酌拟应删、应改及另有议论者，俱用'又按'以为别。而服制一类，折衷经义，尤为精审。"[85]从中可见，第一，全书着重考察律文历史演变情况及修改增删过程，例文的来历和内容演变。由于乾隆五年后，律文经钦定不再改动，从篇幅上来看，对例文的考证占据主体。第二，全书的考证部分集中在"按语"方面，即辑录律文和例文之后，就在按语中反映考证情况。按语分为两层，"谨按"着重考证，"又按"则提出应删、应改及评析引申的内容。

张晋藩先生在《清律研究》一书中指出，"后人考证《大清律例》的历史沿革，多以此书为宗"，并援引沈家本的原话指出该书的影响，"国朝之讲求律学者，惟乾隆间海丰吴紫峰中丞《通考》一书，于例之增删修改，甄核精详"。[86]何敏先生则指出，吴坛《通考》侧重于对现行清律例文进行考证辨释，以此书为代表的考证类著作"无论从思想性、史料性和知识性，都堪称清律学著作中的上乘之作，是研究历代典章制度和社会政治历史的珍贵资料"。[87]吴建璠先生也曾经在文章中将《通考》作为律学代表性著作进行介绍。①何勤华先生在《中国法学史》中对该书的特点进行了归纳，指出吴坛《通考》一书改变了之前的注释著作只对律文进行注解的常规作法，开启了对例文进行注解的范型，拓展了清律学的研究内容和空间，并认为该书是研究明清律学发展的必读书之一。

《读例存疑》的作者薛允升是清末律学的集大成者，被学术界公认为"陕派律学"②的代表人物。薛允升长期执掌刑部，不但精于律学，而且还是一名秉公执法的司法官员，《读例存疑》是他多年对律例研究的心得总结，所谓"余备员刑曹，前后三十余年，朝夕从事于斯。有可疑者，即笔而记之，拟欲就正有道"；其著书的目的仍在于阐明律例旨意，服务于司法适用，即

---

① 参见吴建璠：《清代律学及其终结》，该文收录于何勤华编的《律学考》中。
② 所谓"陕派律学"，是指在清末主要由陕西籍司法官员形成的律学研究群体。薛允升因长期执掌刑部，且著作丰富，成为"陕派律学"的领军人物。参见闫晓君：《走近"陕派律学"》，载于《法律科学》，2005年第2期。

"使业此者，知某条之不可轻用，其条之本有窒碍，熟识于心，临事庶不致迷于向往"。[88]在刑部奏请清廷御览该书的奏折中，对全书要旨做了如下归纳，"凡例之彼此抵牾，前后歧异，或应增应减，或畸重畸轻，或分晰之未明，或罪名之杂出者，俱一一疏证而会通。博引前人之说，参以持平之论，考厥源流，期归画一"。笔者参考的《读例存疑》是经西南政法大学胡星桥、邓又天等学者点注的版本，由中国人民公安大学出版社于1994年出版，在"出版说明"中对内容要旨的归纳为："对清代二百余年间的条例进行了系统完整的编纂整理，考证了每一条例产生的年代、背景和原意，探讨了它与正律之间的实质联系、差异及演变过程，论证了各个条例的合理性和必要性或其不足与弊端，就条例的存废、修补、适用及与正律之间的协调衔接等提出了很有见地的意见。"该书在清末就受到了来自各方面的高度重视和积极评价。沈家本积极推动将该书进呈御览，清廷下旨交律例馆办理刊印事宜并于修律时以备参考，"今方奏明修改律例，一笔一削，将奉此编为准绳，庶几轻重密疏罔弗当"。

总体而言，《大清律例通考》和《读例存疑》都不将解说律文和条例的文义作为核心内容，这或许和前面律学著作已经很好地解决了这一问题有关系。两书都着力于考证律文和例文的历史演变和修改历程，一方面考证的时间跨度很长，不惜追溯至唐律甚至更早的渊源所在；另一方面又极为细致精微，比如在清代本朝的演变，可谓每字每词之增减变化均有交代，在这个意义上，是关于古代立法（特别是清代条例）的珍贵资料。但就本书的论题而言，不在于对律文（特别是条例）内容演变的细节性把握，原因在于本书并不将对律学文本的纯史料性挖掘作为要旨，而是希望通过律学家对律例的历史考证来了解传统法律解释学所蕴含的学理性问题。当然，对资料的细致全面把握，仍然是不可回避的重要基础。

二、考证内容的类型

对律例进行历史沿革和内容演变的考证，是总括性的判断。具体而言，《大清律例通考》和《读例存疑》所考证的问题可以分为哪些类型，本身也是个需要具体考证的问题。需要指明的是，著作中每一个律文或例文后的考证内容都是一个综合的体系，对它们做分类解读，更多地是为了更好地理解文本内容，这种"综合"的意识始终要明确，否则就可能对文本的整体性造成损害。

其一，对律文的演变沿革和承继情况进行纵向的概括梳理。具体而言，《大清律例通考》对律文和条例均进行了详细的考证；而《读例存疑》的考证对象则是条例，对律文多数情况下只是交代其来历，如是否从明律承继而来，等等。这里的考证属于整体性的概括式说明，不专注于律例条文内容的详细说明。下面我们分别通过一些具体的例证，来反映两部著作中此类考证内容的情况。

《大清律例通考》中对乾隆五年（1740）钦定《大清律例》的律文进行了详细的历史考证，是律学著作中最为系统全面的。《大清律辑注》和《读律佩觽》中虽然也有大量对律文历史沿革的考证，但其着眼点仍然是注解律文，而《通考》则将历史考证本身就作为著述的目标，因而其考证更为翔实完整。从文本安排上，这部分内容隶属于按语中的"谨按"部分。从内容上，属于清代以前的沿革情况（律例在清代的演变考证，在下面单独说明）。限于篇幅和论题，这里只从名例、户律和刑律三篇中选取一些例证来予以揭示。

例：名例·十恶（律文）

[谨按]此条律目、律文、律注，俱仍唐律原文。查汉律九章虽并淹没，惟不道、不敬之目尚存。原夫阙初，盖起诸汉，陈、梁以往，略有余条。周、齐虽具十恶之名，而无十恶之目。隋开皇创制，始备此科，酌于旧章，数存其十。大业有造，复更刊除。自唐武德以来，仍尊开皇旧制，无所损益，至今因之……[89]

上例对十恶制度进行了详细的历史考证，注重对历史线条的勾勒。但就整体而言，此种详细进行宏观历史沿革说明并非《大清律例通考》的重点，全书此类内容只涉及各卷的 30 个门名和名例卷中的五刑和十恶两个具体律文。在《读例存疑》中则没有此类内容，似乎也有避免重复的考虑。

由于清律最直接的渊源就是唐律和明律，因此，针对大量没有发生变化的律文和条例，两部著作中均采用简洁的方式指明其渊源在何处。最基本的语言表述就是"此（条）乃×律原文"，若清代曾做修改，则指明修改时间，如"其小注系顺治初年律内集入"。律文部分中这样进行简要说明的占据主体，而且两部著作中的语言表述风格也极为相似，譬如"刑律·谋杀人"律文后，《通考》的表述是："此条系仍唐律原文，原附贼盗篇中，明始列入人命篇首。顺治三年纂定原律，始增如小注"；[90]《读例存疑》的表述为："此乃明律，顺治三年添入小注，雍正三年删定"，[91]除由于著书在后而补入雍正年间的删定情况外，两者如出一辙。对于大量修改不甚频繁的条例而言，两部著作也采用了这样的处理方式，指出其定例的年限，或简要地交代形成条例的原因。

其二，对律文和条例内容增删修改的历史情况进行详细的考证。其考证之细致，令人惊叹，可谓清代律例（特别是条例）立法的珍贵资料。需要指明的是，由于不以解说文义为主要目标，因此两部著作侧重的是增删修改过程的描述，以及其相应的事件背景。就差别而论，《通考》对律文、条例的增删修改均进行了详细的考证，而《读例存疑》则更侧重于条例。这里，选取一些律文和条例，来展示一下两部著作的考证风格。

例：名例·十恶（律文）

（吴坛）[谨按]……查不义条下，唐注"谓杀本属府主、刺史、县令"，明改为"谓部民杀本属知府、知州、知县，军士杀指挥、千、百户"。雍正三年馆修，始将注内"指挥、千、百户"五字，改为"本管官"三字。乾隆五年馆修，以恶逆小注内原仍明采《唐律疏议》语，增有"祖父母、父母，但谋但殴即坐。伯叔以下，须据杀讫方入恶逆；若谋而未杀，自当不睦之条。盖恶逆者常赦不原，不睦则会赦原宥"等语。查祖父母上既注明"殴及谋杀"，则但谋但殴即坐可知。伯叔父母上既注明"杀"字，则杀讫乃坐可知，必不重解。再，不睦之下注有谋杀缌麻以上尊之条，今谓不睦会赦原宥，是谋杀凡人不应援赦，而谋杀服亲反准援赦矣。尤非律意，故删。仍如唐律原注。[92]

五曰：不道

（薛允升）《汉书·翟方进传》："丞相宣以一不道贼"，如淳曰："律，杀不辜一家三口为不道。"

六曰：大不敬

（薛允升）……《辑注》："按律无盗及伪造御宝罪名，而盗乘舆服御物，律亦无文，见于条例。若盗及伪造御宝，则律例皆无也。"……[93]

从上例可以看出，《大清律例通考》对律文内容变化的考证异常详细，而且还要指明其变化的理由，如乾隆五年馆修将原载明律旧注删除仍从唐注的分析；而《读例存疑》却并不以考证律文变化为宗旨，但其对十恶的考证材料则更为丰富，除了唐律之外，史书和其他律学著作中相关的观点和说明均被作为考证材料以说明律义。除名例内的条文在考证方面涉及历史较多外，在其他六卷的律文和条例的考证中，《通考》和《读例存疑》的考证风格就基本相同，对律文内容的变化均做出了详细的梳理。

例：刑律·强盗（律文）

（吴坛）[谨按]此条仍系原律，其小注系顺治初年律内集入。惟注内"虽不分赃亦坐"句下增注，系乾隆五年馆修，以强盗共谋不行又不分赃者，律俱无明文，是以向来办理俱照窝主律内造意不行又不分赃者，杖一百流三千里，伙盗不行又不分赃者杖一百科断。但有成案而例款，殊属遗漏，因增入以便引用。至临时行强盗犯，在共谋为盗律内，应与临时拘捕之犯参观。再临时拘捕分别杀、伤及伤重、伤轻、不伤人治罪之例，另附窃盗条内，须查核。[94]

（薛允升）此乃明律，其小注系顺治三年添入，雍正三年修改。乾隆五年，案强盗共谋不行又不分赃，及造意不行又不分赃者，律俱无明文，是以向来办理，俱照窝主律内，造意不行又不分赃者，杖一百流三千里；伙盗不行又不分赃者，杖一百科断。但有成案而无例款，殊属疏漏，因增入注内。[95]

由于清律对明律的整体承继，因此绝大多数律文主要是在律内小注上做出修改。例二中，吴坛和薛允升对强盗律文的考证基本是一致的，只是薛允升作为后来者增加了雍正三年修改的表述，其主体均是对乾隆五年馆修律内小注的详细交代，指明了修改的理由，表述基本一致。相对而论，《通考》中还增加了"临时行强盗"与"临时拘捕"互参和窃盗律内相关律文提示的内容。两者在注释风格上完全一致。

对例文内容增删修改的考证才是两部著作的重头戏。这与清代中期以后律文相对固定而条例不断修改变化的法制状况相适应。"据《清会典事例》记载，仅从乾隆八年到咸丰二年，一百一十年间修例二十二次，刚好五年一次。而后停止了十八年，到同治九年清朝最后一次修例，光绪、宣统年间再也没有进行。条例的数目是越修越多，乾隆初是一千零四十二条，嘉庆初是一千六百零三条，同治初达一千八百九十二条。"[96]因此，两部著作均是鸿篇巨制，因而系统考察的难度也很大。本书采取的基本立场是：侧重于其例证内容的归纳分析，而非对考证细节的逐条阐述。一方面是基于法解释学主题的限定；另一方面是因条例作为适应清代当时社会发展要求的特别法，普遍具有"权宜之计"的特征，因而其本身内容的探讨价值有限。下面我们选取名例、户律和刑律三篇中各选三条律文作为样本，通过图表的形式将两部著作对其后条例内容演变情况的考证做一呈现，见表2-12。

表2-12　《大清律例通考》和《读例存疑》部分条例考证情况

篇目		《大清律例通考》考证内容		《读例存疑》考证内容
名例	五刑后第二条	（1）夹棍式的最初标准出现于康熙四十三年刑部议复四川巡抚能泰的条奏案内；桚（zǎn）指式，原木长七寸，粗五分，康熙四十三年改减五厘。 （2）雍正三年馆修，附入断狱门故禁故勘条下。 （3）乾隆元年五月，署兵部侍郎王士俊条奏，刑部议改①。 （4）乾隆五年馆修，纂为现例，改附"五刑"条后。 （5）从前曾有尺许短夹棍，于康熙三十七年禁止。	五刑后第二条	（1）此条系康熙四十三年，刑部议复川抚能泰题准定例。 （2）原载故禁故勘平人门，雍正三年删改，乾隆五年移附此律。
	犯罪自首后第四条	（1）此条系仍明律嘉靖四十一年六月内旧例改定，并引述旧例内容。 （2）顺治、康熙年间沿袭。 （3）雍正三年馆修，将旧例"依律充徒"改为"依律问流"，后又将"问流"二字仍依入例，首"自首"二字删去。 （4）乾隆五年馆修，将"止照放火延烧事例"等字删去，立为边卫充军专条。	犯罪自首后第四条②	（1）此条系前明嘉靖二十七年定例，并且将产生此定例的明代案例进行了详细地交代。 （2）乾隆三十二年改定。

---

① 具体的修改标准为："夹棍方圆各减去二分，圆头俱阔一寸八分，面阔二寸，夹怀子骨窝改深七分。桚指径圆，仍各四分五厘。"参见：《大清律例通考校注》，第193页。

②《读例存疑》中"犯罪自首"后第四条条例的内容与《大清律例通考》"犯罪自首"后第四条条例并不相同。

续表

篇目	《大清律例通考》考证内容	《读例存疑》考证内容
名例 犯罪自首后第四条	（5）雍正三年馆修，结合雍正元年例做出调整，并删去元年例。① （6）乾隆三十二年馆修，又根据新例，将原例内"其余"二字改为"伙盗"二字。是年十二月，根据兵部奏请，又将"所烧之物重于本罪"句下"边卫充军"改为"近卫充军"，纂如前例。	犯罪自首后第四条 （3）按语指明：此条例系因强盗情罪重大，故分情节轻重以为差等，并不全免其罪；专为亲属自首而设，首告亲属的犯者的亲等不同则处断有差别；指明本条例应与干名犯义律互相参看；有关强盗自首的各条例先俱载此处，后除本条外均移入强盗门。
名例 共犯罪分首从后第一条	（1）此条系乾隆四十年十二月内，江苏巡抚萨载审题宿迁县民刘俊强抢良家之女奸占为妻案内，将刘俊之父刘殿臣照为从律定拟杖流，钦奉圣谕：以子弟犯案坐父兄为从犯，于理不顺，饬令刑部按本犯科条悉心妥议。经刑部酌议条款，奏准定例。② （2）乾隆四十三年馆修入律。	共犯罪分首从后第一条 （1）此条系乾隆四十年，议复江苏巡抚萨载审题宿迁县民刘俊强抢良家之女奸占为妻案内，将刘俊之父刘殿臣为从律定拟杖流。钦奉谕旨，奏准定例。 （2）按语指出：此条例止言奸盗杀伤而未及别事，应与盗贼门同居父兄伯叔一条参看。
户律 盗卖田宅后第二条	（1）此条系仍明律旧例改定，并引述旧例内容。③ （2）雍正三年律例馆奏准，以今武职无带俸差操之例，因将"官调边卫带俸差操"句删去，其"旗军军丁人等发边卫充军"改为"军发近卫充军"，余仍如旧。 （3）乾隆三十二年，兵部奏准，又将"边卫"二字改为"近边"。 （4）乾隆三十六年六月内又经刑部奏明，此条止系一罪，而分别军民，将例内"军发近边充军，民发边外为民"之处删改，奏准在案。	盗卖田宅第七条 （1）此条系前明问刑条例，雍正三年及乾隆三十六年修改，嘉庆六年改定④。

① 具体表述为："又查雍正三年例后，另载有雍正元年例，内开'强盗殴伤事主，伤非金刃而所伤又轻、旋经平复者，系伙盗，仍准自首，发边卫充军。若事主伤重，虽幸未死，其伤之伙盗仍拟正法'等语。是伤轻者准其自首，伤重者仍不准自首也。因将另条'若事主伤重，虽幸未死，不准自首'等语，因摘出增入本条之末，而另条雍正元年之例删去。"参见：《大清律例通考校注》，第280页。

② 该案也被辑录于《驳案新编》之中。

③ 具体表述为："查旧例内'照数追纳完日'句下系'官调边卫带俸差操，旗军军丁人等发边卫充军；民发边外为民'二十五字。"参见：《大清律例通考校注》，第432页。

④ 本条例是《大清律例通考》所考证的"典卖田宅"后第二条基础上又于嘉庆六年（1801）最终改定的，《读例存疑》作为后成的作品，以嘉庆年定例为准。

续表

篇目	《大清律例通考》考证内容		《读例存疑》考证内容
户律	盗卖田宅后第二条	（5）乾隆三十七年馆修，遵照改正，辑如前例。	盗卖田宅第七条	（2）引述《大清律辑注》的解释，说明该条例的适用条件。① （3）按语指明与本条例有联系、需参看的其他内容。
	男女婚姻第四条	（1）此条系升任湖广按察使阎尧熙条奏，查原奏内"女家悔盟另许，原夫抢亲，杖八十"。 （2）乾隆五年馆修：以女家悔盟另许，势必隐瞒，追及临娶而本人殆知，必俟告官理论或势有不及，亦未可定。况因女家悔盟而抢，则悔盟之情重，抢亲之罪自应较减。律文男家无故强娶止笞五十，今以悔盟而抢反杖八十，太觉失平。应照无故强娶减二等足矣。因酌改，纂如前例。	男女婚姻第四条	（1）此条系湖广按察使阎尧熙条奏定例，乾隆五年改。 （2）按语：对该条例进行评价②，指明存在关联的参看条文，如强占良家妇女条例、典雇妻女。
	违禁取利第二条	（1）此条系明律旧例，顺治、康熙年间律仍之。 （2）查原例内"越赴巡抚"句下系"巡按三司"四字，雍正三年馆修，以今无巡抚，应删改为"司道"二字。 （3）乾隆五年律例馆奏准，查《笺释》云："依越诉。"今于"俱问罪"下添入小注"依越诉论"四字。	违禁取利第二条	（1）此条系前明旧例，雍正三年、乾隆五年修改，嘉庆二十四年改定。 （2）谨按：此正系越诉之事，应与彼门直省客商一条修并为一。
刑律	监守自盗仓库钱粮第三条仓库钱粮	（1）此条系乾隆四年正月户部议复总漕托时条奏定例，乾隆五年馆修入律。 （2）此条应移裁《户律·仓库·转解官物》条内，与各漕运例相并，转为以类相从。	监守自盗仓库钱粮第三条	（1）此条系乾隆三年，户部奏准定例。 （2）解释此处"小船人户"非"漕船旗丁"。 （3）指明条例中的一句话的内容是康熙年间定例。

---

① 具体内容是："《辑注》：屯田系给卫军耕种之业，各有定额，亦官田也。强占典卖必至五十亩以上，又不纳子粒者，方依此例问发。或不纳子粒而未满五十亩，或满五十亩而上纳子粒，或满五十亩不纳子粒非由强占，因无人承种而侵占者，皆不在问发之限，故曰照常发落。"参见：《读例存疑点注》，第199页。

② 原文表述为："强娶律已从轻，此更轻于强娶，似嫌未尽允协。女家不应悔盟，男家独应强抢乎？强娶非婚姻之正。原奏系补律之未备，不为无见。改杖八十为笞三十，未免误会原例之意。且玩其文义，似系指未成婚而言，若已成婚，如何科断，并无明文。"参见：《读例存疑点注》，第209页。

续表

篇目	《大清律例通考》考证内容		《读例存疑》考证内容
杀一家三口第一条	（1）此条系仍明律旧例。 （2）查原例内"仍剉碎死尸"句上有"妻子流二千里句"，查此项人犯之妻、子，并未同谋加功者，先于乾隆二十九年奏准改发新疆。 （3）乾隆三十二年四月，经大学士傅恒奏请停发新疆，较原例加一等，改发附近充军，乾隆三十二年馆修，将此处"妻子流二千里"句节删。	杀一家三口第一条	（1）此条系前明问刑条例，乾隆三十二年删定。 （2）引述《集解》的内容，指出"财产断付被杀之家，系律文所有，系属重复"。
子孙违犯教令第一条	（1）此条系仍前代天顺八年旧例，查原例内无"母"字，其"缢死"下有"子依过失杀父律"七字。 （2）乾隆三十二年馆修，以此条原例有"子依过失杀父律"一语，乾隆三十一年经江苏按察使李永书条奏删除。 （3）例内"养赡"二字，原兼父母而言，因将例内"其父"二字改为"父母"二字。 （4）此条应改归人命篇威逼人致死律后，与子孙不孝致父母自尽例相并。	子孙违犯教令第一条	（1）此条系前明旧例，原例系过失杀父律，杖一百，流三千里。乾隆三十二年改定。 （2）律无不能养赡致父母自尽之文，故定此例。

其三，就条例应当进行的修改调整提出自身的观点建议。如果说上一部分是对条例已有修改历史的忠实反映，则吴坛和薛允升还在考证的基础上，对条例中的一些不合理之处提出了自己的看法，并表明了具体的建议，建议种类包括应补、应删、应改、应合并等。在两部著作中，均以按语形式表现，下面各从两部著作中摘录一些例子予以反映。

（1）应补类：《通考》"名例·五刑"第二条例文（关于笞杖行刑的要求）后的"又按"中指明："乾隆元年例，用合板，不用阳板，此尚未入律，应补。"[97]

（2）应改类：《通考》"官员赴任过限"后第一条例文后的"又按"指出："条内'半年之上'的'年'字，系雍正三年纂辑时误刊'月'字为'年'字……应将'年'字改为'月'字。"[98]《读例存疑》"盗耕种官民田"后的第一条例文的"谨按"指出"此前代例文，似应修改"[99]。

（3）应节删类：《通考》"起除刺字"后的第六条例文的"又按"指出："此条应刺'外遣'字样，应于各项新疆人犯本例内注明。……此条可删。"[100]

（4）应合并类：《通考》"起诉"律后第三条例文的"谨按"指出："此

条系康熙十九年纂呈，原例两条……应并纂为一条。"[101]《读例存疑》在"强占良家妻女"所附"聚众抢夺贩卖妇女"的例文后，在按语中指出该条与前条可以合并，其文曰："犯奸与兴贩，均与良家妇女有别，似应修改一条，毋庸再为区别。"[102]

(5) 调整位置类：《通考》"白昼抢夺"后第十五条例文后的"又按"指出："此条系苗人抢掳妇女之例，亦应改归略人略卖人律后，与贵州流棍杀害抢掳苗人子女例相并。"[103]《读例存疑》在"收粮违限"律所附"挂欠漕粮"例文后的按语中，结合该条例文与上条"监守挪移"例文的评述中，提出"挂欠例文在先，监守挪移等项完赃（限内限外）减免例文在后，遂不免有参差之处……以上二条，均系康熙年间旧例，与现行例多不符合……应与下一条均修改详明，仍移转解官物门内。"[104]

以上所引例证可谓管窥一斑，但仍能反映出两部著作在考证律例的同时又发现了整个律例体系中的各种问题，并从维护《大清律例》法典科学性的角度提出了自己的建议，这种建议应当属于学理性的，但因著者身份的特殊性而可能会对立法产生影响。

三、考证方法

《大清律例通考》和《读例存疑》的考证目的在于整理律例（特别是条例）演变的历史沿革，以求梳理线索并为未来修例提供借鉴。因此考证方法与先前的《读律佩觿》存在差异。譬如，为文义解释所倚重的训诂法在两部著作中出现的极少。相反，《通考》和《读例存疑》则对反映律例修改的资料表达了足够的重视，因为它们不仅能够反映出演变的纵向过程，而且能够将其渊源背景很好地展示出来。再加上两位作者身为刑曹官吏，也能够接触到众多的官方档案资料，配以他们深厚的传统学术功底，才能够完成如此艰巨的考证著作。总体而论，历史考证和比较的方法为两部著作所倚重，具体又可分为如下几个层面。

其一，对古代文史经典和各朝法典的熟谙，使得对律文纵横千百年的演变情况的梳理得以顺利完成。尽管这类内容在两部著作中并不占据主导，但仍然有鲜活的反映。

譬如，吴坛对"名例·五刑"的历史考证，就大量引用文史经典："五刑之始，见于《虞书》……三代相承，尤莫详于《周官》司寇之制……自汉文帝除肉刑，延至隋唐，乃以笞、杖、徒、流、死定为五刑。……其笞刑五，即《虞书》所谓'朴作教刑'也。其杖刑五，即《国语》所谓'薄刑用鞭朴'，而《虞书》所谓'鞭作官刑'者也。其徒刑则始于周。……其流刑则肇自唐虞，《书》曰：'流宥五刑'……斩自轩辕，绞兴周代，二者皆古之大辟之刑也。"[105]

同样，薛允升在考证"赎刑"中的"诸过失杀、伤人者，各依其状，以赎论"这一律文时，不惜洋洋洒洒千余言，引述了《唐律疏议》《周礼》《书》，通过清代经学家孔广森的著作而间接引述了《史记》《五经异义》《古文尚书》《考工记》《公羊传解诂》《续通典》等文献的内容，可谓翔实考究。①

其二，对明清之际法典承继情况，特别是对清代条例纂修内容的全面掌握，是完成条例考证的重要前提。由于《大清律例》以《大明律》为底本，而且条例附于律文之后的立法体例也兴起于明代，因此，除五刑、十恶之类的制度可以向上追溯数千年之外，绝大多数律文都与明律关系更为密切。同时，条例的修改在清朝前期和中期就很频繁，这成为考证的重点所在。

具体而言，《大清律例通考》和《读例存疑》对律文、条例内容变化的反映体现在：第一，乾隆五年之前对《大清律例》做了几次专门修改，从中可以看到在一些律文和条例后面，就有律内小注或条例于顺治三年、雍正三年修改时补入之类的信息。第二，对历次条例增设、修改的背景全面反映。譬如，增补新例的方式主要有：皇帝就某个具体事情发布钦定上谕，由刑部编纂为新例；或各级官吏就某些案件的处理，通过奏折提出了立法建议，经皇帝认可后，再定为新例；或将现行则例等内容，经馆修而转为

---

① 具体考证内容参见胡星桥、邓又天主编：《〈读例存疑〉点注》，北京：中国人民公安大学出版社，1994年6月第1版，第7-8页。

条例；或刑部在办理各类案件时就法律规定有疏漏或需要明确的内容，提请皇帝批准定为条例。对条例进行内容修改、删减的途径主要有：通过大规模的馆修，将一些不再适用的条例进行删减、内容修改；新例颁布后，原有相关的条例不再适用，成为具文；通过大臣奏议、刑部奏议等途径，对某些条例进行删减、修改等。下面摘录一些具体的例子，加以佐证。

例：名例·职官有犯

[律文]凡在京在外大小官员，有犯公私罪名，所司开具事由，实封奏闻请旨，不许擅自勾问。（指所犯事重者言。若事轻传问，不在此限。）若许准推问，依律拟议，奏闻区处。仍候复准，方许判决。若所属官被本管上司非礼凌虐，亦听开具（凌虐）实迹，实封径自奏陈。（其被参后，将原参上司列款首告者，不准行，仍治罪。）

（吴坛）[谨按]：此条系仍明律原文删改酌定。查顺治、康熙年间律内，系"凡京官（不拘大、小，已、未入流）及在外五品以上官，有犯（公私罪名，所司开具所犯，实封）奏闻请旨，不许擅（自勾）问。六品以下……若州县官犯罪……若所属（府州县）官被本管上司非理凌虐，……实封径自奏闻"①各等语。雍正三年馆修，以官员为寻常小事，应传问者传问外；应题参者，不拘大小，俱行题参。发俸等罪，一概具题结案。现任官员，并无收赎及记录罪名之处，应行删改。又，律文内言属官者，兼内外而言，应删去小注内"府、州、县"三字。又定例：凡官员列款纠参之后，将上司列款首告者，所告不准行，仍治罪。应并纂入注明，并将律目下"应议之人不在此例"等字删去。乾隆五年馆修，以律文"区处"及"判决"四字之义未经注明，又于"区处"下添注"分别事情曰区，议拟罪名曰处"，"判决"下添注"断定其事曰判，发落其罪曰决"。又以律称"径自陈奏"，则不用经由合干上司可知，应将注内"不用经由合干上司"等句删除。嗣经续修，又将"区处"及"判决"下小注删除，纂如前律。[106]

（薛允升）此乃明律，国初及雍正三年删改，乾隆五年改定。[107]

上例中，《大清律例通考》对"职官有犯"律文在雍正三年、乾隆五年

① 据实誊录顺治、康熙年间"职官有犯"的律文。

的修改情况进行了详细的解释，可谓字字皆有交代。从中可以看出，律例修改是技术性极强的立法工作。例如，对律文小注"府州县"三字的删除处理，也说明了理由，由于律文中的属官兼内外论，所以小注就没有必要再强调府州县地方官员，以避免重复冗赘。同时，由于条例已经明确不准被参官员首告其上司，所以律文在修改时也及时做出调整，可见务求律、例统一协调是清代立法的重要原则。从乾隆五年的修改情况可以看出，从律文的"径自陈奏"推出小注内"不用经由合干上司"属于表述重复，因而删除，则立法语言的准确、表述的合理简洁也很受重视。总之，既对过程做完整精微的说明，又切实讲明理由。相较而言，薛允升则是对律文的修改进行了高度概括的表述，一则缘于《读例存疑》以考例为根本，二则可以看出两部著作的相互衔接，在内容上避免重复，也能显示两者之间一脉相承的关联。

其三，对其他律学著作和法律文件的引证，也成为重要的考证内容。这主要存在于《读例存疑》当中，引证过的其他律学著作包括：《管见》①《集解》《辑注》《琐言》《示掌》《律例通考》、顾栋高《荒政不齿刑论》、钱维城《杀贼无抵命法论》《洗冤录》、袁滨《律例条辨》等，其中引证最多的三种是《大清律辑注》（58 次）、《大清律例集解附例》（51 次）、《律例笺释》（28 次）②，有些单个律文或条例的考证，会涉及多种著作。在《读例存疑》中，薛允升引证其他律学的目的主要有二：一是对某些问题进行说明，以便于理解；二是就论题引出来，然后给出自身的理解说明。

譬如，"户律·典买田宅"律后第一个条例的考证。

[条例]告争家财田产，但系五年以上，并虽未及五年，验有亲族写立分书，已定出买文约是实者，断令照旧管业，不许重分再赎。告词立案不行。

此条系前明问刑条例。

《笺释》：有亲族写立分书已定，指家财言。此例至当不易，听讼者一本于是，则民间告争之弊，未有不杜者。

---

① 即陆柬之著《读律管见》。

② 本书对各类著作的引证次数的统计或许存在疏漏，但还是能够大致反映出整体的状况。

《辑注》：此例以五年为争财赎产之限，诚至当不易之法。有司推此例而行之，便可息争省讼。

《集解》：本家告争家财，与年限未满之业无涉，故立案不行。

（薛允升）[谨按]：田产已经出卖，无论是否五年以上，何能再赎。后立有绝卖文契各条，应参看。[108]

上例中，由于此例是由明律中直接吸纳而来，并未进行增修调整，因而只是指明其来历，随后通过引述三种律学著作中的观点，来说明以五年为限解决争产回赎问题的立法精神，以便于理解条例，最后薛允升在此基础上提出自己的看法：为维护交易安全，只要出卖的田产五年之后应不存在赎回问题，指明应与其他相关条文参看。

此外，《读例存疑》大量引述了其他法律文件的内容，特别是在名例之后的各卷中，《户部则例》《督捕则例》《问刑条例》《漕运全书》《处分则例》《明会典》《中枢政考》等经常出现，从而将基本法典与类似行政法规之类的规范内容进行了衔接，其目的均在于考察律例（特别是条例）的变化。这样的例子不胜枚举，这里以"刑律·奴婢殴家长"律后的第二条例文的考证为例予以说明。

[条例]契卖婢女，务照价买家人例，旗人将文契呈明该管佐领，先用图记，自赴课司验印；民人将文契报明本地方官，另盖印信。至旗人契买民间婢女，在京具报五城、大宛两县，在外县报该地方官，用印立案。倘有情愿用白契价买者，仍从其便。但遇殴杀故杀，问刑衙门须验红契白契，分别科断。再旗民所买婢女，已经配给红契家奴者，准照红契办理。

此条系乾隆七年，侍郎张照、周学健因审理安氏致死使女金玉一案，条奏遵旨会议定例。

《户部则例》："八旗官民人等买用奴仆，令报明本管佐领钤印，赴左右两翼验明，加给印照。于岁底左右，两翼将身价、户口、数目造册，咨送户部备查。"应参看。

（薛允升）[谨按]：此条专言婢女，并无奴仆，以下条有所买奴仆，俱写立文契报官钤印之语，故不复叙也。然益可见买婢女者多，而买奴仆者较少，古今风气不同，此其一端也。[109]

上例中的条例旨在阐明买婢女的程序要求，并有红契、白契之说，承认未经官府登记盖印的白契的效力，但在保护力度上存有差别。考证部分引用与该条例相关的《户部则例》的有关内容，旨在提示应对它们进行参看，以做到对《大清律例》和《户部则例》的贯通理解。

以上内容是对《大清律例通考》和《读例存疑》两部著作所做的梳理考察。从著作体式上而言，它们都属于随文注释体。但就内容而言，它们都属于典型的律例考证体，旨在全面梳理《大清律例》的律文和条例的历史演变和增修删改情况，进行律例（特别是条例）立法活动的总结，并在考证的基础上提出了各自对条例修改的一些意见或对某些立法技术问题的见解，广征博引，细致精微。两部著作在体例和内容上保持了高度的一致，因而具有一脉相承的关联。就两者的差别而论：其一，《大清律例通考》中在考例的同时，对律文也给予了足够的关注，而《读例存疑》则将重点放在条例上；其二，作为后来者的《读例存疑》所引证的文史资料、律学著作和官方文献均较《通考》为多，而且薛允升在继承吴坛关于条例发表见解的基础上，还就律例的诸多实体内容发表了自身的看法；其三，《通考》中的考证和议论部分用"谨按"和"又按"来区别，比较直观，而《读例存疑》则先用总结性的语言概括律例的演变，然后进行引证，最后的考证和议论内容统一放在"谨按"部分。

第五节　裁判解释：《驳案新编》的生动反映

作为案例汇编作品，《驳案新编》的主旨并非进行律例解释。但由于司法过程总是与法律解释密不可分，因此，从丰富的案例史料中可以发现许多以裁判解释的方式反映出来的《大清律例》解释学的内容。同时，在司法裁判过程中的律例解释，更具有动态鲜活的特征，在一定程度上可以弥补专门律例解释著作静态解释的不足，从而形成有益的互动。

一、文本概观

《驳案新编》由乾隆时期的六位刑部官员纂修而成[1]，内容涵盖乾隆年间遵驳改正的 318 个案例，是一部专门的驳审案例汇编作品。《驳案新编》的著书目的在于总结司法经验，服务于司法实践。监察御史、刑部律例馆提调阮葵生所作序中称，"每驳一案定一例，各出所见，讲明而切究之，开惑剖蔽，要皆阐发律意例义之精微，本经术而酌人情，期乎乎中正平允而止……极案情之变而惟齐非齐，抉律例之精而有伦有要，斯其用意良深矣"，认为该书能够使阅读者"即一案而通乎情法，究心律令之源"。

　　学术界普遍肯定《驳案新编》作为珍贵律学遗产的学术价值。张晋藩、何敏两位先生均在其著作中予以列示，何勤华先生也指出《驳案新编》是与《刑案汇览》齐名的清代判例汇编作品。笔者认为，如果说《刑案汇览》以全面广泛著称，那么《驳案新编》则以专业精深见长[2]，所辑案例的内容较《刑案汇览》普遍详细，能够更为充分地反映案件审理的程序，参与各方对案情事实和适用律例的分析论证也更为翔实。作为与《刑案汇览》齐名的清代判例汇编作品，《驳案新编》的系统研究尚不充分，本书将其作为典型文本来加以考察，也是希望从法解释学的角度做一些深入研究。

　　本书选用的《驳案新编》，由李璞和李琳两位先生点校整理，收录于杨一凡、徐立志主编的《历代判例判牍》丛书第七册。全书共三十二卷，根据《大清律例》来编排顺序，包括名例、吏律、户律、礼律、兵律和刑律。案例的具体分布情况是：名例 25，吏律 1（职制 1），户律 14（婚姻 11、仓库 1、课程 1、钱债 1），礼律 2（仪制 2），兵律 1（军政 1），刑律 275（贼盗 47、人命 96、斗殴 71、诉讼 18、受赃 1、诈伪 1、犯奸 6、杂犯 1、捕亡 29、断狱 5）。

---

[1] 他们分别是全士潮、张道源、李大翰、怀谦、周元良、金德兴，职务主要是刑部某司的主事、郎中或员外郎。

[2] 《刑案汇览》收录案例 4045 个，无疑是我国历史上规模最大的案例汇编作品；《驳案新编》虽然案例数量少，但专门收录遵驳改正的案例，乾隆年间的此类案例十之八九都被收录，且内容均比《刑案汇览》详细完备。

所谓驳审，"是指上级司法机关直至皇帝对下级司法机关上报覆核的案件，或因其'情罪未协'，或因其适用律例不当，而予驳回，要求下级司法机关再行重审改拟的司法程序"[110]。中国台湾学者那思陆先生在考察清代中央司法审判制度时，将"驳审（驳令再审）之判决"视为中央司法机关三种基本判决形式之一。①驳审是清代"分层结案"制下各类重案必须经刑部等中央法司及皇帝复核后方可审结的制度的最重要体现。由于进入驳审程序的各类案件，往往是命盗重案，而且案情多为复杂，围绕案件的审理会进行复杂的说理论争，因而能够为研究司法实践中具有"动态"特征的律例解释学提供重要的素材。

《驳案新编》所辑案例较《刑案汇览》普遍更为详细，从该书的编纂体例上就能体现出来：每则案例前均有简短的标题，对整个案件做一归纳概括，如"庄屯无差使旗人不准折枷""强嫁寡媳自缢身死""杀一家四命以上分别缘坐"，等等，标题后将案件所关涉的当事人姓名列出，这样有利于在共同犯罪或涉案人员众多的情况下把握关键信息；标题之后是刑部经办机构的名称，即刑部按地域划分的各司，经统计共包括 17 个司，如果某些案例的审理涉及新例，则附录于经办机构之下。每则案例正文部分包括以下几个部分：（1）首先会有一个对案件的分类名称，如"遵旨议奏事""报明事""通行事""咨请部示事"，等等。（2）辑录地方巡抚、总督的疏奏内容。主要涉及案情事实说明、引用律例（也包括上谕、成案等）、案情分析论证及审拟意见，个别咨询类的案例则说明咨询理由及问题。（3）刑部会看意见。基本顺序是先引用律例并就律例文义必要的说明（一些案件还需引用上谕），然后指出原拟的问题，或是事实有疑点，或是律例理解偏差，然后是结论（如"原拟殊未允协、驳回"等）。（4）如果皇帝对该案件有上谕，则辑录；若无则直接辑录督抚驳回后的办理情况，或者是接受部驳改拟，或者详审案情坚持原拟等。（5）刑部再次审核的意见，若同意则直接

---

① 另外两种判决为"依议之判决"和"径行改正之判决"。"驳审之判决"是指三法司（或刑部）认为各省具题或具奏的各类案件，如认定事实不清或适用律例不当，将案件驳发回重审的判决。参见那思陆著：《清代中央司法审判制度》，北京：北京大学出版社，2004 年 8 月第 1版，第 118-122 页，第 128-131 页。

向皇帝题奏，若否则直接改拟或者再次驳回。（6）皇帝对题奏案件的最后意见，同意办理或改拟。以上内容只是大致，在具体案例中可能略有差别，但基本逻辑构架不变。

从案件的分布情况来看，依照刑部是否予以驳回重审及驳回重审的次数进行分类统计，可分为三大类：（1）刑部未驳案件（共91个）。具体又包括直接改拟类和咨询类，前者系案件的案情认定和律例适用并无错误，但皇帝基于某种原因直接做出改拟，或者由刑部提出改拟意见经皇帝批准执行；后者为地方在审理过程中，或者因律例无明文规定，或者因对律例理解有疑问而咨请刑部或皇帝意见，而由刑部或皇帝给出办理意见结案。（2）刑部一驳案件。即刑部认为原审存在问题，经一次驳回后审结的案件，共209个。（3）刑部二驳案件。即案件被刑部两次驳回后才审结的案件，共18个。可见，《驳案新编》中的"驳案"是广义的，除了程序上批驳重审，还包括一些经中央司法机关（主要是刑部）和皇帝干预改变或确定审判结果的案例。

二、律例解释的存在形式

《驳案新编》通过鲜活的案例素材从驳审这一侧面反映出《大清律例》的适用情况。不同于前几部律学著作对律例进行静态解释，《驳案新编》为我们进行动态的律例解释提供了宝贵的素材。如果说前面隶属于我们通常所理解的"立法解释"或"学理解释"，这里将面对传统社会中的"司法解释"或"裁判解释"。立法解释的目的就在于更好地适用法律，因此，司法往往更能够全面地展示法律解释的内涵和精髓。现代法学普遍认为，"法律解释的对象应包括两个部分：一部分是作为'本书'的成文法律；另一部分就是经过解释主体选择、并与成文法相关的事实，包括事件与行为"[111]。因此，对法律文本的解释有两种进路，即文本解释和事实裁剪。①在现代社

---

① 所谓文本解释，就是直接就所适用的法律文本或条文进行解释，然后将解释的结果与个案事实相连接；而所谓裁剪事实，就是不直接就所适用的法律文本或条文做出解释，而是就有关的事实进行区分、裁剪，然后将事实和法律文本或条文相连接。在前者，解释者用法律涵摄事实；在后者，解释者将事实归摄于法律。参见张志铭：《法律解释概念探微》，载于《法学研究》，1998 年第 5 期，第 40 页。

会，立法者与司法者是分离的，司法者对成文法律的解释需要接受立法者的制约，在大陆法系传统的国家这被视为法治的基本原则之一。在中国传统社会，最高立法者皇帝同时也是最高司法裁判者，对法律文本的解释与对案件事实的解释在最终层面是统一的。清代的驳审制度，由于经常有皇帝亲自参与，更能够很好地展现传统法律解释的这一面向。

驳审制度可以充分反映出在案件审理中的对话过程：案件（一般案情均为重大）从州县初审经过府、按察使和督抚复审，由督抚形成初拟意见，然后上报刑部为代表的中央司法机关①，刑部要对案情事实、律例适用、罪刑拟定进行覆核，若发现问题就会动用驳案权予以驳回，这个过程中存在着双方围绕事实认定和律例理解上的分歧并为此展开对话和沟通。尽管在封建司法体制下，由于行政运作机制对司法程序的消融，刑部往往利用其专业权威和行政权威推行其见解，但是对话沟通的机制仍然是存在的。当然，皇帝作为唯一拥有"判"权的主体，可以推翻先前的任何意见。在这种地方官员、刑部、皇帝三方共同参与的驳审程序中，探讨律例解释的空间也得到了扩展。

就《驳案新编》所载的三百余个案件材料而言，其中律例解释的存在形式可以分为三类：一是对成文律例的意义进行阐释的解释；二是因事实认定而引发的律例解释；三是同时涉及文本阐释和事实认定的律例解释，即前两种情况的复合。鉴于本书的研讨主题，本书将不对所有案例均进行系统考察。以下的内容，希望通过分类整理与典型个案佐证相结合的方式，来呈现《驳案新编》视域中的传统律例解释问题。

（一）以成文律例为对象的解释

在裁判解释当中，律例解释与事实解释总是难以完全区分开，而且律例总是被放入案情的具体环境当中，因此其解释将更具有针对性。《驳案新编》中许多案例的焦点就是对成文律例的理解有偏差。譬如，《驳案新编》卷八当中所载的"卑幼行窃拒伤小功尊长"的案例，就很好地反映出刑部官员对亲

---

① 在驳审制度中，除刑部作为中央司法机关履行职责外，大理寺、都察院，甚至内阁均可能经手特定案件的审理，其中刑部办理属于常态。

属相盗和亲属伤害两个律文立法本意的解释。其基本案情是：建始县民文科，因生活贫困伙同黄楠往其小功族叔文宗汤家偷牛，待盗窃得手往外走的途中被文宗汤发觉并追赶，文科因不得脱身就用刀回戳，致文宗汤额头受伤。地方官员的初审意见是："文科虽系文宗汤小功服侄，但即因行窃致伤，未便照杀伤小功尊长本律定拟，自应从重科以凡人拒捕之罪。……将文科依窃盗弃财逃走、事主追逐情急图脱，刃伤事主例，拟绞监候。"[112]刑部官员对原拟意见不同意，其首先引述了与本案相关的"亲属相盗财物"和"窃盗弃财逃走"的律例规定，随后指出，"盖亲属相盗，服愈近则罪愈降，诚以敦睦渊教任衅也。若卑幼殴伤尊长，自杖徒递加至绞决、斩决，服愈近则罪愈加，所以严尊卑重伦也。至亲属相盗条内，若有杀伤一语，即系专指因窃盗拒捕而言，其不称拒捕而称杀伤者，正所以轻于盗而重于杀伤，故不得同于凡人，各以杀伤尊长卑幼本律，从其重者而论。律意甚明，难容混淆。……自应照亲属相盗，杀伤尊长本律定拟"[113]。这里，刑部官员的意见是：亲属相盗情形中，若因拒捕而杀伤尊长，就应照"亲属相盗杀伤尊长本律定拟"，并详细阐述了立法本意，并在此基础上认定原拟适用律例有误（不应照凡人窃盗拒捕律），遂驳回。

　　由于《驳案新编》所载的案例往往案情比较复杂，因此期间常有刑部官员与地方官员就案件认定的一系列对话研讨，这其中往往蕴含着丰富的法律解释学内容。在《大清律例》中，共谋强盗、行与不行、分赃与否均与认定首从和定罪量刑密切相关。在很多案例中，往往这样的问题就会叠加在一起而必须通过理解律例原意而进行处理。譬如，"汝州县民李修文之妻张氏坟墓被刨，获贼张良臣一案"，基本案情是：乾隆二十六年二月二十二日，张良臣向李福奇道及贫苦，李福奇建议去盗刨本村李修文之妻张氏之墓，但后李福奇称自己眼花而未去，张良臣遂伙同毛良儿同去；盗得张氏尸衣后，由张良臣洗净后卖钱独用，毛良儿未分得赃钱。原拟将李福奇比照"强盗造意不行又不分赃者"，拟杖一百、流三千里；张良臣和毛良儿俱合依偷刨坟墓为从之犯，开棺一次者，发附近充军例，应发附近充军。刑部官员认为此案适用律例不妥，认为张良臣应认定为临时起意的首犯，其理由是："查律载，共谋为强盗临时不行，行者为窃，不行者系造意，若不分赃者即为窃盗从，以临时主意者为窃盗首；共谋为窃盗临时不行，行者为强，不行者系造意，若不分赃亦为窃盗从，以临时主意及共为强盗者，不分首从论。……又律载，发掘他人坟塚开棺见尸者，绞监候，为从减一等。各等语。发塚之条，列在贼盗律内，凡以发塚之犯与强窃盗均属贼匪，尸衣连类相从，其中间有本条未能该备之处，远客参观互考，不容割裂牵合，致使罪名出入。此案……张良臣虽非原谋，实已行而得赃，自应照律以临时主意者为首。今该抚既舍共谋为盗之条不行比用，更曲引强盗窝主不行又不分赃之律，割去窝主二字，将李福奇拟以满流，又仅依发塚开棺为从之律，将张良臣拟以外遣，不知盗贼之罪，以得财为差，得用之所由以行为断，原与人命律内重原谋者不同……"[114]此案中，刑部官员对谋强为窃、谋窃为强的情形进行了详细的解说，并指出发塚见棺属于强盗重罪，并阐释了发塚见棺得财的评价与人命律内重原谋存在区别的立法本意，均是比较典型的律例解释。

尽管《驳案新编》所载的案例中，地方官员接受刑部律例解释意见的情形居多，但还是存在一些经过双方多次对话协商而刑部接受地方官员审拟意见的情形，譬如，"户律·婚姻"所载"陈相礼等听从故父陈嘉旦强抢韩九姐为妻奸污一案"，基本案情是：陈嘉旦欲娶韩周氏之女韩九姐为儿媳（子系陈相礼），因遭拒绝遂起意强抢；后陈嘉旦父子约集亲朋多人，捏称韩周氏欲悔婚，邀众人前往抢人成婚；后共同前往劫人，陈相礼为首抢回韩九姐，后因韩九姐拒绝成婚，遂将韩九姐强奸（后陈嘉旦在监病故）。江苏巡抚原拟认为，"除起意为首，应拟绞罪之陈嘉旦病故不议外，陈相礼、张宗文、陈相仁均合依抢夺良家妻女奸占为妻为从减一等，各杖一百流三千里"，其他几人待缉拿归案后处断。刑部认为，本案与强抢良家妻女奸占为妻妾情形存在差异，陈相礼应认定为首犯，不应按照家人共犯以家长为首来处理，其解释内容如下："查律载，强抢良家妻女奸占为妻妾者，绞监候。妇女给亲配于子孙弟侄家人者，罪归所主，仍离异。又律载，一家共犯止坐尊长，侵损与人者，以凡人首从论。旧注曰：如一家同为窃盗，而临时又拒捕杀伤人者，则既侵损于人，本罪各别之类。各等语。抢夺妻女之条载，载婚姻律内，其文又曰：为妻妾配子孙是定律之义，原系专指始强终合已成婚姻者而言……若抢夺之后，本妇不与成亲而夺者，裂其衣服，损其体肤，肆行奸污，则其凶暴之形，载强奸案内情尤较重，自应仍依强奸本律论罪，不得遽引占为妻妾配于子孙条。……自应以抢夺之罪归于陈嘉旦，以强奸之罪归于陈相礼。"[115]遂以适用律例不当而驳回。地方官员（江苏巡抚）认为，抢夺的原意包括强奸，而且本案中陈相礼奸污韩九姐的直接目的是为了婚姻而非一般强奸案中的奸宿，因此认为原拟无误，其解释内容为："……又《辑注》内开，律贵诛心，先须推原犯事之本意。如为奸宿而强夺，则依强奸论，如为妻妾而抢夺，则依本律，各等语。……是强夺之内原包强奸，故强夺之条入于婚姻者，亦因其本意在妻妾者。"[116]这里，巡抚给出了自己的理解，即认定强奸或是强抢妻女的关键在于犯罪本意，若为奸宿而行奸则定强奸，若为成婚而行奸则应定强抢妻女。刑部接到该答复后，仍坚持原来的批驳意见而再次驳回，认为抢夺良家妻女配与子孙、以家长为首的条件是，子孙并未"帮同抢夺"，本案陈相礼从预谋到带头抢人，再到实施强奸，均积极参与并为首，与律意不符，且通过详阅陈相礼的供词发现前后矛盾有卸责嫌疑，因此再次驳回。巡抚接到二次题驳，仍然坚持认为，强夺奸占应当包含强奸在内，但本案"奸而殴逼而成，乃犹拘泥律文，罪归其父，而转将陷父于死者，请从轻定拟，殊与伦化有关，诚属未协"，陈相礼改照强夺良家妻女奸占为妻妾者绞律，拟绞监候，秋后处决。刑部表示"应如该抚所题"，经皇帝批准结案。这里，巡抚放弃了将陈相礼定抢夺良家妻女为从的原拟意见，但刑部也不再坚持按强奸本律处断的意见，双方意见实现了折衷与妥协。

经过笔者的阅读，《驳案新编》中对律例解释的逻辑线索如下：地方官员（以督抚为主）在呈报案情和初步审拟意见之后，若刑部官员认为适用律例不当，通常会先引述相关的律文和例文（往往与初审意见中引述的律例条文相关），然后再行阐述对该部分律文和例文理解的要领和立法宗旨，在此基础上，指出原拟意见适用律例的偏差与错误，随后做出驳回重审的结论。

（二）以事实认定为对象的解释

从生活事实到法律事实，是法律适用中的一个重要环节。在此期间，司法者要带着对法律理解的前见去看待生活中的事实并相应地给出带有法律含义的评判。因此，对事实的法律认定，同样包含着法律解释的成分在内。在《驳案新编》所载的案例中，有大量案例是由于事实认定的原因而被驳回改拟的，能够为我们解读传统法律解释学中蕴含在事实认定部分的律例解释提供丰富的素材。这里通过几则比较典型的案例予以反映。

其一，有关"亲告"的认定问题。刑部山西司审核的"平遥县民郝旺虎扎伤伊妻梁氏身死一案"①，基本案情是：梁氏与伊姑（即婆婆）经常发生争吵，某日又生争执，郝旺虎酒后回家对梁氏进行了呵斥，后与梁氏发生争执，扭打中梁氏向前顶撞，郝旺虎不慎用刀扎伤梁氏心坎殒命。原拟将郝旺虎依妻骂夫之父母，而夫不告官擅杀律，杖一百。刑部认为，仅凭郝氏母子的一方证据尚不足以认定案情，认为前述律文适用须具有前提条件"祖父母、父母亲告②乃坐"，"此案郝旺虎虽因伊妻梁氏忤逆伊姑，向氏训斥，梁氏仍行泼詈，刀扎致毙。……且伊母并未亲告。该抚仅据该犯事后一语，曲为援律拟杖，从宽完结，与律例之意不符"。[117]驳回重审后，山西巡抚提出，本案中郝旺虎确系梁氏辱骂其母，醉后用刀恐吓，不慎将梁氏扎毙，周围邻居可以对梁氏平日所作提供证言，因此仍照原拟。刑部对该解释仍然不能接受，指出"细核案情，究系事后之言，并非当时亲告。且邻人所供，均系查问空言，非有目击确证，与亲告乃坐之律注未符。若因此而拟杖完结，则凡父母在堂者，俱得侍脱卸有路，可以别故凶毙妻命。徒开好杀之风，而启矫饰之渐，殊非辟以非辟之道"[118]，遂将该案再次驳回。后山西巡抚将郝旺虎改依夫殴妻至死者绞监候律，改拟绞监候，秋后处决。刑部对此予以接受并结案。该案中，刑部坚持原拟律例适用的条件必须有"亲告"这一事实要件，并指出由于家庭内部纠纷，为防止夫家互相包庇而将其他杀妻情形也陈述为妻骂詈公婆而丈夫杀之的轻罪情形。一方面体现了传统律例对家庭纠纷引发命案的证据意识，同时也是对封建社会后期夫权至上的法律制约；另一方面也体现了传统司法当中，对人命等重大刑事案件的慎重态度。

其二，有关"伤情"认定的问题。在人命重案中，伤情认定直接关系到

---

① 参见《驳案新编》，第 529-531 页。

② 这里"亲告"的内容就是儿媳骂翁婆。

最终的裁判结果，因此也常常成为案情争议的焦点，各方均需对自己的认定结论进行充分的说理论证。譬如，"陈龙用石掷伤马二抽风身死一案"①中，直隶总督与刑部的伤情认定结论就出现了分歧。基本案情是：马二醉后向陈龙借钱，被拒绝后逞凶威胁，陈龙遂拾起石头掷打，马二躲避不及被击中额头偏右，两日后马二抽风殒命。原拟将陈龙依伤风身死例拟流，并请留养。刑部认为，"陈龙拾石掷伤马二顶心额头、额角，伤皆致命，重至见骨，且仅逾二日身死，与原殴伤轻之例不符"[119]，遂驳回。直隶总督认为，伤势原本不重，只是因死者护理不周才中风身死，不应归责于陈龙，所谓"致命重伤之人，果能小心调护，多不伤生，失于调护，以致伤处进风，因而身死，既因冒风，例无抵法，风由伤入，是以拟流"，并引用乾隆三十年河南"苌悦割伤李有成中风身死一案"②来作为论据，并坚持原拟意见。刑部再次覆核时，指出"伤风身死减等拟流之例，特将原殴伤轻不致于死二语首先揭出，则凡伤重本足毙命者，不得滥邀宽免"[120]，显然，刑部坚持认为该条例适用的前提是轻伤不致毙命，而本案中伤已见骨当认定为致命重伤，遂再次驳回。经过两次反复，直隶总督接受了刑部的驳审意见，将陈龙依斗殴杀人律拟绞监候，秋后处决，刑部同意后结案。可见，本案关键是对伤情的法律评价出现了分歧，在此基础上影响了律例的适用。

其三，对行为方式的法律评价。《驳案新编》中有许多案例的焦点是行为方式的法律评价问题，即某种行为方式是否属于律例条文中规定的情形，地方官员与刑部存在认识分歧，为此，常常各方要进行分析解说。譬如"陈玉隆强嫁寡媳彭氏，致彭氏自缢身死一案"，案情是：陈玉隆长子陈福（即彭氏之夫）身故，彭氏年十八且未生育，陈玉隆担心彭氏不能守志，遂同表兄王起义商议将彭氏遣嫁，王起义贪图媒金遂联系周元有续娶彭氏；迎娶当日，陈玉隆指使王起义将彭氏骗出其家，在彭氏不愿上马时，陈玉隆令次子陈宗万强扶上马送出。周元有得知彭氏不愿改嫁后，并未成婚，后

---

① 参见《驳案新编》，第10-12页。

② 该案的基本情况是：苌悦用镰刀划伤李有成肚腹，六天后李有成中风死亡，将苌悦拟绞罪；刑部认为，李有成系中风身死，自应照原殴伤轻之例拟断，不得因伤系金刃，拟以绞罪，将苌悦改拟杖流。参见《驳案新编》，第11页。

彭氏乘无人看守时自缢身死。地方原审将陈玉隆依夫家强嫁，孀妇不甘失节，因而自尽例，发边远充军；王起义拟徒，陈宗万拟杖。刑部认为，"陈玉隆令子强扶彭氏上马，尚无残忍逼害情事，固难遽绝其恩义；况彭氏为夫殉节，仍为陈氏之妇，与夫之父母恩义有不能绝之"[121]，这里刑部认为陈玉隆的行为方式尚未达到原拟强嫁寡媳所要求的"残忍逼害"程度。后来四川总督接受了刑部的驳案意见，将陈玉隆改拟杖七十，徒一年半。

《驳案新编》所载案例中涉及事实认定解释的情形还有很多，在此不再一一详解。从阅读的感觉来讲，传统律例适用中，影响法律对事实评价的因素很多，身份关系、伤情轻重、主观犯意，甚至犯罪时间，等等，造成因事实认定而引发的解释问题更为复杂，但也能够感受到传统司法过程中律例大前提与案件的具体情境之间演绎涵摄的真实形态。

（三）兼以事实认定和成文律例为对象的解释

事实与规范的二分总是相对的。在司法过程中，事实认定和法律适用更多的是紧密地联系在一起的。往往事实认定的分歧就会导致适用法律的差别，在传统司法领域亦是如此。在《驳案新编》所载案例呈现出的司法活动中，中央刑部官员与地方督抚更多的是对话协商，是围绕事实认定和律例适用两个层面来展开。

首先来看"王四儿射杀军官满仓一案"，本案的基本案情是：王四儿系兵丁，因酗酒滋事被长官满仓依军法惩罚；王四儿心怀忿怒预报复满仓，遂携带竹弓和铁箭头，尾随满仓至僻静处便放箭射中满仓头部，后被捕获，满仓受伤未死。原审认为王四儿"实系怀忿放箭，以泄私恨，并无杀害之心，将王四儿照凶徒因事忿争，执持刀枪弓箭杀人例拟军"[122]。刑部对该案的性质认定则要严重地多，其言曰："弓箭系杀人之具，射人原有致死之机……射中脑后透帽至骨，业经中伤致命，是被射之满仓幸而不死。其王四儿之预谋杀害情节已属显然，何得以并无杀害之心一语任其狡展。"[123]这里，刑部根据凶器、射伤部位及伤情，认定王四儿主观故意为谋杀，显然不同于原拟认为的"并无杀害之心"。西安巡抚对刑部的驳审意见并不认同，指出"王四儿所执之弓系射雀小弓，用竹片绑成，麻绳作弦，柔软无力……透帽入肉至骨之处，乃满仓被箭怀恨之语……头本无肉，如系角弓利箭，焉有被箭透入而仅至骨而不伤骨之理？"仍坚持原拟。之后，地方巡抚的坚持，遭到了刑部行政强势的严厉指责，甚至说出"岂容任意狡供，代为开脱"这样略带人身攻击的话来。在这种情况下，巡抚"被迫"接受了刑部意见，承认王四儿"蓄意谋害，希图泄忿，情事显著"，并依谋杀伤而未死律改拟为绞监候。通过本案，我们也能够看出，刑部在司法中的强势地位，围绕事实认定和律例适用的解释说理也是有限度的，终不能脱开传统司法依附于行政的大背景。但从双方的对话争论中，仍然能看出司法中律例解释所需要的理性态度和证据观念，这或许是可以超越社会形态和时间距离的。

其次来看"赵二虎等轮奸狄元魁之女狄有姐一案"。此案的案情比较复杂：赵二虎、周黑虎与狄元魁同村居住。乾隆五十二年二月十八日，狄元魁赴地工作，赵二虎遂起意图奸狄元魁之女狄有姐，并勾结周黑虎成行。二人采用恐吓方式，将狄有姐奸污。村民宋二月来狄家碰见，即行吆喝，二犯逃逸，但宋二月并未告官。狄有姐因羞辱和害怕也将床沿血迹擦去，后因病被父追问才说出实情。后来，狄有姐劝说其父后才告官。地方官员认为，若是强奸，狄有姐在宋二月撞见后为何不呼救？为什么后来又将床沿血迹擦干？狄有姐为什么不一开始就向父亲说明，而是称病隐忍？据此认为："如将赵二虎等照轮奸例，分别拟以斩绞，似属情罪不符。……若因狄有姐先行隐忍，竟照强合和成，又觉轻纵。将赵二虎等照凶恶棍徒生事行凶，无故扰害良人发遣例发遣。"[124]刑部对于原拟意见则持有不同看法，并针对强奸和轮奸定罪的要点和理由进行了详细的阐述，并针对本案的具体事实，而提出应认定为轮奸处断的审判意见。具体理由如下："查例载，轮奸之案审实，俱照光棍例，分别首从定拟。为首斩立决，为从绞监候。又律载，强奸者绞监候，未成者，杖一百流三千里。……强奸乃一人之事，律无为从之文。诚以一人奸一妇女，及时恃强逞淫，而妇女果抵死不从，未必遂其欲念，故律有已成未成、强合和成之分，必须提同妇女质讯明确，以定其罪。若轮奸之案，以数人强捉一妇女更递奸污，其凶横之状，不惟孱弱之幼女难以自主，即刚烈之壮妇亦难抵御，淫凶不法，莫此为甚，故例内止著'审实'二字，即立予重典，并无质讯被奸之人，事后是否甘心，另有治罪别条，例义本自昭然。"[125]在此，刑部官员详细说明了强奸与轮奸的差别，突出了轮奸的犯罪危害性，并不像强奸定罪那样需要以质询被害人为条件。

在此基础上，刑部官员对原拟的事实认定进行了反驳，其言为："详核案情，狄有姐系属处女，赵二虎欺其独处，又无邻佑，邀同周黑虎前往图奸，赫禁掀按，更递奸污。既据该抚研讯确实，以轮奸叙案，此即狄有姐始终隐忍而别经发觉，亦难宽赵二虎等应得之罪。且因狄有姐不肯甘心隐忍，令伊父呈告到官，既已审供不讳，又复何可原减。……殊不思狄有姐以年幼处女，逼于赫禁，窘于掀按，斯时羞忿交迫，仓惶无措，宋二月突如其来，曾否经见，尚未可知。若果当时已知有人看见，既欲隐忍于前，何又因被人闻知，逼令伊父控告于后？是前次之讳而不言，实因含羞无奈，后此之逼令告官，终由被污难甘。该抚及称，狄有姐怀忿终未稍释，而又据擦血托病等情，谓其并非忿激难堪，是欲借处女含羞饮恨之情，宽匪棍穷凶极恶之罪，置审实即坐之例不问，而率照棍徒扰害例拟以遣戍，于情于法均未允协。"[126]遂将该案驳回，后地方官员接受了刑部的意见，将赵、周二犯依轮奸案比照光棍例论处结案。前述内容，不厌其烦地引述刑部官员的论证意见，就是希望能够直观地反映出传统司法过程中对事实认定和律例解释的原貌。从本案我们看出，地方官员和刑部官员，在处理案件时的基本思路是一致的，先引述与案情存在关涉的律例，并指出其适用要点；然后再根据案情来说明案件符合律例的适用标准。这与现代司法所坚持的法律适用逻辑在本质上是相一致的。

应当指明，本节所引用的内容与《驳案新编》所载案例的丰富程度相差甚远，本书亦不以全面介绍文本内容为目标。但通过以上几个案例，我们仍能体会到传统司法的运作模式，在围绕事情认定、律例适用的过程中存在着解释和理解的广阔空间。

综上所述，律例解释是驳审制度中地方官员（以督抚为主）、中央司法机关（以刑部为主）和皇帝三方在案件审理过程中进行对话的重要载体。以刑部为例，律例解释成为监督地方司法活动的重要途径，亦成为刑部显示其在司法活动中的权威的根本体现。对于地方官员而言，能够基于案件而合理地解释律例则是他们在一定程度上制衡刑部威权的手段。但就总体而论，在多数情况下地方官员会接受刑部的解释主张，这里既有刑部专业权威的成分，也有中央机关行政权威的体现。对皇帝而言，毫无疑问地掌握着最终的律例解释大权，并常常作为地方督抚与刑部争议的"仲裁者"；从文本所反映的信息来看，皇帝（具体指乾隆）并未存在滥用最高律例解释权的情况。

第三章 中国传统法律解释学的技术智慧与精神意蕴①

第二章对本书选定的典型律学文本进行了相对独立的考察，旨在反映各个文本的解释架构和内容安排，其间虽然涉及律例的解释方法和逻辑线索，但并不足以呈现出一种整全的面貌。笔者则希望在本章对文本进行体式和内容解读的基础上，继续探寻清代法典解释学的一些深层规律，实现从"考"向"论"的转进。就整体安排而言，将围绕解释技术和技术背后的精神意蕴两个层面来展开。之所以这样安排，是因为律例解释的技术方法与精神意蕴两者是密切关联、互为依存的。本章当中，笔者试图将考察的视角进行一定的扩张，在文本材料的选择上，也力图打破文本之间的界限，以期呈现《大清律例》解释学中具有共通性的学理规律。

第一节 解辞、疏义和论理的三位一体

所谓解辞、疏义和论理，是一个由字词文义向语句篇章文义和整体文义背后的原理逐步递进的解释过程，即从一个语言单元的解释入手，经过对具有相对完整意义的语义组合的字面解释，并达至对文本整体含义的揭示。辞，在这里指一个语言单位，它可以是单字词，也可以是复合词，甚至可以是一个语段，在法律上通常不具有整全规范的性质。当然，整体和部门又是相对的，一个律例条文相对于构成它的概念而言，就是整体，但

---

① 本章的主要内容，已先期发表于《法学家》，2014 年第 3 期。

相对于更上位的篇章内容而言则又是部分。解辞、疏义和论理的层次递进，体现了传统律例解释学具有解释学所具有的基本特征，即从部分向整体的意义拓展。

一、以辞通理的解释路径

以字词文义作为解释的起点，是中国传统经典解释中的悠久传统。汉学中的训诂章句，就十分强调通过字音、字形、字义的辨析和结构分解来实现经典解释的"每一字皆有来历"。清代学者凭借其在考据等小学领域的特长，在疏解字词方面下足了功夫。这些均对《大清律例》的解释产生了重要的影响，特别是在随文附注和专题考证类的律例注释作品中，能够十分生动地反映以辞通理的解释路径。

首先，选取《大清律辑注》名例卷对"共犯罪分首从"的解释，来了解随文附注体著作中的解释方式。

[**律文**] 凡共犯罪者，以先造意（一人）为首，依律断拟。随从者，减一等。若一家人共犯，止坐尊长。若尊长年八十以上，归罪于共犯罪以次尊长。（如无以次尊长，方坐卑幼。谓如尊长与卑幼共犯罪，不论造意，独坐尊长，卑幼无罪，以尊长有专制之义也。若尊长年八十以上及笃疾，于例不坐罪，即以共犯罪次长者当罪。又如妇人尊长与男夫卑幼同犯，虽妇人为首，仍独坐男夫。）侵损于人者，以凡人首从论。（造意为首，随从为从。侵谓窃盗财物，损谓斗殴杀伤之类。如父子合家共犯，并依凡人首从之法。为其侵损于人，是以不独坐尊长。）若共犯罪，而首从本罪个别者，各依本律首从论。（仍以一人坐以首罪，余人坐以从罪。谓如甲引他人共殴亲兄，甲依弟殴兄，杖九十徒二年半；他人依凡人斗殴论，笞二十。又如卑幼引外人盗己家财物一十两，卑幼以私擅用财，加一等，笞四十；外人依凡盗从论，杖六十之类。）若本条言皆者，罪无首从，不言皆者，依首从法。其（同）犯擅入皇城宫殿等门，及（同）私度关，若（同）避役在逃及（同）凡奸者，（律虽不言皆）亦无首从。（谓各自身犯，是以亦无首从，皆以正犯科罪。）

[律后注]凡数人同谋，共犯一罪，以造意一人为首，其随从之人减一等。造意，谓首事设谋，犯罪之意皆由其造作者也；随从，谓同恶相济，听从造意之指挥，随之用力者也，故为从减为首者一等。家人，谓一家之人，如弟侄子孙之类。一家人共犯一罪，其卑幼则从尊长之意而行者也。尊长能制卑幼，卑幼不能强尊长，故止坐尊长，卑幼勿论。若尊长年八十以上及有笃疾，虽或造意，而力不能行，老疾又例不坐，故归罪于共犯罪以次尊长。注内"男夫"，犹云男子丈夫。妇人与卑幼之男夫同犯，妇人纵是尊长，亦坐男夫，不拘上法。侵，谓侵夺财物，如盗及诈赃之类；损，谓损伤身体，如斗殴杀伤之类。凡侵损于人，则照凡人造意为首，随从为从之法科之，不在一家人共犯之例。如父子共谋谓盗，各分赃物；共谋殴人，各曾打伤，子造意而父随从，即以子为首、父为从也。或一家人，或同外人，共犯一罪，所犯之罪同，共犯之人异，此事虽有首从，而为首为从之人，各有本条内应得之罪者，则各依本条科断，如注所云，可以类推也。凡律条内开有"皆"字者，不问罪之轻重，人之多寡，即不分首从，一体坐之。本条不言"皆"字者，虽不开明首从，皆依首从定罪，如诈伪制书云皆斩，则无首从；未施行者较，则分首从矣。余仿此。皇城宫阙，有严禁而擅入，关门无引而私越、度，及逃役、犯奸者，虽有同入、同度、同逃、同奸之人，皆是本身自犯，自无首从之分也。[127]

这里，"律后注"在解释共同犯罪中为首依律处断、为从减一等的文义，要先对"造意"和"随从"进行概念说明。对于为从者减一等处理的立法理由，也有说明，即"听从造意之指挥，随之用力"，基本原理是根据共同犯罪中的作用和社会危害来确定相应的法律责任，这与现代刑法的理念是一致的。对于"一家人共同犯罪，罪坐尊长"这一比较完整的规范意义，也要从"家人"的界定入手；在一般情况"罪坐尊长"的理由就是"尊长能制卑幼，卑幼不能强尊长"，所依据的是伦理规范和生活经验。"律上注"的内容，同样也常为文义解释服务的内容，指明该段的理解要划分为六段来看，每一段都是相对独立的一个意义单元，"首节概言首从之法，不分言之。二节分三项……"，这种整体上对一个律例语段进行划分，对帮助当今的读者去理解文义也是非常重要的。同样，"律上注"也有解辞的成分，如对"共犯罪者"，解释为"数人共犯一罪也，如共谋为盗，同行分赃之类"；同样也有论述理由的内容，如"一家共犯但家长八十以上及笃疾，归罪于共犯罪以次尊长"，这里为什么用"归罪"而不用"罪坐"？"律上注"指出"最有深意。八十之人，年已衰迈，笃疾之人，身已残废，心纵能谋，而身不能行，专制之权当在以次尊长，则一家共犯，即罪之归也"。[128]对于本条律例丰富的解释内容，我们仅是选取了部分片段，但已能充分地反映出由字、词注解，到文义解释，再到理由阐释的解释路径。

同样，《读律佩觽》的专题考证中也常常将解辞、疏义与论理紧密地结合在一起。由于不以逐条逐节地文义疏解为著书目的，因此《读律佩觽》中以概念的辨析和立法理由阐释作为重点，来对一些关键问题进行解释。譬如对"贼盗"和"盗贼"的辨析中，就是从"贼"和"盗"的注解入手的："贼者，害也。害及生灵，流毒天下，故曰贼。盗，则止于一身一家一事而已。事有大小，故罪分轻重。"[129]从中可见，"贼"的危害范围更大，"流毒天下"蕴含着侵犯国家统治秩序、危害公共利益的意义；"盗"则更多的是侵害私人利益，所谓"止于一身一家事"。在此基础上，来明确"贼盗"较之"盗贼"罪行更重、处断更严的立法原理。

《读律佩觽》中还有许多内容是针对法条结构安排的解释，常常作为概念疏解与立法理由阐释的中间环节，亦能从另一侧面反映出解辞、疏义向论理递进的解释规律。譬如，在解释为什么"妖书妖言"条在结构上放在"反叛"条之后的问题时，其言曰："……'妖书妖言'附于'反叛'之后者何？因其传用惑众，易于启人反叛之谋也。其罪不及子孙、妻孥者何？不过好事造作、传播而已，非有所谋也。然必皆律之以斩者何？重其法，所以慎微于未萌也。夫既重其法矣，而又必监候者何？惑众之事，不可方物，莫知所自。故虽有可指名，仍存疑案，亦必监候覆奏而后决也。"[130]也就是说，传播"妖书妖言"的犯罪行为往往是引发"反叛"犯罪的理由，具有因果联系。而这种因果联系的揭示，是通过比较两个罪名的概念入手的，进而指出立法的精神在于"慎微于未萌"，所以罪名安排体现了前后之别。

在第二章中，我们已经指出，《读律佩觽》中的许多内容已经超出了注释法条的范围，它对诸多与律例理解相关的深层复杂问题均有涉及，但这种解释扩展往往是建立在最基本的概念解释、辨析基础上的。譬如，同样在贼、盗区分的前提下，又对"贼盗"卷内律目为"盗贼窝主"而非"贼盗窝主"的问题进行了讨论，其言曰："或曰：贼盗攸分，固如是矣，但此篇标题既总曰'贼盗'，而此篇之后于'盗贼窝主'命名，则又不曰'贼盗窝主'，而曰'盗贼窝主'，其中有无异义耶？抑同于衍文，别无旨归耶？曰：皆是耶。贼非一致，音同义异，故用颠倒以别之。盖谋反、谋逆所害大，故贼居前而盗次之，所以别轻重也。盗，则除监守常人盗、强窃盗四项外，余如盗矿、盗冢、盗田野谷麦竹木鸡犬及略买略卖之类，皆所取少而所害众，久之，皆足聚乱，流害无穷，故皆谓之贼，而罪皆不至于死，故盗又居前而贼次之，列次于盗，所以别轻于重也。"[131]从中可见，《读律佩觽》在解辞的基础上，论理的范围已经超越通常律例条文的意义解读，而是把眼光扩展到了律例结构的安排等更为复杂宏观的问题上，不能不说是清代法典解释较前代进步的一种体现。

《大清律例通考》和《读例存疑》旨在对律例（特别是条例）的纂修演变过程进行系统的考证，并提出相应的建议。从字词入手进行文义疏解，说明律例条文的意义和立法背景及理由并非其著书宗旨。本书在此不再对这两部著作进行专门考察。

《驳案新编》所辑录的是司法案例，对于律例的解释也不遵从一般注释律学文本的套路，而是在适用案件的过程中阐明律例文义，特别是将律例条文与相应的案情结合来进行疏解，可以呈现出另一个视域。譬如"李文魁殴伤伊兄李文正身死一案"，基本案情是：李文正系李文魁同胞兄长，但李文魁从小过继给同宗叔李麟为嗣，双方并不知互为亲生兄弟。一日，李文正与李文魁在一起饮酒，醉后发生争执，李文魁用棍子击伤李文正头部，当即倒地，随后殒命。原审依据条例，"本宗弟子为人后者之子孙，于本生亲属孝服，只论所后宗支亲属服制，如于本生亲属有犯，俱照所后服制定拟"，本案中李文正系李文魁期亲兄长，但因李文魁自幼出继，服制已成缌麻，因此依（杀缌麻亲）律将李文魁拟斩。但是刑部认为，原审对条例的理解有所偏差，遂进行了如下解释："至乾隆二年五月内，九卿议准定例内称，嗣后凡本宗为人后者之子孙，为本生亲属孝服，只论所后宗亲之亲属服制。如与本生亲属有犯，照所后服制定拟等语。定例所载，系指为后者之子孙而言，非谓为后者之本身而言。为人后者之子孙，各有明例，不容混淆。"[132]也就是说，刑部认为原审将该条例适用的对象理解错了，条例的本意是，出继者的子孙，若与本宗亲属相犯，则依出继后降服来认定关系，而非是出继者本人按照出继后的服制关系来认定。这里，刑部就某一条例的文义进行解释，其核心则是对"后者之子孙"与"后者本身"的概念辨析，在此基础上进而厘清理解整个条例文义的关键所在，即从解辞入手，进而疏通条例文义。在《驳案新编》的案例解释中，所呈现出的往往是解辞、疏义、论理整个解释线条的片段，但其解释逻辑则保持与整个逻辑是吻合的。

上文只是从几部著作中选取了几个例证，来反映由疏解律例文辞向明晰律例文义推进的解释逻辑。由于清代注释律学作品普遍在解释方法上已经呈现出综合性、整全性的特征，因此所选取的例证在典型性上或许还有不足。但从几种典型文本的内容来看，仍然可以就解释技术形成如下结论：在《大清律例》注释文本中，疏解概念语词，实现对律例某一文句或某一具有完整意义的规范内容的文本意义的阐述，并就该文本意义的理由或复杂的问题进行说明，这三者之间已形成很好的互动与联系。

二、注释方法和注释宗旨的融合

应当承认，从字词等语言单元的解释入手，逐步形成对某一语句或篇章的理解，是解释学领域所具有的共通特点。清代注释律学文本中在文义解释的层面也具有这样的解释方法和技术，本身并不值得惊奇。相反，应当关注的是，清代律例解释学中所蕴含的解释方法所体现出的超越社会形态和时间距离的普遍理性。不论法律体系有何差别，形成法律文本的语言体系有何种不同，当人们进行理解、完成解释目标时，往往会使用相同或近似的解释方法和技术，这是人类理性和智识的共性，也是我们挖掘整理传统法律解释学的内容对现实可能具有意义的前提。

应当说，系统的法律解释方法学说创自于西方，一般可追溯至德国历史法学派大师萨维尼那里。1840年，他在巨著《当代罗马法体系》中，对当时德国法学中的方法论做了总结，概括提出著名的、至今仍具有重大影响的法律解释的四种要素，即语法的、逻辑的、历史的、体系的。当前一般的法学教科书就法律解释的方法也往往归纳为：文义解释、历史解释、目的解释、体系解释，等等。由于中国传统学术不长于分析，而更注重综合整全，因此，在传统律学著作中鲜见于对解释方法的学理归纳，但这并不影响律学家们对解释方法的熟练运用。从中可见，传统法律解释活动中，不缺乏方法技术的运用，但缺乏进行理论总结的自觉。正是由于缺乏现代学科划分的学术传统，清代律学家们对法律解释方法的运用，更强调其与解释宗旨的综合。也就是说，律学家更关注的是解释律例所服务的目标。这与中国传统经典解释学具有内在的统一性。传统经典解释学中，解释语词就直接与阐明道理是一个整全的系统。譬如，戴震在《与是仲明论学书》中就曾指出："经之至者道也。所以明道也，其词也。所以成词者，字也。由字以通其词，由词以通其道，必有渐。"[133]这里，戴震强调字、词、道之间的内在关联，而最终的落脚点则在于明道，解字、解词，是明道过程的一个中间环节，明晰字、词需依赖于训诂考据等解释方法，而明道则是最终的解释宗旨。解释方法与解释宗旨之间，更多的是手段与目的的关系，只是作为清代学者更为注重训诂、考据等解释技术的重要性。

在清代学术中，由训诂、考据至研究义理是广被传承的学术路径，正所谓"清代学者偏好透过研究语言文字来破解儒家经典的义涵，发掘出许多宋明儒所未曾梦见的新发现"。同样用戴震的话来阐述，就是他在《题惠定宇先生授经图》中所指出的"训诂明则古经明，古经明则贤人圣人之理义明，我心之所同然者乃因之而明"。①在第二章交代清代注释律学的背景时，我们已经谈到，清代学术发展的整体背景是对宋学脱离经典而任由心性发挥的反动，因此，注重解释方法与技术的朴学成为清代学术的代表成就。在这样的背景之下，对字、词进行解释的方法技术体系实现了高度发展，同时在阐明义理时更强调其考据基础，从而使得解释技术方法与解

---

① 参见《戴震全书》第6册，合肥：黄山书社，1994年版，第505页。

释宗旨的关系更为紧密，而非疏离。正如研究中国古代语法学的学者孙良明先生所提出的，清代树立了明确的"文法观"，集中国古代语法学之大成。①在论及"文法观"确立的标志时，孙良明先生如是说："清人著作中频频出现的'文法'与'句法'，决不单纯是术语名词的使用，说明他们是依据文法（句法）构造作训诂考据，是有意识地观察句子的结构规则并能辨认句子结构规则的正误。这标志了清人文法观的确立。"[134]之所以在此插叙清代语法学的研究成就，是想说明清代学者在整体学术背景之下，已经对解释字、词等语言单元形成了比较高的理论自觉。同时，清代学术虽长于考据训诂，但并不意味着他们放弃了对经典中蕴含的义理的不断探寻。因此，我们有理由相信清代学者在经典解释方法技术与解释宗旨的融合上具有独特的优势。

第二节　考镜源流的历史情结

中华民族在其固有的文化传承过程中形成了浓厚的历史情结。注重历史考证，对先人论说和经典著作等历史资源的重视和推崇，成为中国传统经典解释学的重要特质，这对于传统法律解释学也产生了直接的影响。在《大清律例》典型注释文本所呈现的视域中，我们可以看到，历史考证的技术方法的普遍运用，而考镜源流的历史情结也成为律学家普遍拥有的一种精神气质。

一、对律例历史沿革的不懈考究

部分与整体之间的往复循环总是客观存在于解释活动当中。在《大清律例》的解释过程中，无论是从部分出发对某些概念、名辞或典章制度或背景信息进行阐述，还是从相对整全的内容出发对条文、篇目甚或整部法

---

① 参见孙良明著：《中国古代语法学探究》（增订本），北京：商务印书馆，2005 年 11 月第 2 版，第 382-392 页。

典进行理解，律学家们均十分重视历史沿革的考证。譬如，《大清律辑注》中有对各卷门目的历史沿革进行的梳理，也有对于典章制度来由的历史考察；在《读律佩觿》的专题考证中，诸多关键词或要点的历史追溯也是普遍存在的；《大清律例通考》和《读例存疑》同样如此，对律文、条例的修改演变过程也进行了细致入微的沿革考证。下面分别从几部著作中选取若干内容作为例证。

作为随文附注体代表的《大清律辑注》因着眼于律例全篇的注释解读，因此其对律例条文中所涉及的诸多概念、名辞、典章制度，甚或篇目名称等都有系统翔实的沿革考证。分别阐述如下：其一，分别于每篇之后通过律上注来对篇目的沿革进行梳理。以首卷对"名例"的解释为例，"李悝造《法经》，其六曰《具法》。汉曰《具律》，魏改为《刑名》，晋分《刑名》《法例》。沿至北齐，乃曰《名例》。……"[135]前文已述，此种篇目沿革的考证，并非清代律学著作所独创，相反是对前代律学著作重视历史考证体例的继承和发扬。其二，对律例条文中出现的一些典章制度进行交代，往往要从其历史起源着手。"户律·课程门""监临势要中盐"的律上注按语中就对律文中的"中纳"从历史起源方面做了交代，即"宋朝以后用兵乏馈饷，初令商人输粟于塞下，继听输粟于京师，皆优其值而给以盐，谓之折中，此中纳之名所由始也。"[136]其三，对律例条文具体内容的历史来源进行交代。譬如，"刑律·谋反大逆"的律上注中就对"女嫁不坐"的规定，做了历史考察，"法始于魏正始中。毌丘俭既伏诛，其孙女已适刘氏，以孕系廷尉。司隶主簿郑咸议曰：'女适人者，已产则为他人之母。今戮于二门，非所以矜女弱而均法制也。'从之，著为令。后由已嫁之孙女，推广及于许嫁之女也"。[137]这里，通过回顾制度的由来，能够充分地揭示刑罚背后的文化因素。其四，对条例来由的说明。这种类型的历史考证在《辑注》中总体偏少，譬如"亲属相奸"例上注中指出，"考此例之由来，缘本律强奸下无未成奸之文，问刑衙门因不分已、未成奸，并拟斩罪，故著此例"。[138]从以上引文可以看出，由于随文附注体著作解释得系统全面，沈之奇在《大清律辑注》一书中对历史考证方法的运用呈现出丰富而综合的特征。

同样，《读律佩觿》因专题考证的细致深入也对历史考证方法极为重视，其内容相比于《辑注》并不逊色。通过历史沿革的追溯和历史著作的引证，王明德希望达到熟谙律意、阐明律旨的著书目的。首先，该书的自序就是一篇关于律学历史发展的珍贵文献，以高度精练的语言对上古三代至清代的法律发展做了概括总结，并对法律的精髓意旨多有阐述。其次，《读律佩觿》中对许多制度均进行了历史性的考证，譬如"充军之制"，解释为："充军之令，从古未有，始自有明而已。盖自阡陌开而井田废，兵刃销而兵民二，遂致士耻讲武，民耻弋猎，率多侈谈文墨，肆志风雅。其于蒐苗狝狩之义，不独不习而不讲，且并不知古来立法之初居何义矣，况于坐作进退之大乎？三代而上，寓兵于农。汉唐以来，荡然久之。是以一夫突起，揭干斩木，遂成雄师，所向披靡，人鲜斗志。锋镝之下，玉石俱焚，盖不知凡几矣。其于古人有备无患之义谓何？故明开创伊始，放牛归马，一仿汉充国遗制，分隶老师夙将。星屯荒遐，世守其地，各为外悍而内卫。然而征战之余，十五①恒缺而不周，故特出此令以实之。其所谓军者，即此分屯各隘、荷戈执戟之行列；而充，即充此逃故、伤亡之什伍也，故统其名曰充军。……"[139]这里，通过寥寥百余字，就对充军制度的起源、历史背景和设立目的进行了系统翔实的解说。此外，王明德还对凌迟、枭首、边外为民等诸多制度和刑罚内容进行了历史沿革的考证。最后，《读律佩觿》往往在附记中引用与考证主题相关的案例，也成为历史沿革考证的一种体现。譬如，在第二卷"罪同"和"同罪"进行专门考证之后，就附记了康熙九年（1670）发生在陕西的一则案例，该案的基本情况是：陕西的少数民族僧人张巴麻藏，以骡两头、银五十两，行贿临巩按察，因该官员秉性忠直而将张巴麻藏告发，初拟将该僧人照现行例，与受财人同罪，后因受财人检举无罪，固无从比照，仍照律拟断，遂后沿袭成例。应当说，王明德对该案的引用不甚翔实，但仍然能够为我们提供某种指引，找到一种通过案例来深入理解律例的资源。从这个意义上讲，这里所引述的案例就成为一种历史考证的资源。通过以上所论可见，由于不以逐条的律例疏解为著书目的，《读律佩觿》中历史沿革方面的考察主要集中在刑制方面，对于概念

---

① 疑应为"什伍"。

和律例文句的历史考证则不是重点所在。

相对于其他著作对律例的历史考察呈现出跨度长、粗线条的特征，《大清律例通考》和《读例存疑》对律例（特别是条例）的历史考证则体现为时间跨度集中（明清两代）、内容更为细致，其对律例历史沿革的考证更是不容质疑。两部著作关注律文和条例的来源，以及其内容的纂修、调整变化的细节，全书尽是此类考证的素材，鉴于第三章已经做过比较全面的考察，这里就不再引用具体例证。

总体而论，因《驳案新编》具有官方案例汇编的性质，以详细记录驳审案件的审结情况为宗旨，所以历史考证在其中所占的比重较轻。但由于历史上曾经发生过的类似案例往往是司法官员审理案件时参照的资源，故《驳案新编》中的案例引用在一定程度上就成为一种历史考证。通过引用过去发生的情形类似的案件，地方官员和刑部或为自己的事实认定和律例适用寻找依据，或在没有律例根据时作为裁判参考，总之，此种考证更注重所发生案件的相关性和裁判结果的相似性。譬如涉及未成年人犯罪问题的"刘麽子殴伤李子相身死一案"，基本案情是：刘麽子和李子相均是九岁的孩童，在一起放羊，刘麽子向李子相讨要胡豆，李子相不给并骂詈，遂发生争执；李子相用手推刘麽子胸膛，刘麽子用拳回殴李子相，李跌倒后被石头垫伤腰眼，遂殒命。原审认为，两孩童因斗而争，将刘麽子依律拟绞监候，并因其年幼援例奏闻。刑部原本同意四川总督的审拟意见，但在奏闻过程中，乾隆帝就该案发布了新的上谕，指出，本案被害人亦年幼，案情比较特殊，规定以后若死者年长于犯孩四岁以上则照旧例声请奏闻，若死者年长于犯孩三岁以下，则将其监禁数年以惩其凶詈。刑部在解说上谕的新例时，就引用了发生在雍正十年（1732）的"丁乞三仔殴死丁狗仔一案"①，来说明自身办理并非违反律例，只是由于皇帝介入而必须依照新例办理。这里，引用过去发生的案例就成为刑部论证自身行为合理性的论据。

---

① 该案的情况是：丁乞三仔年十四岁，因受丁狗仔欺负，而拾土回掷，适伤殒命。当时对丁乞三仔从宽减等发落。因该案确定条例，十五岁以下杀人之犯，只有与丁乞三仔情形相近者，准援照声请（减等）。参见：《驳案新编》，第28-29页。

二、经学引证：另一种历史的关怀

经学与历史的关系素来密切，章学诚更有"六经皆史"的著名论断。在前面梳理清代注释律学发展的线索时，也曾论及经学对律学的影响。经学是律学家普遍具备的学术素养，注经的方法是律学最直接的方法渊源，经学与律学均秉持着一种对注解对象的权威信奉，等等。关于经学与律学的关系，学术界已有许多重要的研究成果。正如学者指出的："从中华帝国整体的政治法律制度和文化的发展来看，以注释律学为主要表现形式的法律诠释活动，与经学的关系却始终是密不可分的。"[140] "从形式上看，中国的解释学是以历史话语（引经据典）为主体，解释人所处的古代话语几乎没有地位，因而使文本具有一种由历史文本缝缀而成的'克里斯玛'式的权威气质。"[141]清代律例注释活动当中，经学的作用和影响同样不可小觑。似乎引经据典方能和注释律例的根本宗旨——阐释律例文本背后的常经大道发生直接的关联，进而使律学在义理层面得到提升，并增强言说话语的权威性。这里的经学引证，以中国古代的经典著作为主，但也包括先秦及各代圣贤的语录。由于经学著作均是在长期历史过程中，经由各个时期的学问家不断地发展完善而形成的，因此，经学著作也就成为一种历史资源。对经学著作和圣贤语录的引用，也便具有了一种历史意味。这里，我们将重点放在经学引证《大清律例》注释文本的存在方式及其作用上来，并探讨经学引证背后所体现的律学家的深层文化关注。

第一，梳理历史沿革。经典著作总是能够唤起对历史的回忆，因为它们本身就是历史记载沉淀而成的产物。清代律学家或是出于一种学术传统的继承，或是出于对增强解释力的实用考虑，在其著作中大量地引用经典著作和经典话语，重要的体现之一就是追溯历史源流。典型的例证如王明德在《读律佩觿》本序中对律学发展的考察，先后引用了《尚书》《国语》《春秋》《诗经》等典籍及孟子、孔子、子思等先贤的论述。律学家之所以在追溯法律发展时念念不忘经典著作和先贤论说，在于为法律寻找一种更为权威、更为厚重的基础，因为"在古代中国（先秦诸子时期可谓例外），法学无例外地是政治哲学（经学）的副产品"[142]。通过阐明法律与经学的关联，可以增强律例经由历史而形成的合理性和权威性。

第二，阐明立法目的或立法精神。立法目的或立法精神总是与根本的文化价值密切相关。在中国古代，由经典确定下来的以儒家为核心的文化传统和价值观念构成了检验法律的最高准绳。因此，经典往往成为律例制度的精神根源。在《读律佩觿》"夫奸妻有罪"条的解释中，引《传》曰："余哀未忘，日不能歌，礼居丧，期悲哀，三年忧，大功废业，大祥而禫①，始饮酒食肉而复寝，丧复常，始读乐章。"[143]阐明了丧服期间夫奸妻行为可惩性的文化背景。针对"违禁取利"律后专设禁止听选官吏和监生举债的条例②，指出该条例的立法目的在于杜绝官吏因负债而发生贪腐，薛允升引用《日知录》和《旧唐书》的有关论述对其立法精神予以明确。③

第三，引用经典来解释律例中某些概念的含义。法律是文化的组成部分，中国传统法律更是与传统文化保持着高度的统一，这就使得法律制度能够与文化经典共享许多内容，从而使文化经典成为法律解释的重要资源。《大清律辑注》"有司决囚等第"后所附条例规定，在监重犯病故，即使遇到不行刑或祭祀等情形，仍然"照常相埋"，例上注解释道："《左传》埋璧太室注：埋，藏也；相埋，谓收藏等候也。"[144]，这里的"埋"从字面理解并不困难，但引用经典解释之后，就揭示出"埋"所具有的暂时措施的意义。对"十恶"的解释则引述了《周官》的内容："断五刑之讼，必原父子之亲、君臣之义。又曰：凡制五刑，必即天伦。"在"常赦所不原"条还引用了《尚书·康诰》："律以诛心，如不赦诸项，即《康诰》所云'非眚乃惟终，自作不典'也。律必原情，如应赦诸项，即《康诰》所云'非终，

---

① 禫，音 dàn，指祭祀。

② 该条例内容为："听选官吏、监生等举债，与债主即保人同赴任所取偿，至五十两以上者，借者革职，债主即保人各枷号一个月发落，债追入官。"

③ 《日知录》："赴铨守候京债之累，于今为甚。《旧唐书·武宗纪》：会昌二年二月丙寅，中书奏：'赴选官多京债，到任填还，致其贪求，罔不由此。今年三铨于前件州县，原注河南凤翔等道得官者，许连状相保，户部各备两月加给料钱，至支时折下。所冀初官到任时不带息债，衣食稍足，可责清廉。'从之。……采访使所属之官，不出一千里之内，而犹念其举债之累，先于户部给与两月料钱，非惟恤下之仁，亦有劝廉之法。"参见《读例存疑点注》，第282页。

乃惟眚适尔'也。"[145]在《读律佩觿》中，引述经典解释概念的情形也比较多，在对"从"的解释中，引用了孔子、孟子的语录及《尚书·洪范》的内容，"盖从，对舍言也。有舍此从彼之义焉。孟子曰：大舜有大焉，善与人同，舍己从人。孔子曰：三人行，必有我师焉，择其善者而从之。《洪范》曰：三人占，则从二人之言，此即其义也"。[146]在《读例存疑》中，为解释"户律·多收税粮斛面"后条例中的"社仓"这一概念，薛允升则引用了《通典》的相关内容进行考证，指出其历史上的来由。①类似引用经典著作来进行解说的概念还有很多，在此不一一赘述。由于与传统文化的疏离，今人对引用经典著作解释律例概念的认同已很难如先人那般自然亲近，如不能跨过语言符号和文化传统的障碍，以上引文就可能沦为材料的堆砌，而缺乏内在的理解认同。但它至少能够反映出，传统社会里的法律解释曾经与其文化紧密相依。

第四，通过引述经典来表达观念认识。譬如《读律佩觿》本序中，王明德阐述律的作用时指出，"刑律之名何昉乎？《舜典》曰：同律度量衡。孟氏（孟子）曰：师旷之聪，不以六律，不能正五音。是律之为具，乃开物成务，法天乘气所必由。万古圣王不易之轨度也"[147]，来说明刑律同样受到上古圣王的重视，是国家治理所必不可少的重器。《读例存疑》对"谋反大逆"后所附条例的解释过程中，通过引用《汉书·景帝纪》的记载，来说明条例所规定的内容的历史悠久，所谓"此等事古已有行之矣"。

第五，引用经典来辅助律例具体内容的解释。譬如，《大清律辑注》"户律·得遗失物"条后就引用《周礼》来阐述该条的内容，即"凡获贿，告于士，旬而举之，大者公之，小者庶民私之，此其遗意也"。[148]在某种程度上，"得遗失物条"所规定的"凡得遗失之物，限五日内送官。官物尽数还官，私物召人认识。于内一半给予得物人充赏，一半给还失物人"是《周礼》在法典中的翻版。在现行《物权法》立法过程中，曾就遗失物取得的

---

① 该条例内容是："凡社仓谷石，不遇荒欠借领者，每石收息谷一斗，还仓。小歉借动者，免取其息。"薛允升对"社仓"的解释为："《通典》曰：隋文帝开皇五年，长孙平奏令诸州百姓，劝课当社，共立义仓。唐太宗贞观中，戴胄言，随天下之人节级输粟，名为社仓，盖其事自隋始也。"

法律规定发生过许多争论，殊不知《物权法》中的规定与传统律例内在精神上是一致的。"户律·男女婚姻"后"律上注"部分对婚姻缔结程序的解释，也引述了《周礼》："有媒氏以司婚姻之事。古制男女定婚后，即立婚书，报于所司。其不报者，即私约也。今不行此法。"[149]

　　为何清代的注释律家们如此重视历史考证？这仍需进行认真的思考。第一，历史考证作为中国传统解释学的核心方法和精神理念对于清代注释律学家们的影响是全面而深刻的。作为与经典解释同样的权威型解释，清代律学家更容易在守成方面与经学家们保持共性，而这种守成的重要体现就是对历史资源的倚重和尊崇。第二，从民族特有的思维特性方面考察，总体而言，中国人比较擅长意向思维，而在抽象分析能力方面整体偏弱。我们获取知识的途径，更多的是依赖于经验的总结，而任何一种经验的获取其最根本的条件就是时间的累积，时间跨度越久，经验累积越丰富，对经验知识的确信程度就越高。难怪历史溯源常常要回归数千年之前。第三，清代学术背景的影响。除了前文提到的文字训诂考据之外，历史考证学也是清代学术的重要成就，此种知识资源和方法体系也同样被律学家们所自觉吸收，从而形成了律学著作中浓重的历史考证风气。

第三节　广征博引的比较意识

　　德国法学家茨威格特和克茨合著的《比较法总论》开篇就曾指出，一切知识均来源于比较。不唯西方，我国传统学术同样十分注重比较方法的运用。透过比较方能发现疑问、明晰差异、得出新见。在考证（据）学兴盛的清代，无论是经学注疏还是律例注释，比较均是最基本的解释方法与技术之一。从中可以反映出清代学术扎实严谨的学风，对当下的学术研究同样具有重要的方法参考和精神指引意义。

　　在语言学、训诂学当中，均有许多方法渗透着比较的内容。在清代甚为发达的校勘学，其基本内涵就是"比较审定，即将书籍的不同版本和有关资料加以对比，审定原文的正误真伪"[150]。校勘学最初的发展背景是许多古书在流传过程中，经由无数次传抄、翻刻、排印，容易产生诸多错误，后世学者若进行学习注释，首先必须辨明真伪，防止以讹传讹。相对而言，律例解释的对象往往以当前时代的法典居多，通过校勘辨别真伪的工作并非是最重要的，但是校勘学所强调广为引证、细致考察的方法，则会对律例解释产生巨大的影响。

《大清律例》典型注释文本视域中的律例解释学在三个基本层面能够体现出比较的技术方法，其一是概念（语词）之间的比较互证，通过相近或相反概念（语词之间）的辨析更有利于理解；其二是律例条文之间的比较互证，这种解释方法往往可以突破法典固定结构安排的局限，实现对律例体系化的把握；其三是每部文本中通常都有对其他律学著作的引述考证，或是基于共同认识以增强解释力，或是引述异见以进行观点争鸣，从中可以发现围绕律例解释的难点疑点问题，并为后世学者提供了有益的参考。

一、概念（语词）之间的比较互证

虽然以解决世俗生活的问题为宗旨，但法律中总是存在许多与日常生活距离较远的专业术语，在近现代法律科学昌明时代如此，在传统社会同样不例外。在中国古代，执行法律的主体是通过科举出身的各级行政官员，律例学习对他们而言并非"专业特长"，因此，即便并非是纯粹的法律语言，也常常有解释厘清的必要。对具有相互关联关系的概念或语词进行比较性的解释，就成为律例解释中最基本的工作之一。

何敏先生曾指出，比较各家观点，提出自己见解的互校解释，是清人在释律中常用的方法。①很显然，清人互校的内容不仅仅局限于对律例的观点，概念性的互校在各种注释文本中已经普遍存在了。《大清律辑注》作为系统解释律例的作品，对于针对概念语词的比较解释也体现得最为充分。在"名例·职官有犯"的律上注中，就对律文中涉及的"奏闻"和"闻奏"、"区"和"处"、"判"和"决"这三组概念进行了比较解说，其文为："奏闻请旨，不言得请勾问、仍须覆奏者，省文也。前是未曾提问，必先请旨而后行，故曰奏闻，不敢自专也；后是已经提问，定罪之后仍须奏知，故

---

① 参见何敏：《清代私家注律及其方法》，载于《法学研究》，1992 年第 2 期，该文收录于何勤华编的《律学考》一书中。

曰闻奏，不敢自决也。……分别事情曰处，决断其罪曰处。……判断其事曰判，论决其罪曰决。"[151]这些概念，往往还具有单字词的特征，和我们现在法律中常见的复合词已有所不同，但原先单字词之下的含义区别对现代法律术语中对应词汇的理解也是存在关联的。此外，针对律例条文具有实质性内容的表述语词，《大清律辑注》中也常常会进行细致的甄别解释，在"刑律·劫囚"条中，"聚众"和"率领家人"是两种不同的犯罪行为模式，在律上注就进行了比较解释，"'聚'与'率领'字义不同，'众'与'家人'字义亦异。前段聚众，既分首从，因而杀人，为首者斩，致命（伤）者绞，尽为他人而设，故用'其'字转到率领家人，所谓变于意先也。若曰家人，则与他人不得同也，其义甚明"。[152]在此，律例表述语词的含义就直接与定罪量刑相关，其解释的重要性不言而喻。

《读律佩觽》的关键词考证中，将关联概念语词的比较辨析作为重要内容。第二卷中往往作为独立的条目表现出来，如"递减""得减"与"听减"；在第三卷中则是直接放在一起进行比较（条目中也合并为一条），如"剩罪余罪""免罪勿论""照与比照"等。同时，由于以专题考证为著书宗旨，因此《读律佩觽》中除了概念语词的文义表达外，还将该概念在律例中的含义进行分类解说，甚至通过模拟案例以实例的形式来进行解说。"照"与"比照"的比较内容见表3-1。

表3-1　《读律佩觽》中"照"与"比照"的对比解释

照	比照
照即荣光必照之照。如日光照隙，一如其隙之大小、长短，不为稍增稍损也，大约与"依"字义同。然按其名，虽似异而实同；而求其精，则虽同而实微异。其所谓同者，盖因凡律所称照某项律科断及照某项例科罪者，是皆一如律例之科法而科之，虽至死，亦不为之稍减。即或适遇恩赦，则照之科者亦不容即行缓赦为之竟宥而竟减，此"照"与"依"，名虽似异而用法则同一致也。然此等罪犯，适遇恩赦，虽云不敢竟为援宥而竟减，但或遇大赦，或遇特旨，及或逢热审时，则又皆可代为指陈请旨，及入矜疑辨问疏内，奏请减等。是又较之"依"本律定案者之并不容共邀乎奏请，则又稍稍其微异矣。	比照者，实非是律，为之比度其情罪，一照律例以科之。如以两物相比，即其长短阔狭，比而量之，以求一如其式。然毕竟彼此各具其形，不相乳水也。大凡用比照定罪者，虽云亦系至死不减等，一如夫"照"字、"依"字等律之科法以为科，但遇赦、遇特恩、遇热审，则可或为即行援宥，或为竟行减等，并汇题而宥减之耳。盖比照原非真犯，是以不得同夫"依"，亦并不得同夫"照"也。至于例中所有、律中所无之法，更不得概比而概照之，则又不必言矣。大约"比照"与"准"字相似，但用"准"字处，皆系至死减一等；而用"比照"处，则又不能一邀乎并减。此又"比照"与准律之微有攸分也欤？

从表 3-1 可以看出，王明德将"照"与"比照"参照"依"与"准"来进行解释，同时又详细阐明了"照"与"依"、"比照"与"准"在大原则类同前提下的细微差别，这种细微差别主要体现在遇到特恩、赦免或特旨等情形之下，可谓精细入微。

在司法实践中，司法官围绕案情的事实认定和律例适用，也会涉及对于相关概念的比较理解问题，进行细致的甄别以厘清其内涵往往成为审断案件的关键所在。《驳案新编》能够在这方面给我们提供宝贵的分析素材。在"南阳县民张怀行窃拒捕，掷伤事主史起凤中风身死一案"中，刑部官员和原审地方官员就案情的性质是"护赃格斗"，还是"希图逃走"之间存有争议。基本案情是：张怀因生活贫困，晚上到史起凤家行窃，后史起凤发觉遂追赶，张怀在逃跑中，因开门不及就捡起砖头掷伤史起凤头部，后因伤中风数日后死亡。原审将张怀照窃盗弃财逃走，事主追逐，因而拒捕者，依罪人拒捕律科断拟斩监候。刑部指出，同样是拒捕，存在依强盗律拟斩决和依罪人拒捕律拟斩监候两种情形，"同一拒捕杀人而罪分斩决、监候，盖一则格斗以图财，一则弃财而求脱，其情异故其罪亦异也"，并认为在本案中"张怀当事主喊追之时，尚未出门，即拾砖掷打，赃既在怀，拒系临时，实属护赃格斗"，[153]原拟不妥遂驳回。显然，刑部认为，在尚未离开犯罪现场，且赃物在身的情况下对事主使用暴力，就属于护赃格斗，应当依据临时拒捕杀人例，拟斩立决。后来河南巡抚接受了部驳，改拟后刑部接受。这里就通过案情的性质认定，围绕"护赃格斗"和"弃财逃走"进行了比较解释，要综合考察犯罪地点（是否出门）、赃物情况（丢弃还是在身）、对事主使用暴力的原由（主动进攻还是被动防御）等情况来进行综合判断。通过结合案情，这样的比较解释内容更为丰富。

二、律例条文之间的比较互证

律例条文总是能够表达一个相对独立的规范意义，在司法适用的角度，通常也被作为一个整体进入司法者的视野。因此，在整个法律体系当中，律例条文之间的关系也是理解的重点所在。同时，律例条文之间的比较，能够突破一个规范之内的狭窄空间，从而形成对律例的体系化的理解。在律、例并行并用的清代，律文之间、律文与例文之间及不同例文之间的比较互证也为律学家们所格外注重。

首先，《大清律辑注》对律例条文进行比较互证，一般以被注释的律例为重点，通过两者的差异来侧重说明被注释对象的理解重点和关键所在。譬如，"隐蔽差役"条的律上注中就引入"脱漏户口"条进行了简明的对比，即"脱漏户口律，现在官役使办事者，虽脱户，止依漏口法。而此独重者，彼是充经制正役，此是豪民跟随也"。[154]通过简明的话语，说明了立法差别。许多时候，沈之奇也会在某条律例之后的律（例）上注内，提示读者，本条当与其他某些律例互参。譬如，在"收留迷失女子"条指示与"略人略卖人"互参；在"娶乐人为妻妾"条指示与"官吏宿娼"条参看；在"监守自盗仓库钱粮"所附条例进行解释时，指示应与"常人盗"后所附条例进行互参，等等。此外，对许多重要的律例条文，沈之奇则会在注释当中就相关的律例文进行仔细推研琢磨，以厘清律例理解和适用中的要点，譬如，"出妻"关涉伦理风化，在其后的"律上注"中，就针对与该条具有关联的诸多条文进行了比较互证。"出妻"本律中有"若夫无愿离之情，妻辄背夫在逃者，杖一百，从夫嫁卖"，"律上注"中就将其与"收留迷失子女"条进行了比较，其言曰："收留迷失子女条内，收留在逃子女、奴婢而卖人与自留者，分别问徒，与此窝主之同罪者有异，盖彼是见其在逃而收留之，此时逃者投奔而窝藏之，其情不同；彼是收留之人，自卖自留，此之改嫁，则有主婚与逃者，自为主张，其事亦不同也。若止窝藏，尚未改嫁，止同逃罪，则与收留隐藏在家之杖八十，轻重无几。若窝家即系逃者之亲属，又为主婚改嫁，则自照主婚论矣。如不系亲属，不得主婚，将逃者或卖与人，或自收留，应照收留在逃律；有略诱、和诱之情者，应照略人略卖律，俱不用此窝主律也。"[155]显然沈之奇的比较互证，已不仅仅局限于条文文义的对比，而是结合司法适用中所可能遇到的复杂情形进行了分析阐述，充分体现了注释律学的注重司法适用的特质。

《读律佩觿》中的律例条文比较是以专题考证形式体现出来的。也就是说，比较所涉及的律例往往与特定的专题具有关联。譬如，第二卷考证"收赎"专题时，就将"诬轻为重"与"军职正妻，难以两决，并妇人有力者"两条，围绕收赎这一主题进行了比较，其言曰："若诬轻为重，及军职正妻，难以两决，并妇人有力者二条，又各为分例不同。然按其实，虽异而实同。而详其例，则虽同而实异。按此两条中，所谓同者，皆先除出一百杖，余剩方准收赎，乃其赎法。则又将徒流年限，均折为杖，然后每十杖，照老幼废疾之七厘五毫，层累而折之。此两条之所以共同一例，而与前各条之各以笞杖徒流年限，各为分别折算者，则各异也。若此两条中，所谓异者，诬轻为重条内，如已决者，将所云先除之一百杖，则实抵其杖，至一百之外，皆曰剩罪……军职正妻，难以两决，并妇人有力赎罪条内，所云之余罪收赎，虽照折杖之数以科等，亦不异夫诬轻为重剩罪之折例。而所除之一百杖，则又以每十杖折银一钱为率，至一百杖折银一两而止。……是以此条表受，直曰赎罪，而收赎二字，则暗藏于满杖之后。……"[156]以上所引原文的理解是非常困难的，笔者同样不能很好地厘清《大清律例》中有关赎罪的各类细节规定。但是，即使不能详细推演其文义，仍然能够感受到《读律佩觿》在专题考证中的精细严谨，在两条律文关于赎罪方式的比较中，充分兼顾到了宏观和细节的平衡。此外，在《读律佩觿》中的统计归纳类专题中，其实也隐含着律例条文的比较。因为该类考证以某类标准，如定罪（以擅杀人论、以谋叛未行论等），如量刑（罪止杖一百流三千里、满流不准折赎类，等等）来全面整理《大清律例》中的律例条文，凡是归纳在某一类别下的条文，就是符合该类标准的。譬如，在行为上具有"准凡盗论"特征的就是"盗军器"条内的"若行军之所及宿卫军人相盗入己者"和"发冢"条内"凡发掘坟冢，盗取器物、砖石者"[157]很显然，只有在全面比较的基础上，才能归纳出此种共性。

《大清律例通考》和《读例存疑》中对律例（主要是条例）进行比较，主要体现在两个方面：第一，对条例的评论部分，当认为某条例应当修改、删除、合并或调整位置时，往往会以相关的条例为参照，在此基础上来发表评价意见。第二，对于条例纂修沿革的考证，只有在对不同阶段条例内容进行翔实比较的基础上，才能厘清哪些内容在哪次修例中做出了调整。因此，历史沿革的考证，必然与不同历史阶段的比较分析紧密地结合在一起，没有差异比较，是无法说清发展演变情况的。限于篇幅，在此不再选取两部著作中的例证进行阐述。

在裁判解释中，当事实认定特别是律例适用出现分歧时，往往就会有对相关律例的比较分析。司法官员通过对比相关律例条文，进行差异分析，指明适用要点，进而可能说服对方接受自己的认定意见。《驳案新编》所载的大部分案例中，均涉及多个律例条文，当审拟意见存在分歧时，比较论证就会展开。譬如，刑部山西司覆核的"浑源州民赵仁等图财殴伤李掌卿身死一案"中，刑部官员发表驳回意见时就对"图财害命"和"白日抢夺"进行了比较解释。本案的基本案情是：赵仁、杜喜仔与李掌卿认识，李以卖饼为生。乾隆五十二年十二月十一日将晚，杜喜仔与赵仁各道贫苦，恰巧李掌卿经过，二人遂上前抢夺饼篮，李掌卿弃篮逃走。杜喜仔见系空篮，复图再抢。第二日，李掌卿用布褡装饼并携带铁通条防身，后向杜喜仔索要饼篮。杜喜仔乘机再抢，李用铁通条还击，被赵仁揪住肾囊拽倒。杜喜仔遂用铁通条殴打李掌卿，因李不停骂詈，赵仁起意致死灭口，从杜喜仔手接过通条，殴打李掌卿至当时死亡。原审将赵、杜二犯均依图财害命例拟斩立决。刑部首先指明："图财害命，得财而杀死人命者，首犯与从而加功者，聚拟斩立决。又白昼抢夺杀人者，首犯拟斩立决，为从帮同下手有伤者，不论他物金刃，拟绞监候等语。诚以图财害命者，预存杀人之心，以行其图财之事，贪残狠毒，谋定行凶，故首从概预骈诛。而抢夺则意在得财，其初原无杀人之意，或因捕而据杀，或致死以灭迹，其杀人之机起于临时，是以例分首从定拟，凭情定罪，各有专条引断，不容牵混。"[158]遂将该案驳回。这里，刑部认为杜喜仔并非预谋杀人夺财的"图财害命"，而是临时起意杀人的"白日抢夺"。后来地方官员遵从刑部意见，将杜喜仔改依抢夺杀人，帮同下手有伤例，改拟绞监候。这里，就通过两个律文的比较说明，来阐述案情的认定问题。

三、律学著作之间的引述考证

前文已述，流派与著作勃兴，是清代注释律学兴盛的重要体现。能够产生一批具有重要影响的律例注释作品，不同的律学家在其著作中能够对这些律学著作相互进行引述考证，也充分说明清代注释律学家之间曾经存在过有益的知识互动和观点争鸣。可见，他们的律例注释活动并未陷入到自话自说的狭隘境地。我们当前的学术活动也同样倡导有益的学术互动，以形成观点的争鸣，才能够不断开新，做出自身的贡献。清代律学在这一方面是值得肯定和学习的。

我国传统学术历来重视不同知识资源之间的参证互补，传统经典解释学就秉持着这一原则。正如黄宗羲曾言："何谓通诸经以通一经？经文互错，有此略而彼详者，有此同而彼异者，因异以求其同，学者所当致思也。"[1]在经学注释活动中，注重相互之间的考证互补，其背后的深层次原因是思想融合。这种思想融合，需要不同流派的思想家、学问家们具有一定程度上共通的问题意识和话语体系。在注释律学领域，这些条件显然是具备的。本书所选取并考察的均是在清代已有重要影响的律学著作，因此这些著作之间进行比较引证的情况也十分普遍，成为比较解释方法的体现之一。

首先来看《大清律辑注》，由于成书于清初，因此其引述的多为明代的律学著作，尤以《律例笺释》和《读律指南》为代表，充分体现了沈之奇"采辑诸家者十之五，出于鄙见者半焉"的著书宗旨。鉴于在第三章有关《大清律辑注》"律上注"部分已经进行过讨论，因此这里只举一些典型例证予以说明。譬如，在"名例·犯罪自首"条中，沈氏认为，律文中"犹征正赃"是针对自首犯罪的通例，因此对《律例笺释》中认为若自首者已将赃款花费则可以不予追究的理解表示反对，其言曰："《笺释》谓：自首者，正赃已费，不征。非也。如奸徒得赃自匿，称为已费而自首，则既地免罪，又不追赃，不几长奸乎？存者征还，费者赔补，当参看给没赃物条。"[159]在此，沈氏认为，若对自首者不追究经济责任，则无异于助长奸佞，有违立法本意。除表示完全反对外，在一些情况下，还会对其他著作中的观点进行修正补充。仍以《律例笺释》为例，在"共犯罪为首从"

---

① 转引自刘墨著：《乾嘉学术十论》，北京：生活·读书·新知三联书店，2006年11月第1版，第17-18页。

条中，《大清律辑注》就对《律例笺释》关于"共犯罪"理解做了补充修正①。特别需要指明的是，《大清律辑注》的按语中就有许多对其他律学著作考证、评析的内容。沈之奇往往以问题为核心，引介其他律学著作中的观点，然后再给出自己的评论和观点，抑或提出自己的疑问。据笔者统计，此类按语共有 44 条。《辑注》按语中介述评论最多的律学著作同样是《律例笺释》，按语中涉及 14 条，其中 13 条为沈之奇的反驳意见，1 条为赞同意见。具体例证："盗内府财物"后条例规定，"凡盗内府财物，系杂犯及监守常人盗、窃盗、掏摸、抢夺等项，但三次者，不分所犯各别曾否刺字，革前革后俱得并论，比照窃盗三犯律，处绞，奏请定夺。"该条后的按语指出："此条例附于盗内府财物之后，监守等项，皆指内府财物，否则诸盗无如此统论三犯之法也。……《笺释》云：'此以盗内府，及监守、常人盗仓库钱粮情重，故与窃盗、掏摸、抢夺，并论次数。若不曾盗内府仓库，止是窃盗、掏摸、抢夺，不得并论'，但本书并无此等意义，岂可臆断？存以俟考。"[160]此外，《大清律辑注》中还有在一个条文的注解中引述多部著作的情形，更能显示出作者功底的扎实和视野的开阔，典型的例证如"户律·盗卖田宅"律上注中就先后引用了《读律琐言》《读法》《律例笺释》《读律管见》《刑书据会》四部著作的内容，并且解释内容也非常详细②，并指出"诸解亦俱有见，但不可泥定耳"，充分体现了清初律学家

---

① 沈之奇在"共犯罪分首从"条的律上注中认为："共犯罪者，谓数人共犯此一罪也，如共谋为盗，同行分赃之类。《笺释》谓甲乙二人同盗张三家财物，是谓共犯。若甲自盗张三家，乙自盗李四家，虽先曾同谋，不得谓之共犯矣。此说虽是，然其中亦有分别。窃盗计赃论罪，以一主为重，二人虽曾谋，但各盗一家，各得赃物，不当同科一主之罪，自不合共犯之法。若彼此分赃，应仍作共犯。共谋为盗律内，有共谋而不行者，参看明白。"可见，沈之奇对该条的理解较《律例笺释》更为细致缜密。参见：《大清律辑注》，第 94-95 页。

② 该部分内容主要讨论的问题是，为什么律文内用"侵占"田宅而不用"强占"田宅，《大清律辑注》内原文为："按：《琐言》曰：田宅言侵占而不言强占，设有用强霸占显迹者，当依强占山场等项律。《笺释》亦云：《管见》曰山场言强而不言侵占，设有侵占者，亦当比侵占田宅律。《读法》谓两节之义互见，有犯当互比。夫田宅不言强占，山场等类不言盗卖诸项，诚为未备。若互比科断，亦当斟酌。盖山场等类，地利广博，在官在民，原有管业之主，非大势力者，不能占而据之，故独著强占之罪。……"参见：《大清律辑注》，第 230-231 页。

勇于怀疑、独立思考的学术品质。

由于成书年代较《大清律辑注》更早，因此在《读律佩觽》中所见的引述其他律学著作的记载并不多，只是在首卷"律分八字之义"中提到了明律的官方旧注和王肯堂《律例笺释》的相关注解①，但这并不代表王明德不关注其他律学家的观点见解。在《读律佩觽》中不指明律学著作名称，而是在考证问题时以"或曰""或谓""或又曰"等不确指的方式来引述相关的见解，然后围绕问题来阐明自己的观点主张。这里的"或曰""或谓"应当包括作者阅读范围内关于律例解释的作品。由于《读律佩觽》采用专题考证的体式，因此，它所引述的内容就区别于随文附注体的著作，而是体现出以问题为中心的特征。

《大清律辑注》成书之后就成为倍受律学家关注推崇的权威注释文本，因此，在《大清律例通考》，特别是《读例存疑》中均经常被引用，而且《驳案新编》中也常有引用。

《读例存疑》对其他律学著作引述非常普遍，通常的结构安排是，在考证条例发展修纂的历史沿革之后，就分别引用其他律学著作的相关论述但并不直接进行评述，然后在按语部分再提出自己的见解。总体而言，《读例存疑》对其他律学家的著作引述得多，进行评价分析得少，这或许与《读例存疑》的著书宗旨在于进行历史考证而非文义解释有关。譬如，针对"强盗"后的强盗首伙各犯自首的一则条例，《读例存疑》中就先后引述了《读律示掌》《律例笺释》和《大清律辑注》中的有关观点，并进行了简要评价，很有代表性，兹录于下。

《示掌》云：强盗杀人、行奸、放火，例应枭示，故不准首。窃谓此条正所谓损伤于人而自首者，得免所因之罪，听从本法也。如杀人问故杀，行奸问强奸，放火问烧人房屋，各斩、绞等罪，或因"不准自首"四字，仍作强盗斩，殊不知不准自首者，乃不准免杀、奸、烧屋之罪，非不准免盗罪也。存参。

---

① 《读律佩觽》中仅是指出王肯堂《律例笺释》注与前所引《大清律》本注相同，并不指明具体内容。

《笺释》云：此正所谓损伤于人而自首者，得免所因之罪，听从本法也。杀死人命问故杀，奸人妻女除因盗而奸，问强奸，烧人房屋，问放火故烧，各绞、斩。伤人不死，自首，免强盗之罪，问持刀伤人，引此例充军，与《示掌》同。

《辑注》云：按强盗律内条例有强窃盗再犯，及侵损于人不准首之条，故复著此例，谓伤人未死者，姑准自首也。与前得免所因之罪，自是两项。盖侵损之盗，若许首，而得免所因之罪，则伤人未死止科伤罪矣。何以充军？解者谓此正是得免所因之意，大失律意，《笺释》亦误。又云：强盗应枭首，凡六项，此例杀、奸、烧，凡三项不准自首矣。其劫狱库及积百人以上，岂准自首乎？亦括于"罪犯深重"四字内也。[161]

在引述上面三部著作的内容后，可以看出，《示掌》和《笺释》坚持认为强盗自首在符合一定条件下可以免所因之罪（即强盗罪），《辑注》则表达了不同看法。薛允升对此并未直接加以评价，只是在按语中表述了实际中的情况，即"现在条例俱从《辑注》，以此等情凶罪大，得免所因，嫌于太宽，故拟不准自首，以示惩创。然严于杀人等项，而伤轻平复者，仍准自首。严于放火烧房，而空房及田场积聚之物，依准自首。于惩恶之中仍寓原情之意，律与例固自并行不悖，原非一概从严也"[162]。可见，《读例存疑》认为对于强盗犯罪是否准予自首的问题，应当依据犯罪危害的严重程度来区别对待。

《驳案新编》成书于乾隆年间，其中对其他律学著作的引用总体偏少，但我们还是发现个别案例的材料中，有对《大清律辑注》的引用。譬如，前面已经引用过的"陈相礼等听从故父陈嘉旦强抢韩九姐为妻奸污一案"中，在第一次题驳去后，苏州巡抚在解释案情时，在引用"强夺良家妻女，奸占为妻妾"条及名例内"一家共犯，罪坐尊长，侵损于人，以凡人首从论"后，就引用了《辑注》的论说，其言曰："又《辑注》内开，律贵诛心，先须推原犯事之本意。如为奸宿而强夺，则依强奸论，如为妻妾而强夺，则依此（即强夺良家妻女）律，各等语。"[163]以上引语充分说明了《大清律辑注》在清代的权威地位。

综前所述，可见比较解释是清代律例解释的基本方法和技术。首先，存在形式的多样化。在典型律学文本所呈现的视域中，比较的层面包括字词概念、典章制度、律例条文，甚至不同著作中的观点见解，此种比较形式的多样化是清代律学整体兴盛的必然结果，是解释学方法技术高度发达并具有综合性特征的反映。其次，比较解释的技术方法不再是独立的，更多的是与其他解释方法技术融合在一起。在律例考证类著作中，比较解释往往与历史考证结合在一起，以历史纵向考证的面目出现。在专题考证类著作中，比较解释往往服务于特定的主题。最后值得注意的是，《大清律例》注释文本中呈现出的比较解释具有视角的复杂性，有基本书义的比较，也有律例理解关键要点的比较，更有律例立法精神、理由的比较，从考据直至义理，具有深度和广度兼容并蓄的特征。

第四节　良治关照下的实用理性

学术界普遍认同传统注释律学偏重实用而在理论方面贡献不足。"一般认为，中国古代只是一个关注实质理性的国家，因而在方法上的贡献，微不足道。特别是在法律方法上，似乎更不足道。"[164]何敏先生就曾将"重实用、轻理论"作为清代注释律学的特点之一，并归纳出该特点的三种表现方式。①在中国传统社会，法律一向属于"器"和"术"的范畴，注重实用当属题中之义。需指明的是，在中国传统社会，法律始终要服务于国家治理，并要受到根本性的判断标准——"道"的指引。而在儒家学说指导下，治理国家所要遵循的"道"更是与"仁""礼"紧密地融合在一起，同时对"律"形成了有力的统摄和制约。这样，传统法律没有独立存在的空

---

① 何敏先生认为，清代注释律学"重实用、轻理论"表现在：一是文体贵朴实、简洁，文字重通俗、晓畅。虽受考据学风的影响，采用音韵、训诂等汉学方法解释字义，但并不全受其局囿，而是通过探求古义来解释今义，说明古今文字的异同，证明古今法律的一脉相承；二是对法律条文的整体注释以务实为尊，都以法律适用的需要为着眼点，注释的宗旨服务于"实用"这一目标；三是在注释对象的选取上以适用为目的进行选取。参见何敏：《清代注释律学特点》，收录于何勤华编：《律学考》，北京：商务印书馆，2004 年 12 月第 1 版，第483 页。

间，而是更多地与道、仁、理、礼、情等诸多要素结成了密不可分的综合体。这种观念同样会对传统社会的律学家产生深刻的影响，成为指导他们的精神原则，并在注释律例的活动中体现出来。

一、"法为治之具"与"仁为治之旨"

"治"是中国传统政治哲学的核心关键词。从先秦时期起，基于"天下大乱""道术为天下裂"的社会客观现实，各派思想家在回应时代挑战时总是带有一种"秩序情结"。"治"是道、儒、法、墨等主要思想派别均涉及的一个概念，但在各家的解读中其内涵要素又不尽相同。总体而论，"治"蕴含着"治道"和"治术"两个层次的内容，既是一种状态，亦是一种行动过程，更是一种价值追求。本书对"治"的理解也是以此为基础的。

中国传统社会中，法律整体上属于"术"的层面，所谓"刑为盛世所不能废，亦为盛世所不尚"。法律在传统观念中，始终缺乏独立的价值，只是实现"治"的工具手段，抑或属于典型的"治术"，而主流的传统文化对"治"则始终坚持一种道德评价或道德追求。在此基础上，法律与社会治理，进而与社会治理之上的伦理标准就产生了密切的联系。这样的法律观，在律学家当中也是普遍存在的。我们通过清代注释律学家的著作文本，从法律解释的角度亦能够对这种主流的法律观念予以揭示，同时，这种法律观念也是传统法律解释者所共同秉持的一种精神原则。"法为治之具"的共识使他们重视法律的实践效果，坚持实用理念，而"仁为治之旨"又使得深受儒家思想熏陶的律学家不能丢弃一种价值判断和伦理指导。当然，这里的价值和伦理标准是历史的产物，是与传统社会形态相适应的。

清代律例解释文本在细致严谨的字词疏解、条文解释、立法理由和目的说明过程中，能够清晰地反映出律学家对法律工具价值的认可，同时他们始终坚持将律例解释与儒家传统思想紧密地结合在一起。这既是一种文化自觉，又是政治上保全的需要。因为"法律解释遵循的是世俗的理念，政治上的强者占据优势地位"[165]。作为封建官僚集团成员或与官僚集团存在密切关系的人员，在专制统治制度下，与统治阶层的官方意识形态保持一致成为律例解释的一条"铁律"。

作为清代注释律学的权威文本，《大清律辑注》遵循从服务于国家社会治理的工具理性出发进行解释律例。众所周知，封建法律始终坚持身份差别而区别对待的原则，除了出于家庭伦理和政治科层结构的考虑外，也有一些立法规定是出于"治"的技术考虑，而通过沈之奇的解释能够清晰地反映出来。譬如，"名例·军官军人犯罪免徒流"条规定，军官军人犯徒、流罪者，各杖一百；徒五等，皆发二千里内充军；流三等，根据远近发各卫充军。为什么对军人阶层要采用特殊对待呢？沈之奇在该条律上注中给出了解释，"军官有世勋，军人有定额。若犯罪者皆充徒、流，则军伍渐空，且改军籍为民矣。故止定里数，调发充军"[166]。从中可见，之所以对军人不执行普通的徒、流刑罚，而统之杖一百后发往各地充军，根本上是为了保证军队数量的稳定，不致因军人阶层犯罪而使军队编制减损，进而损害国家安全。刑律适用要服从于国家安定的秩序利益。"盐法十二条"因关涉封建国家的财政利益和基本经济秩序，所以规定得严厉而周密，其中的很多律例解释均能反映立法的特性。譬如，"盐法"规定，凡贩卖私盐，只要携带军器，即入流罪，沈之奇的解释为"律贵诛心，私贩而带军器，意欲何为？"显然是从稳定统治秩序入手考量的。同理，"盐法"还规定，"凡买食私盐者，杖一百"，为什么对于买食私盐的行为也要治罪，律后注的解释为"盐法重在兴贩，而买食私盐者，则杖一百。罪买食，正以禁兴贩，所以塞其流也"。[167]同理，"礼律·禁止师巫邪术"的立法目的解释也是从秩序观念出发的，其言曰："本律止重在煽惑人民，盖以邪乱正，愚民易为摇动，恐致蔓延生乱，故立此重典，所以防微杜渐也。"[168]无论从立法还是从解释的角度而言，刑律均是《大清律例》的首要重点，其间对于律学家解释原则立场的体现也更为充分。以"强盗"为例，沈氏在律后注开宗明义地指出"强盗律全重在'强'上"，尽管强盗常以侵夺财产为目的，而立法中并不以此作为既遂标准，原因就在于行为已经严重危害到社会秩序，损害"治"的利益，因而是类似于现代刑法学所讲的行为犯。在"杀死奸夫"律中，设立了登时杀死勿论的规定，但同时又对"登时"的条件做了严格规定，沈之奇解释道："亲获于奸所，则奸有凭据，发于义愤，事出仓促，故特原其擅杀之罪……此条要看奸通、奸所、登时等字，或止调戏而未成奸，或虽成奸而获非奸所，或已就拘执而杀非登时，皆不在弗论之列（律后注）"，"杀奸弗论，重在登时。盖奸夫奸妇，既有奸通之事，必有防范之心，卒然往捉，恐反为所害，故登时杀死者，特原其擅杀之罪……已就拘执，即不得擅杀也"。[169]这里，登时杀死勿论在很大程度上有保护捉奸人的考虑，而对"登时"做出严格规定则是防止滥用暴力，立法上希图实现私权维护与公共秩序维护的协调折衷。

通过《大清律辑注》可以深切地感受到"法为治之具"观念对律学家的影响。接下来，我们来揭示"仁为治之旨"对律学家的影响，即清代注释律学家是否普遍秉持一种儒家政治伦理观念，从而注重从道德层面对法律及其治理效果进行评判？应当说，以往的律学研究已经就该问题给出了确定的答案。这里，我们侧重从文本的视域中，以律例解释的方式来呈现律学家所具有的这一观念特征。需指明的是，"仁"在此更多的是一个代称概念，本书以之来代表儒家的传统政治伦理标准。以《大清律辑注》"刑律·起除刺字"律为例，律义规定对于犯盗贼曾刺字者，俱发原籍充警迹①，沈之奇在律上注中对该条的立法精神进行了阐述，即"夫人犯盗贼刺字之后，平人羞与为伍，故收入警迹册，使为贱役，立功自赎，然后起除刺字，使为良民。既收其监盗之用，复开其自新之路，此律之深意也"。[170]既然刺字是一种耻辱刑，而国家将刺字罪犯组织起来，使其有所作为，待自新立功后方起除刺字，体现了国家对罪犯的宽让态度。

在《读律佩觿》中，王明德对金科一诚赋中"金科慎一诚"句的解释，充分地显示出儒家的精神宗旨。该句强调执法者一定要本着德、义的态度，审慎地适用法律，所谓"刑为德，本乎义"，同时执法者须具备"诚"的要求，"诚则不畏权势，不涉己私，不溺女谒，不食贿赂，不受干请，洞洞空空，澄然卓立本皋之执，而更益以龙之充，有何讼狱之不得平哉"。[171]这里的"诚"，充分体现了儒家道德伦理对执法者的要求。

《大清律例通考》对"强盗"律后涉及强盗杀人、放火、烧人房屋、奸

---

① 所谓充警迹，就是协助地方管理治安、拿捕盗贼之类的工作。

污人妻女、打劫牢狱仓库、干系城池衙门六项严重犯罪行为的条例，为防止拘泥于例文的字面含义而造成适用严苛，从而违背"仁"的宗旨。吴坛在按语中先引用《辑注》的观点作为论据，随后又提出自己的见解，旨在提醒司法者避免因律例理解偏差造成错误，其文曰："《辑注》云：'杀人六项虽俱拟斩，仍于疏内分别可原难贷，听候部夺'等语。……此等六项人犯，惟为首及下手伙犯并同恶相济者，方拟斩枭，余仍分别难宥可原定拟，切勿拘泥不分首从概拟枭示。此因外省每多拘执误拟，关系非轻，特附笔声明。"[172]这里的"每多拘执误拟，关系非轻"，则显示了解律者"仁"的品格。

《驳案新编》所载的很多案例能够反映道德准则对案件审理和律例解释的影响。这里仅举"逃军杨二出逃后伙同马四行窃一案"为例，该案的基本案情是：杨二原先就伙同数人行窃，在逃脱过程中致伤事主，后因主动自首而被发边远充军；后杨二从配所逃脱，在京城伙同马四往麦德福家行窃，经事主告官被拿获。对于该案的处理，涉及两则条例。其一是，如未伤人之盗首，窝家盗钱与伙盗行劫两次以上，闻拿投首，及伙盗供出盗首藏匿所在，在一年限内拿获此等人犯，俱应斩决；其二是，至未伤之盗首，伙盗行劫二次以上窝家盗线，各于事未发而自首，并行劫数家止首一家，均案例止应分别拟军各项人犯，因其未发自首，尚有畏法之心……各照平常军犯及改发内地人犯脱逃例。地方官员对于这两者的适用存有疑惑，同时因为"事关生死出入，办理恐致错误"，遂向刑部咨询。刑部给出的办理意见是，本案杨二不属于要正法斩决的情形，仍将其照军犯脱逃例办理。这里，或许我们对条例的理解会存在困难，但地方官员面对律例理解使用上的疑问时，基于慎重刑罚的原则而咨询刑部，一方面显示了传统司法的行政色彩，另一方面也体现了儒家以仁治国、慎重刑罚的理念。

二、律例解释的儒家宗旨

作为中国封建社会的官方意识形态，儒家文化的影响可谓无所不在。在法律儒家化的大背景下，律例解释当中同样也渗透着儒家宗旨。上文所讲的"仁为治之旨"其实已经涉及了一部分，这里再做进一步地梳理补充。我们知道，儒家文化的核心是人伦关系的调整，重点是对君臣、父子、夫妻、兄弟、朋友五种关系的系统规范，其中犹以君臣关系和父子关系为重，前者代表国家秩序，后者代表家庭秩序。

首先来看家庭秩序领域。"别籍异财"律规定，儿孙受到法律制裁须具备"亲告乃坐"的条件。沈之奇在《大清律辑注》中的理解为：该条是富含儒家伦理色彩的一个条文，其立法精髓就在于"祖父在而别籍异财，恶其有离亲之心也。父母亡，兄弟虽许分财，然三年之丧未满，而即别籍异财，恶其有忘亲之心也"。但针对本条规定"亲告乃坐"的原因，沈之奇则不同意《律例笺释》当中的解释，即"恶其叛亲，不得同于自首免罪之限"。相反，沈氏认为，之所以规定"亲告乃坐"完全是出于技术上的考虑，由于别籍异财行为发生在家庭内部，只有尊长告官，才利于调查采证①，所谓"无凭之事，非他人所得而告也……有误奉亲之命，非他人所得而知也"。这里，沈之奇对于儒家伦理色彩浓厚的律文，并没有完全陷入经义解说的窠臼，而是从法律操作技术的层面提出了自己的解释。同时也反映出，在传统法律发展的过程中，儒家化的法律同样具有技术化的特征，对此，律例解释者必须能够准确地予以把握。同样地，在"立嫡子违法"条的解释中，针对"或谓亲生父母遗弃子女后，若来寻找子女，将断与养父母的意见，缘恩义已绝"，沈家本提出了不同的看法，"非也。父为子纲，天性至重，即父母欲杀其子，而子亦无自绝之理。所养之恩不可弃，所生之恩亦不可绝，当以所生父母有无别子，揆情引义，酌为去留"。这里则可见沈之奇以儒家纲常伦理来对律例进行解释。

相对于沈之奇从技术化层面解释具有儒家特色的律例规定，王明德则在"读律八法"中强调伦常观念对于解释律例的重要性。"知别"中就提出"律以平情，衷于义，义取于别。律异首重伦常，故五刑图俱之后，即冠以服制各图。凡有所犯，皆依服制亲疏为加减，不必言矣"。[173]毫无疑问，

---

① 这样的立法技术其实我们仍在沿袭，我国刑法对于"暴力干涉他人婚姻自由"和"严重虐待家庭成员"构成犯罪的行为，均规定"告诉才处理"。

如果对传统社会的服制关系不甚了解，则对律例的理解将大打折扣。无奈由于现代社会的快速变革，在传统社会之下的常识现在对我们而言也已相当陌生，成为我们深入传统法律的壁垒之一。

"尊长为人杀私和"同样是极具儒家色彩的一条律文。在《读例存疑》中，"尊长为人杀私和"律后所附的条例规定，根据不同的情形，若受财私和尊长人命，计赃准枉法从重论。薛允升在"谨按"中针对律、例规定不一致的问题指出，"律准窃盗而例改准枉法，恶其重利忘仇，故严之也。无论死系尊长、卑幼，均应照例计赃拟罪"。这里的"重利忘仇"，显然具有浓厚的儒家道德评判意味。

其次来看国家秩序领域。在《大清律例》的吏律、礼律和刑律中有大量规范国家政治秩序的法律规定，均渗透着儒家政治伦理对皇权维护，并强调君主以"仁""孝"治理国家的内容。《大清律辑注》在解释"上书奏事犯讳"时，就强调臣子的尊君义务，"御名、庙讳，臣子所当谨避者。若上书之中，奏事之时，而有误犯者，虽为无心之错，亦是不敬之端"。[174]"国之大事，在祀与戎"。即使已到封建社会末期，清律中对于祭祀的法律规定仍然基本不变。若在祭祀期间，准备举行筵宴的行为，依然要受到法律的惩罚，《大清律辑注》的解释为"筵宴，则心志散佚，皆非所以通神明也"。法律惩罚的根本理由在于，心志不端正严谨。

王明德在"读律八法"中提出"寻源"，认为"要皆握定其根源，同流异派，然后千百其支，总不悖乎根源所自始。然则读律者，可不究寻其源而深绎之？何谓源？谋反、大逆、子孙杀祖父母父母以及奸党是也"。[175]这四罪中，谋反、大逆、奸党均是严重危害国家统治秩序的，子孙杀祖父母、父母则是惨绝人寰的人伦罪行，王明德强调它们在整个律例体系中的作用，本身就是儒家精神的体现。

儒家政治伦理在强调臣子尽忠的同时，对君主也有"仁""孝"的劝导，并形成了对君权的软制约。历代君主也常将儒家的道德劝诫作为治理国家的行为准则。《驳案新编》中的一些案例中，有皇帝参与司法的记载，或许能为我们提供一些这方面的素材。譬如"朱李氏等坟墓被刨，获贼王学孔等一案"，基本案情是：乞丐敖子明见朱李氏出殡，遂起意刨坟取财，遂邀王学孔共同将朱李氏坟墓盗掘后分财；后王学孔见张氏出殡，遂起意刨坟，并与敖子明商议，后又既遂；后来王学孔又单独作案一次，案发被抓。原拟将王学孔、敖子明拟绞监候，并声明该二犯系二三年后拿获，应遵旨改为立决。刑部同意原拟意见，认为属于圣旨所规定的，本来犯绞监候，后两三年内拿获，改立决，并声请皇帝批准。在这种情况下，乾隆皇帝发表了解释意见，指出地方和刑部官员误会了圣旨的本意，指出"所办未免误会朕意，前旨所云：凡有重罪应入情实人犯，经二三年后始行拿获，应改为立决者，原指谋故杀等犯情罪重大者而言，以其事关人命，应即抵偿……若此等刨坟为首及三次人犯，虽例应拟绞应情实，然皆贫民无奈，为此有司民之责者，当引以为愧，而其犯实无人命之可偿也，即入本年秋审情实足矣，有何不可待而改为立决乎？朕办理庶狱，凡权衡轻重，一准情理之平，从不肯稍有过当……"[176]从乾隆帝的这段话里，充分可以感受到儒家思想的影响，可谓丰富真切。

通过以上所引内容，可见，儒家思想仍是注释律学家的精神主旨，并在其注释律例过程中形成了一种内化的力量。同时，封建法典发展到清末，儒家思想在统领律例解释的过程中，也出现了一些技术化的倾向，即除了道德宣讲之外，许多儒家化的法律规定已经蕴含着很强的技术性，这对于律学家而言，无疑提出了新的要求。

第五节　法典尊崇与技术批评的兼容并存

西方诠释学认为，凡《圣经》诠释与法律诠释是权威型解释的两种代表。对《圣经》和法律进行解释性活动时，往往要具备一个首要的前提，对《圣经》和法典的整体抱有某种程度的信仰。在这方面，《圣经》解释比法律解释的权威性特征体现得更为充分。现代法律科学昌明以来，随着法学理论研究的深入，职业法学家团体的发展，法律解释中的权威性已经大为动摇。法典和立法者受到法学家的批评和指摘，已经成为法律科学发展的一种常态。这种批评确保了法典理性的不断完善提高，但同时也使法典从神坛之上退了下来。

中国法律的近现代化历程与旧有法律传统的整体丢弃是叠加在一起的。近年来，法律体系不断健全成型，但依然无法适应现实生活的快速多变，以致我们每每会对刚刚制定不久的法律形成质疑和否定，重新立法或修改立法成为解决问题的首选，而通过法律解释来扩展既有法律体系适应能力的空间被大大压缩。我们不禁要问，是否需要重新唤起一种对既有法律体系基本权威的认同？法律权威精神的缺失，已经是中国走向法治目标的一大障碍。回顾历史，我们会发现，中国传统社会的法律学家普遍拥有对法典的尊崇之情，尽管这种法典尊崇在很大程度上是历史条件之下的"必然"产物。这种法典尊崇在律学著作的文本中能够得到很好的反映，或许能够成为我们反思自身的某种参照。

一、法典尊崇：权威型解释的体现

作为权威的律例解释作品，《大清律辑注》中很多地方体现了对《大清律例》法典权威的认同。我们很难相信，这完全是士人阶层对政治高压的屈从。毕竟，传统法典的精神宗旨与传统社会知识分子的思想观念是高度一致的。《大清律辑注》"立嫡子违法"后有条例云："无子立嗣，除依律外，若继子孙不得于所后之亲，听其告官别立。其或择立贤能及所亲爱者，若于昭穆伦序不失，不许宗族指以次序告争，并官司受理。若义男、女婿为所后之亲喜悦者，听其相为依倚，不许继子并本生父母用计逼逐，仍酌分给财产。若无子之人家贫，听其卖产自赡。"该条例体现出清代对于私人家庭生活秩序管制的放松，允许在不违背根本伦理规范前提下，当事人拥有一定的私权行使空间。对此，沈之奇在例上注中给出了极高的评价，"曲体人情至此，可谓仁至而义尽矣"。[177]如果说民事领域的让权得到肯定评价尚不足为奇的话，对刑律当中的重罪仍然给予嘉许则能反映出律学家对《大清律例》的尊崇之情。众所周知，"谋反大逆"是整部法典中最为严重，处刑最为严苛的一体，而沈之奇的评价则是"此条立法至严密，而实至宽仁，原其本意，正欲使人望而生惧，交相戒畏，所以遏恶于初萌，悔悟于未发耳"。对于"（男）十五以下及许嫁女"不在死罪缘坐范围内，更是表达了尊崇之意，"惟十五以下，则幼稚无知，得以不死耳。同居亲属，虽异姓而必诛；许嫁过房，虽亲子而不坐，严密之至，实宽仁之至也"。[178]除了此种从立法精神和目的上信服法典权威之外，《大清律辑注》在立法技术层面也往往表现出尊崇，以"刑律·造畜蛊毒杀人"律为例，律文规定"妻子及同居家口，虽不知情，并流二千里安置。若以蛊毒毒同居人，其被毒之人、父母、妻妾、子孙，不知造蛊情者，不在流远之限。……"律上注对该段从技术角度进行了分析，其言曰："律内大概皆称知情、不知情，而此独言不知造蛊情者，实有深意，盖造蛊必有其方，同居之人若知造蛊，则传其方法，见其造置，先既有同恶之心，后必有流传之事。若畜则但有其物，去之则已，无复流传，故止言不知造蛊情者，而除去'畜'字。若被毒人之父母等，知畜而不知造，其犹得免于流也欤。律之精微如此，释者鲜能及。"[179]应当说，该段的理解是有难度的，但从"实有深意""律之精微如此"等语辞，还是能够体现出沈之奇对立法的高度认同。

王明德在《读律佩觿》本序中也同样表达了对法典的尊崇之意，其言曰："律之为具，乃开物成务，法天乘气所必由，万古圣王不易之轨度也"，尽管法律处于工具的地位，但它所实现的目标却是无比宏大的。此外，王明德认为，刑罚中体现着深厚的道德内涵，所谓"然深原夫刑之所自，实本道德仁义以基生"。在追溯法律发展的历史源流时，王明德对历代的酷吏进行了严厉的挞伐，认为他们的施法行为严重损害了法典的权威，不禁发出"律学之不明也久矣"的感慨。在王明德看来，"兵起则刑暴，刑暴则律亡，是更律之大不幸也。律且不幸，而况于人乎，而况天下乎？"这些均能从另一个侧面反映出王明德对法典的认同与尊崇。在卷二对"例"进行考证时，通过律、例关系的阐述，表达了该种立法体系的认同，即"律中条例，虽云尽本故明所渐增，然于本定律之初，不知几经斟酌，终不能为之近删而必因者，盖以条例之所在，乃极人情之变，用补正律本条所未详，采择而并行之"。这里，王明德认为，对于明代制定并留存下来的条例，不能够完全废除，而是应当有选择地进行继承保留。"缘坐"通常被视为封建法律残苛的代表，然王明德在《读律佩觿》同样做出了肯定的评价，即"然法虽居其至极，而律义则有至仁至爱者存"[180]，其理由就在于"反逆"条中规定年十五以下的男子、许嫁女和过房子孙均得免死。

《大清律例通考》和《读例存疑》以考证条例为宗旨，作者力求以严谨的考证态度来进行。尽管著者常对清律有所批评，但他对《大清律例》权威的认同是毋庸置疑的。吴坛在考察"刑律·杀死奸夫"律文的演变时，对清代修律将奸妇从夫嫁卖改为"当官嫁卖，身价入官"表达了赞许之意，其言曰："惟是本律固重'奸所''登时'，尤重并杀，故得勿论。若止杀奸夫，本夫亦得无罪，而奸妇又随其嫁卖，恐开捏奸诬陷之端，故改为'当官嫁卖，身价入官'，庶为允协。"[181]在"户律·尊卑为婚"后的一则条例后，薛允升引述了《集解》的观点来表达他对该条例的评价，"凡条例大都严于律文，此条独揆乎情法，姑开一面，亦王道本乎人情也"，在随后的按语中，薛氏更是表达了赞许之情，"此条上半段从严，下半段略宽……后例则分晰言之矣，然似不如此例之得体"。[182]整体而言，《大清律例通考》和《读例存疑》中强调对律例纂修沿革的翔实考证，以精细严谨为著作宗旨，对法典的评价也多以含蓄的方式表达出来。相对而言，薛允升基于清末的社会情势，对清律的评价要更直接鲜明一些。

探讨传统社会中司法的真实状况，无疑将是一个异常复杂的问题，毕竟我们现在主要依据的文本素材在揭示一些内容的同时也常常会掩盖许多真实的信息。就《驳案新编》而论，法典的权威性在裁判解释中的体现也是非常丰富的，主要体现在律例适用的严格和谨慎上来。由于处理的均是命盗重案，而且多数还要经过皇帝的御批，因此呈现的是传统司法良性运行的一个面向。这里仅举"盐犯刘兰生等谋殴巡役丛良玉致伤身死一案"为例进行解说，基本案情是：刘天钦携子刘兰生，伙同其他人买盐私贩牟利；巡役萧四海、丛良玉等见其人多，不敢直接缉拿，准备多约人夜间往捕；夜间刘天钦、刘兰生等人背负小麦前往引诱巡役，遭遇巡役被盘问时谎称是盐，当巡役要求搜查时双方发生殴斗，巡役丛良玉被刘兰生下致命伤后殒命。山东巡抚认为，"刘兰生照同谋共殴人致死，下手伤重律，拟绞监候。刘天钦等拟以流徒杖责，分别减免"。刑部认为，原拟"并不推求证据，既将贩盐声叙，又引共殴律，事在两歧，碍难定断"，同时，刘兰生等为何要设计引诱巡役伤害？案情尚存疑点，遂驳回。巡抚后经详审，确认刘天钦等贩盐属实，只有由于"私盐案件，止理现获人盐，其获盐不获人、获人不获盐者，概不追坐"，因而依照共殴律拟断，仍持原拟。刑部接受了巡抚的观点，同意原拟意见，接圣旨批复后结案。这里，地方巡抚认为必须坚持"人、盐俱获"的定案标准，而刑部官员则从常识出发提出疑问，均表现出慎重的态度，这本身就是法典权威的体现。

二、技术批评：理性的谨慎表达

在传统社会中，对既定统治秩序进行批评的制度基础是异常薄弱的。尽管中国的政治伦理始终倡导君主应虚心纳谏，士人官僚应当积极建言、匡正时弊，但面对专制权力体系的强大压力，政治伦理常常会被现实所抛弃。借用葛兆光先生的话来讲，"帝王的'治统'兼并了'道统'，使士人普遍处于'失语'的状态"[183]。就注释律学家而言，他们作为政治体制内或依附于该体制的一个知识群体，仍然会通过变通地运用权力笼罩下的公共话语，来表达对于传统法律的一些评价。由于整体上对封建法典持尊崇态度，批评的目的便不是否定和颠覆，而是为了完善，因而能够为政治体制所容许。另一方面，作为精研律学的专家，专业权威也增强了他们对于律例发表评论的话语权。在这两方面因素影响下，使得律学家在从事律例活动时，也会对律例提出批评，但这种批评主要体现在技术层面，同时表达方式又是谨慎而温和的。

《大清律辑注》虽然是有清一代最具权威性的律例解释文本，然而，沈之奇在其中对法典的批评却非常罕见。他更多的是通过引述、评述其他律家的观点来阐述自己对律例的见解，鲜有直接对律例做出批评指摘的表述。同时，沈之奇往往是通过指出律例适用过程中的问题，来间接地对律例提出修正的建议，因此表现得更为潜隐。譬如，"犯罪留存养亲"对奏闻声请留养的条件规定是，"犯死罪，非常赦所不原者，而祖父母、父母老疾应侍，家无以次成丁"，但实践中出现了留养声请范围扩大的问题，沈之奇表达对此并不认同，即"今每次恩赦，谋、故之外，斗杀亦得原免、减等。常赦所不原者，既未开明何杀，即可援屡次下诏款为例。孤子犯斗杀，亦可上请，不独别项死罪矣。但今徒、流多引此律，至死罪率不敢上请，殊失立法之意"[184]。沈之奇的态度很明确，因"常赦所不原"条对杀人情形并未开列明白，则谋、故、斗杀情形均可声请留养，但因律文已经规定须是犯死罪，因此对犯徒、流刑者声请留养的做法表示反对，认为这是对立法的破坏。

《读律佩觿》第二卷对"杂"进行考证时，就对清律将部分杂犯死罪定性为真犯死罪的做法提出了批评。王明德指出："乃本朝定律之初，则未详先贤制律明道之本义，遂于枉法、不枉法及窃盗赃满一百二十两，改而易之为真斩、真绞，各监候，是又本朝一代新制而非历代相传之古制矣。若盗内府财物真斩之误，虽于今上亲政之初改而正之，行已数年，未之或废，然不详为申明，恐后之或有更以本朝国初所行定例为词者，反似新为改正者之㩻①法，而非本律之正义矣。故特为加详而备著焉。"[185]王明德在此明确地表达了对将杂犯改为真犯，进而扩大了死刑适用范围的不满。同样的，在卷三对"谋杀人因而得财条"的考证解释中，针对律注增加的二十三字②，《读律佩觿》亦通过建议修改的方式表达对该增注的批评，其言曰："是注也，固有讹焉。愚谓应于本注'行而不分赃'二十三字之首，添一'若'字作为正文，则上下融洽，始不相悖。"[186]显然，注释律家在其著作中往往是借助表达自身见解的方式，来阐明对律例体系的某些批评，其论说方式总体而言是温和的，着眼处是技术而非精神原则层面的。

律例考证类的著作中，同样存在对律例进行批评的内容。由于以梳理条例的纂修演变沿革为重心，且条例具有相比于律文的灵活易变性，因此，在《大清律例通考》和《读例存疑》两部著作中更容易发现立法的技术性缺陷。

整体而论，《大清律例通考》的考证语言翔实精准，但较少发表对立法本

---

① 㩻，音 wěi，意为曲、枉。

② "谋杀人"条后的正文为："若因而得财，无论杀人与否，同强盗不分首从论，皆斩。"清律修订时，在律文后以注的形式增加了"行而不分赃，分赃而不行，及不行又不分赃，皆仍依谋杀论"二十三字。

身的意见，但在梳理个别条例的纂修情况时，吴坛还是有所评论，常对律例理解的偏差提出指摘。譬如"恐吓取财"后第一条例文规定"监临恐吓所部取财，准枉法论。若知人犯罪而恐吓取财，以枉法论"，该条例是由两条例文合并而来并增加"平人"二字形成的，针对适用主体范围问题的理解容易产生歧义，吴坛对此提出了批评，其言曰："细绎例文，原俱指监临官吏而言。后将此例并为一条，又增载'平人'二字，则'知人犯罪者而恐吓者，以枉法论'，专指平人言矣。揆之情理，殊未允协。盖监临官吏凭借势要恐吓人财，若系无罪之人，则事属求索，无法可枉，故从轻准枉法论。若恐吓有赃之人，则系受赃弛法，其情较重，故从重以枉法论。至平人原非执法之人，并无可枉之法，恐吓人财，原有准窃盗加等治罪之本律，况凭空吓诈无罪之人，其罪亦不应转轻于恐吓有罪之人，详加参考，'平人'二字应删……"[187]显然，理解歧义的形成与条例合并编纂过程中未明确仅适用于"监临官吏"有关，若将"平人"视为适用主体就会形成理解上的矛盾。同样地，在"白昼抢夺"后所附条例的考证中，吴坛就该条例中对罪犯刺字规定的模糊疏漏也提出了批评，指出"如年在五十以上，十五以下，及成废疾者，应照原例发近边充军。与伤非金刃又伤轻平复之首犯应例发边远充军者，均毋庸刺'改遣'字样，仍各于左面上刺'凶犯'二字。本条例文内均未分析指明，外省办理每多误刺误配，纷纷咨改。均应于本条例文内详析载明，以便差用，以免错误"。[188]由于条例对细节规定的疏漏造成适用中刺配范围扩大，这里的批评更有一种关注实践的考量。

相比较而论，薛允升在《读例存疑》中对律例的批评表达得更为直接和大胆，这或许与清末的社会情势有关，也可能与薛允升自身优越的政治地位有关。下面举例证之：《读例存疑》"户律·脱漏户口"律后有条例为："八旗凡遇比丁①之年，各该旗务将所有丁册逐一严查，如有隐漏，即据实报出，补行造册送部。如该旗不行详查，经部察出，即交部议。"薛允升在该条后的按语中，引用了《周礼》《后汉书》等经史著作，一方面指出"此例深合古意"，表示赞许；另一方面又指出其适用范围过窄的不合理之处，

---

① 比丁，是指统计旗民年龄，以确定是否成年。

即"然只言八旗，而不言民人，以民人自有编审及脱漏等法也。岂知其据成具文乎？又安能实知其实数乎？"[189]这里，薛氏从立法技术方面提出了自己的批评，由于没有考虑旗民和汉民统一适用，及已有编审及脱漏法，造成该条成为无用的具文，因此他的意见也是"此例无关引用，似应删除"。除了从立法技术角度对条例的纂修进行批评之外，薛允升甚至在《读例存疑》中表达了以条例调整破坏国家刑事法律稳定性的不满。在对"强盗"律后附删除条例的按语中，薛允升指出："强盗律系不分首从皆斩。康熙、雍正年间，始分别法所难宥及情有可原。乾隆五年纂为定例，盖数十年矣。咸丰年间仍不分首从，一概拟斩。此又刑典中一大关键也。平情而论，律文未免太严，改为分别首从，尚属得平，亦可见尔时盗案尚不似此后之多。夫盗风之炽，必有所由，徒事刑法，窃恐未能止息，严定新例以来，每年正法之犯，总不下数百起，而愈办之多，其成效亦可睹矣。言事者，但知严刑峻法，不足以遏止盗风，而于教化吏治置之不论。舍本而言末，其谓之何？"[190]

通过上文所引材料，我们大致能发现清代注释律学家对《大清律例》进行批评时的规律特征：随着时代的演变，批评的方式由前期的含蓄逐步过渡到后期的直接；在《大清律辑注》中我们很难找到沈之奇直接对律例本身发表否定评价的例证，但薛允升在《读例存疑》对条例的批评已经从立法技术扩展到法律理念。这或许能够呈现出《大清律例》本身在清代注释律学家心目中的权威性逐步降低的趋势。《大清律例》权威性的降低是多种因素作用的结果，法典自身逐步变得僵化不适应社会情势的发展，清代政治高压政策对士人束缚的逐步减轻，以及清代注释律学家自身批评意识的增强，均与之有关。抛开这些细微之处，从整体上来说，注释律学家在进行律例解释的过程中，普遍地秉持一种对法典权威的尊崇，仍然是主流倾向。

第四章　中国传统法律解释的近代转型：
以沈家本为中心

自清末以来，在内因和外力的共同作用下，中国传统社会逐步解体，艰难的近代化历程开始。在这"三千年未有之变局"当中，传统法律制度所遭受的冲击和引发的变革成为中国社会转型的一个晴雨表。由于所依托的法律体系整体被颠覆，传统律例注释学也进入了"死亡"与"再生"①的转折期。本章的宗旨是以整体社会转型为历史背景，考察传统律例解释学在体制上消亡的同时，是通过何种途径和方式来影响转型期法律制度和法学观念的？进而探究传统律例解释学的哪些要素能够为近代的法律制度和法律观念所吸收并存续下来？本章的前提预设是，传统律例解释中的一些技术和思维方式作为民族文化的产物，将不以人的意志为转移对我们的行为和思考模式产生影响。既然如此，对此进行探寻就是有必要的。这里，我们将传统律学的殿军人物，同时是近代法学的开创者——沈家本及其著作作为考察的对象，这或许会局限研究的视野，但却能够与前文文本解读的方法保持一致。

---

① 这里的"死亡"和"再生"是借用了何勤华先生的表述。所谓"死亡"是指人类社会中的组织机构、制度原则、风俗习惯、意识形态和学术文化等失去了存续下去的价值，进而从历史舞台的中心位置退出，不再发挥作用。就法律制度和法律解释而言，即使其体制性的存在已不可能，但并不排除其个别因素和观念为后来的法律和法学所吸收。所谓"再生"是指中国古代法学的主体部分已经不能适应社会的发展要求而必然趋于消亡，但它的某些要素和成分，借助于传入的近代西方法律制度和法学的形式和内容，得以生存和延续下来，并成为新体系中的有机组成部分。参见何勤华：《中国古代法学的死亡与再生——关于中国法学近代化的一点思考》一文，载于《法学研究》，1998 年第 2 期，第 134-143 页。

沈家本研究无疑是清代律学和近代法律转型领域的热点学术问题，成果也非常丰厚①。本章的主题是清末社会转型期传统律例解释学，因此对沈家本著作的选取也以涉及《大清律例》及清律修订的部分为重点，这里主要以记录清末沈氏活动的《寄簃文存》为主要考察文本。此外，学术界已有的研究成果将作为本章的有益借鉴。

第一节　法律术语的创造性解释

如同民族文化一样，中国传统的法律形态也表现出稳定和封闭的特征。在长期的发展过程中，传统法学形成了一套完整而系统的法言法语。这个旧的法律术语体系的最重要载体，就是封建法典和传统律学著作。正如李贵连所指出的，"这套法律术语严重地阻碍西方法律、法学的导入，成了近代法学创建的严重障碍。创立一套新的、能与西方法律、法学相衔接的、适用近代社会的法言法语，是必须首先解决的问题"[191]。作为启动中国法律近代化的领军人物，沈家本通过从外部翻译引入和创造性解释的方式，为近现代法律术语体系的形成做出了突出贡献。在此过程中，传统律例解释学为他提供了丰富的知识营养。

一、法律术语翻译引进中的选择

引进西方的法律制度和法学理论是清末修律的重要内容，翻译工作功不可没。在内忧外患的情势之下，从鸦片战争始，一部分先进的中国人就开始关注西方，希图"师夷长技以制夷"，逐步展开了从技术器物，到典章制度再到思想文化层面向西方学习的历程。在引进西学的过程中，西方法律制度和法学逐步为国人所认识。在最早翻译西方法律著作的过程中，还是能够看到中国传统法学的影响的。作为一种不可选择的历史性前见，传统法学及其话语体系在翻译西法的过程中发挥了重要的作用。也就是说，

---

① 经笔者初步检索，有关沈家本研究的各类学术论文已近 300 篇。

西方法学进入中国之初，就必须面对传统法学，两者的碰撞和交融是不可避免的。

首先，最早翻译引进的西方法律制度，标题往往称为"律例""刑律"，显示了"中学为本"的影响。在鸦片战争时期，林则徐就积极翻译引介了一批涉及西方政治法律制度的书籍。在他的主持下，美国人派克（Peter Parker）和中国人袁德辉就将 18 世纪瑞典法学家和外交家瓦特尔（Vattel，旧译滑达尔）的著作《国际法》中的一些段落翻译成中文，定名为《各国律例》。清咸丰十一年（1861），经恭亲王奕訢奏请在总理衙门下附设同文馆，培养翻译人才。期间，法国人毕利干（Billequin, A. A.）受聘担任同文馆的教习，在授课之余，他将法国法律翻译成汉语，其中《法国民法典》的译本名称为《法国律例·民律》①。从以上两部著作可以看出，在西法最初引进的过程中，因国内尚未形成近代化的法律术语体系，因而只能用"律例""民律"等律学语词来"比附"西方法律。

其次，重视对日本法律的翻译引进，体现了传统律学话语体系对法律转型的影响和制约。日本经明治维新，一跃成为东方强国，对于当时的中国人普遍形成了一种冲击。加之甲午海战失利，更是增强了国人对日本强大的直观感受。清末维新变法和大批法政留学生赴日学习，均能体现日本对中国的影响。尽管沈家本也认同近现代法律科学发源于西方，并在《法学会杂志序》中表达了对欧洲法律昌明的认可，"近世纪欧洲学者孟德斯鸠之论，发明法理，立说著书，风行于世"[192]，但在主持修律的过程中，沈家本也主张取法日本。当时清廷的一些改革派官员也主张取法日本。譬如，刘坤一、张之洞、袁世凯保举沈家本、伍廷芳担任修律大臣的奏折中就表示："近来日本法律学分门别类，考察亦精，而民法一门，最为西人所叹服。该国系同文之邦，其法律博士，多有能读我会典律例者，且风土人情，与我相近，取资较易。"②沈家本也认为，中日同洲同文、语言文化相近，加

---

① 据李贵连先生考证，该书是由毕利干口译，中国人时雨化笔述而成。参见李贵连著：《近代中国法制与法学》，北京：北京大学出版社，2002 年 11 月第 1 版，第 50 页。

② 《袁世凯奏议》，转引自李贵连著：《近代中国法制与法学》，北京：北京大学出版社，2002 年 11 月第 1 版，第 76 页。

之赴日留学人员可作为翻译人才，所以通过日本引入近现代法律制度无疑是明智之举。这里，我们不再详述清末修律中，从日本引入法典的种类和内容，李贵连先生在《近代中国法律的变革与日本影响》一文中已有翔实的考析。在此，笔者想强调的是，在西法引进过程中，如何减轻中国传统法律术语系统和西法之间的障碍和冲突，曾经是修律者必须要面对和尝试解决的问题。中日两国在法律术语系统中的某种同源性，既为引入西法提供了一种有益的资源，同时也说明了破解语言障碍在法律转型中的基础地位。

再次，来看法律术语的引进与重构的尝试。李贵连先生曾指出："日本法律教育和法学对中国法律的影响，在文字形式上的表现，最突出的莫过于法律用语。"[193]他通过比较阅读日本的法律词汇书籍，认为中日两国的法律用语，写法、含义完全相同的概念，其数量之大，非常惊人；还引述了汪庚年所编的《京师法律学堂笔记》，其后附有《名词解》，专门解释日本教习讲授的新名词，并列举了如下我们已很熟悉的法律用词：不动产、不当得利、不可抗力、上告、上诉、仲裁、优先权、信教自由、债权、代位、代理、保释、公判、公诉、再审、动产、动议、自诉、引渡、心证、所有权、抗辩、抗告、拘留、教唆、时效、法定代理人、法人、物权、现行犯、破产、行为地法、证券、预审、质权、违约金，等等。同时，沈家本在主持法律改革时，也认识到中国由于缺乏一套相应的近代法律用语进而导致翻译欧美法极为困难的问题，因此在翻译外国法律著作中就有《法律名词》和《日本法律词典》。不难理解，沈家本等近代法律学人也看到，日本的法律术语已经蕴含对西方法律术语的创造性解释。那么，通过学习引进日本的法律术语，将有利于完成中国近现代法律语言体系的构建。

二、中西类比，以求通识

尽管具有文化同源特性的日本法律用语能够提供重要的参考，但并不意味着直接拿来即可。如何在语言文字表达方式的基础上，厘清法律术语所代表的意义内涵，仍然是清末法律改革者需要解决的问题。沈家本凭借自身深厚的中学素养和扎实的律学根基，于此做出了突出的贡献。

作为清末传统律学的集大成者和殿军人物，沈家本在文化背景和政治身份的双重影响之下，总是力图从中西法律内在精神的共通性着手，来努力激活传统律例解释学的因素，以使其能够容纳新的意义内涵。

其一，沈家本较早地融通了"律学"和"法学"的概念。本书在开篇即提到，目前学术界对于"律学"是否就是"法学"的问题仍存有争议，但沈家本在其修律的时候，已经明确使用"法学"来指称中国传统律学的内容。在《法学盛衰记》中，沈家本详细地考证了律学的发展沿革，将中国古代的刑名之学、法家之学、律例注疏之学均称之为"法学"，其文曰："孔子言道政、齐刑而必进之以德、礼，是制治之源，不偏重于法，然亦不能废法而不用。虞廷尚有皋陶，周室尚有苏公，此古之法家，并是专门之学，故法学重焉。自商鞅以刻薄之资行其法，寡恩积怨而人心以离，李斯行督责之令而二世以亡，人或薄法学为不足尚。"[194]我们所重视的商鞅改"法"为"律"从而开启律学发展道路的学术认知，在沈家本看来似乎只是一个形式问题。对于明清时期律学的发展情形，沈家本也将之纳入"法学"的范畴，"明设讲读律令之律，研究法学之书，失所知者数十家，或传或不传，盖无人重视之故也。本朝讲究此学而为世所重者不过数人。国无专科，群相鄙弃。……此法学所以日衰也"。[195]可见，沈家本对清代律学发展的总体评价是衰弱，与我们现在的认识存在差异。在《法学名著序》一文中，沈家本也表达了同样的见解，他认为从战国时期开始，法学逐步兴起，到了东汉时期叔孙宣、郭令卿、郑玄、马融等律家著书讲学时，"法学之兴，与斯为盛"，这里的法学与"泰西政事，纯以法治，三权分立，互相维持，其学说之嬗衍，推明法理，专而能精"的法学是相对应的。

其二，对于修律所涉及的法律名词，沈家本是从古、今两个角度去认识的，其中包含了中西类比的论说路径。《寄簃文存》第四卷所收录的《释借贷》一文，能够鲜明地体现沈家本以传统律学考证的方式，来对近现代法律概念所做的解释。该篇先引出当时翻译的《薄记学》①中的解释："出

---

① 笔者按：这里的《薄记学》应是财务会计方面的著作。

资者为贷，受资者为借"，随后沈家本对"借""贷"这两个民事法律经常使用的概念进行了系统考证，分别引证了《说文》《玉篇》《释名篇》《广雅·释诂》《老子》《庄子》《汉书》《周礼》《左传》《孟子》等数十部经史著作中的原文及名家注释，来阐明传统汉语世界对"贷"和"借"的理解，来强调"贷，施也""借，假也"的古文解释与《薄记学》中的新式翻译在内涵上是一致的。除了经史著作，沈家本还从历代法典中寻求考证依据，如《唐律·厩库门》中"假借官物""监临借官奴畜"和《明律·钱债律》中"私放钱债及典当财物""钱粮互相觉察律"等相关律文，来解释中国固有法典中"贷""借"作为法律用语的基本含义同样与新词并不冲突。在此基础上，沈家本结合修订民律和西法传入的背景，说出了理解法律名词的态度，即"借、贷二字之解释，当综今古而折其衷也。方今修订民律，其中债权一编，名词必须确定，斯义例分明。……今世法律之学，日趋精密，譬诸牛毛、茧丝，剖析鳌毫，无微不至。……是以法律名词，泥古不可，徇今亦不可"[196]。沈家本提出"综今古而折其衷"展示了一种历史视野和包容态度，强调中西法律名词形式背后本质意蕴的一致性，抓住此种内容对于近现代法律名词体系的构建和传统律学话语系统的再生都意义重大，而他更是用精湛娴熟的考证功夫来证明了在"法律之学日趋精密"的条件下，传统律例解释学修养的价值所在。

其三，沈家本将西法中的一些法律概念直接和传统法律中的相关内容进行比较，在此基础上来直接实现传统法律概念的转化。他强调在沟通中西法律名词概念时，不可过于拘牵文义而舍弃本质内容，正所谓"夫今日法律之名词，其学说之最新者，大抵出于西方而译自东国，亦既甄其精意，编为条文，不独难以古义相绳，即今义亦未能悉合。此不可不破除成见，片言决定。若再拘文牵义，是作茧自缚也"[197]。譬如，在《论附加刑》一文中，沈家本考证了金大定年间对"加杖准徒"者免除决杖的刑法改革内容，指出"今东西各国附加刑之法，即梁肃所议之一罪二刑也"，"东西各国刑法，有主刑，有附加刑，犹之中律徒流有加杖及刺字也"。[198]同理，在《论没收》中沈家本也对中西刑罚制度进行了类比解释，他将西法中财产刑"没收"与传统律例中的"没官"相类比，认为"没收，即中律之没官"。[199]在《论威逼人致死》一文中，沈家本讨论了自杀问题的法律处理，在对中西各国法律进行比较的基础上，提出"英、俄、法、德、美、日各国刑法，并有胁迫一门，即中律之恐吓"，[200]从而实现了"恐吓"向"胁迫"的概念转化。

以上三个方面的归纳，极有可能存在疏漏，毕竟所考察的《寄簃文存》呈现的视域具有局限性。但从中可以明晰沈家本运用自身的律学根基来构建近现代法律话语体系的努力。他更多地从中西法律语言的本质共性着手，通过烦琐的历史考证引用历史资源，同时以宽广的视野来表达对西法的理解，在此基础上尽可能地保留和激活传统话语。在当时的历史条件下，既是情势所迫，也是理智的选择。

第二节　律学家向法学家的转型

如果说法律术语的转型从一个侧面反映出传统律学在历史性剧变中的存在状况，那么沈家本个人则从另一个角度给予我们启示，即传统律学家个人所具有的适用能力和变革精神。

一、法律改革的契机

常言道，时势造英雄。正是清末法律改革这样的时势将沈家本推上了从律学家向法学家转型的轨道，从而让后人可以看到传统律学与近现代法律科学之间进行碰撞和接轨的"活标本"。本书在此不将关注的重点放在清末法律改革的具体描述上，而是侧重于分析它为传统律学家向法学家转型提供了哪些现实条件，以及沈家本是如何应对这样的要求的。

众所周知，中国人是在内忧外患之中，带着大国沦落的压抑愤懑和寻求富强的心理焦虑开始了近代化的历程。这样的时局，可用"巨劫"来形容。"有'劫'就会生'变'；有'巨劫'，当然就会有'奇变'。"[201]在经过了技术器物的变革之后，越来越多的有识之士认识到学习西方先进社会制度的重要性，在这样的背景之下，法律改革成为清末在典章制度方面发生的最大"奇变"。

首先，承认西方法律制度的先进性，为沈家本为代表的律学家在观念上接受西法提供了历史契机。经过鸦片战争之后数十年的痛苦摸索，西方法律制度的先进性逐步被国内人士所认识。康有为就曾在《上清帝第六书》中写道："民法、民律、商法、市则、船则、讼律、军律、国际公法，西皆极详明，既不能闭关自守，则通商交际，势不能不概予通行。然既无律法，吏民无所率从，必至更滋百敝。是各种新法，皆我所夙无，而事势所宜，可补我所不备。故宜有专司，采定各律以定率从。"[202]朝廷当中的一些改革派官僚也逐步认识到西方国家在法律制度上的先进性，并积极推动法律改革。光绪二十八年（1902）二月，袁世凯、刘坤一、张之洞联名保荐沈家本、伍廷芳为修律大臣的奏折中，也表达了对西法的认同，"方今五洲开通，华洋杂处，将欲恢宏治道，举他族而纳于大同，其必自改律始。查泰西各国，区域虽分，而律例大都一致。其间有参差者，亦必随时考订，择善而从"[203]。这些认可西方法律制度的言论，体现了在国家危急存亡之际具有不同政治主张、地位和背景的人们的共识。沈家本作为那个时代的知识分子和政府官员，是能够有切身体会的，这种感受会影响到他面对西方法律制度的一种态度。从《寄簃文存》中，我们已能清楚地感觉沈家本对于西方法律的认可态度，如在《删除律例内重法折》，他提出"臣等奉命考订法律，恭译谕旨，原以墨守旧章，授外人以口实，不如酌加甄采，可默收长驾远驭之效"[204]。这里的"酌加甄采"就已经表达了对西方先进性的认可。这种认可并欲取其长处的态度，能够使律学家在面对西方法律时带有一份尊重和沟通的意愿，而这也正是向法学家转型所不可或缺的前提条件。

其次，修律过程中的同僚和工作经历，使沈家本具备了与西方法律深入接触的机会。尽管从明代中后期开始，中西方之间的文化交流已经不断发展，但沈家本的知识背景完全是中国传统式的。他的生活轨迹和清末大多数读书人是一样的，幼年入私塾，开始经史著作的学习，其目标就是通过科举而走上仕途，因而并不属于少数"放眼看西方"的知识分子群体。但是在修律的过程中，他身边聚集了一批具有西方知识背景的同僚，无疑为打开视野提供了方便。以另一位修律大臣伍廷芳为例，"他是近代第一个法政科留学生，20岁时任港中高等审判厅译员，开始了接触法律事业和英国法律制度与文化的历史。……1874年，伍廷芳自费留学英国，入伦敦林肯法律学院，潜心考求法律之学。3年后，即1877年1月在林肯法律学院毕业，获博士学位，是中国近代第一个法律博士，并获大律师资格"[205]。沈家本与伍廷芳在"修订法律馆"主持修律的过程中，除了重金聘请外国法律专家，如日本的冈田朝太郎、松冈正义等人外，还从法政留学生中延揽了大批人才。程燎原先生在《清末法政人的世界》一书中，专设"'修订法律馆'的法政精英"一章，详细考证梳理了沈家本、伍廷芳、来华外籍法律专家和馆内法政留学生为清末修律所作的工作及成就贡献。同时，沈家本在修律过程中十分爱惜人才，也成为当时的美谈。《寄簃文存》收录有沈氏与其他同僚进行研讨交流的文章，如《法学通论讲义序》（为冈田朝太郎《法学通论讲义》所作的序），《裁判访问录序》（为董康赴日考察监狱制度的考察报告所作的序）等。通过这些信息，我们有理由相信，沈家本在修律过程中与具有西学知识背景和西方法律专长的同僚进行了良好的沟通互动，而这对于融通中西法律具有重要意义。

最后，沈家本亲身参与修律的工作实践，是其实现向法学家转型的根本支撑。清末修律过程中，人员变更是比较频繁的，但沈家本作为修律大臣则参与了自始至终的全过程。我们大体可以将沈家本在清末法律改革中的工作，分为如下几个方面：（1）修订法律馆的筹建；（2）专家的选聘、翻译及相关人员的铨选；（3）翻译西方的法律制度和法学著作；（4）国外及国内考察；（5）提出修改中国旧律的各项建议主张；（6）起草拟制各类新式法律；（7）兴办近代法律教育。应当说，这些方面的工作和实践，给沈家本提供了实现中西法律制度对话沟通的充足机会。限于篇幅，我们在这里只是择要阐述，部分内容将在后面详解。在修订法律馆筹备成立初期，沈家本身兼修律大臣和刑部左侍郎两职，刑部任内工作自然以传统律例的适用为核心，而筹备成立修订律例馆的工作则更多从引入西法着手。从选聘的外籍专家来看，四位日本专家（冈田朝太郎、松冈义正、志田钾太郎、小河滋次郎）均在法学方面有很高造诣；而修订法律馆所遴选的各类翻译人才多为赴欧美、日本的法科留学生，接受过相对系统的西式法学教育，具备成为引入西法的人力资源条件。从翻译角度来看，涉及欧洲和日本，法律制度不仅限于刑法，而且包括民法、商法、程序法及各类单行法，具有相当的系统性。①沈家本积极推动派员赴日本考察法律制度，并在光绪三十四年（1908）组织了民商事习惯调查。提出关于修改中国旧律的建议主张，是沈家本参照西法对传统律例进行改革的直接尝试，《寄簃文存》中的多份奏折对此有充分的反映，其观点主要在于吸收西方刑法轻型化、重自由的先进观念，对《大清律例》中的各项重法提出废除或修改。制定新律是清末修律的重要内容，也是法律改革中引入西法较为全面彻底的一项内容，但对于熟谙传统律例的沈家本来说也是最具挑战性的。《大清商律草案》《破产律草案》《保险律草案》《刑事民事诉讼法》（草案）《法院编制法》《违警律》《大清新刑律》《国籍法》《大清刑事诉讼律草案》《大清民事诉讼律草案》《大清民律草案》《大清现行刑律》的制定，无疑是清末修律的最大成就，沈家本参与并主导这些新式法律的起草拟定，本身就足以说明他已经实现了向法学家的转型。新办京师法律学堂，培养新式法律人才，显示出沈家本已经突破了旧式律学的人才培养模式，开始接受并践行新式法学教育，这对于清末乃至后来中国的社会发展都产生了深远的影响。

二、律学家与法学家两种品格的共融

法律人的品格为何，绝非一个简单的问题。之所以要论及，是基于这样的考虑：传统法律体系的消亡，使得传统法学的制度性基础不再存在，但传统法学的影响还会在人的身上体现出来。通过沈家本，我们可以看到中国传统律学家的内在品格与西方为主导的近现代法学品格的共融，这是否预示出以律例解释学为核心的传统法学与近现代法学之间并非完全隔绝，而是存在着沟通互融的可能？

在第三章中，我们已经总结出律学家的一些共性特征：熟谙文字训诂、

---

① 李贵连先生对修订法律馆翻译外国法律和法学著作的情况进行了详细的统计，参见李贵连著：《沈家本传》，北京：法律出版社，2000年4月第1版，第208-211页。

历史考证和比较考证等解释方法，关注法律适用的实践效果，对传统法典秉持着尊崇之心，对现行法律的批评主要着眼于技术层面并且表达方式非常含蓄谨慎，等等。沈家本同样具有上述品格特征，是毋庸置疑的，只《历代刑法考》就足以说明问题。但是，由于沈家本身逢清末社会转型期，并以改革家的身份领导参与了中国近代法律的奠基工作，因此，从他的很多著述文章中，我们又能够看到吸收西方法学品格的作为法学家的沈家本。下面以《寄簃文存》为解读文本来予以揭示这两种品格的共融。

　　首先，中国传统法律的着眼点是国家和社会治理，以秩序为根本价值追求，而在西法东渐的潮流中，尊重人格、倡导自由平等的现代法律理念已被沈家本所接受倡导。在《禁革买卖人口变通旧例议》中，沈家本以上古时代为榜样，提出"中国三代盛世时无买卖人口之事，惟罪人乃为奴隶。周衰，是以有鬻身之说"；在此基础上引述西方先进国家的做法，"泰西欧美各邦，近年治化日进，深知从前竞尚蓄奴为野蛮陋习。英国糜数千万金币，赎免全国之奴。美国则以释奴之令，兵事累岁，卒尽释放。义声所播，各国从风。……现在欧美各国均无买卖人口之事，系用尊重人格之主义，其法实可采取"。[206]在《删除奴婢律例议》中，沈家本更是将尊重人格提升到宪法层面，指出"生命固应重，人格尤宜尊，正未可因仍故习，等人类于畜产也。……方今朝廷颁行宪法，叠奉谕旨，不啻三令五申。凡与宪法有密切之关系者，尤不可不及时变通"[207]。在《删除同姓为婚律议》中，沈家本改革的着眼点就是在婚姻方面减少国家干预，赋予人民更多自由。在《旗人遣军流徒各罪照民人实行发配折》中，沈家本的改革建议就是实行满汉法律一致适用，取消民族差别对待。他以中法观念作为支撑，提出"法不一则民志疑"，并引《尚书》的"无偏无党，王道荡荡；无党无偏，王道平平"作为理论根据。在提出这些改革建议时，沈家本总是要翔实地追溯这些制度的渊源演变情况，以律学家考证的扎实功底来说明这些建议其实多为中国传统法律的精义所在；然后放眼全球，他又能够将西方法学的先进理念准确地阐释出来，并亲力倡导。此种论说模式或许有政治上的各种考虑在内，但我们很难怀疑沈家本对西方先进法律理念推崇的真诚。

其次，顺应世界法律发展潮流，主张轻刑化，更能体现出沈家本在法律改革中对中西法律的会通兼容。他将西方基于人权尊重的轻刑潮流与中国儒家政治所倡导的"仁"进行融合类比，认为两者是一致的。在著名的《删除律例内重法折》中，沈家本指出："各国法律之精意固不能出中律之范围……综而论之，中重而西轻者为多。盖西国从前刑法，较中国犹为惨酷，近百数十年来，经律学家几经讨论，逐渐改而从轻，政治日臻美善。……臣等窃维治国之道，以仁政为先，自来议刑法者，亦莫不谓裁之以义而推之以仁，然则刑法之当改重为轻，固今日仁政之要务，而即修律之宗旨也。"[208]这里，沈家本将轻刑作为修律的宗旨，可谓重视。在对建议删除的凌迟、枭首、戮尸、缘坐及刺字等各项刑罚制度分别阐述时，沈家本充分运用自身的律学功底，详细考证其源流演变情况，并结合适用效果来强调重刑往往起不到应有的社会效果。如对凌迟、枭首、戮尸的讨论中，沈家本指出"谓将以惩本犯，而被刑者魂魄何知？谓将以警戒众人，而习见习闻，转感召其残忍之心"[209]。这里解读为现代刑罚的一般预防和特殊预防效果均已落空，似乎也不为过。此外，行刑方式的改革建议，也可以看出沈家本对西方法律观念的接纳，并通过寻找中法依据来加以论证的努力。在《变通行刑旧制议》中，沈家本先指出"窃维明刑弼教，贵有通其意而不徒袭其名。其与斯民心性相关者，尤在杜其残忍之端，而导之于仁爱之路"，随后强调随着时势的变化，公开执行死刑已经背离了刑罚初定时的原则，所谓"迨相沿日久，遂谓之此乃示众以威，俾之怵目而警心，殊未得众弃之本旨"。在此基础上，沈家本又将视野投放到西方国家，指出取消死刑的公开执行是大势所趋，即"查东西各国刑律，死刑有密行、公行之分。英、美、日、俄、德、意各国皆主密行。惟法兰西尚存公行旧制，近亦亟议改图。……至其立法之意，一则防卫之严密，一则临刑惨苦情状不欲令人见闻，于教育、周防两端均有关系。其制颇可采择"[210]。

再次，沈家本具有较一般律学家更为鲜明的批判精神。前文已经阐明，清代律学家是具有批判精神的，但这种批判精神更多是着眼于技术层面。而清末的社会情势下，沈家本已经可以更为直接地对传统法律进行批评。在《论杀死奸夫》一文中，他对具有浓厚儒家伦理色彩的杀死奸夫律进行系统的批评，而且首先亮出了他评判律例的原则宗旨，很值得我们思考。沈家本言道："窃谓后人立法，必胜于前人，方可行之不弊。若设一律，而未能尽合乎法理，又未能有益于政治、风俗、民生，则何贵乎有此法也。"[211]接下来，沈家本从四个方面阐明了"杀死奸夫律"不合法理，指出其"皆于法律之原理有未能尽合者也"。尽管这里的法理与西方的法理存在差异，但基于法理而对法律进行评价分析，与现代法律科学的本质已有相通之处。

最后，沈家本积极倡导法律教育，努力尝试法律问题的研究，突破了传统律学家学传授的狭窄途径，力图为法律转型奠定厚实的根基。前面已经谈到沈家本积极延揽留学欧美日本的法政科留学生参与清末修律，并创建京师法律学堂，培养法学人才，于此不再进行赘述。这里，着重从沈家本的著作中感知他对法律教育和法学研究的重视。在《设律博士议》一文中，沈家本通过考证中国传统律博士制度的兴起和衰亡，而提出重新设立律博士的建议。尽管考察的对象是中国古代社会的律博士，但沈家本所建议设立的律博士则与之存在根本差异。笔者认为，基于当时的社会情势和法律改革背景，沈氏所追求的是可以促进法律教育，提升近代新式法律科学地位的律博士制度，正如他所言："夫国家设一官以示天下，天下之士，方知从事于此学，功令所垂，趋向随之。……法律为专门之学，非俗吏所能通晓，必有专门之人，斯其析理也精而密，其创制也公而允。以至公至允之法律，而运以至精至密之心思，则法安有不善者。及其施行也，仍以至精至密之心思，用此至公至允之法律，则其论决又安有不善者。此设官之微意也。"[212]当然，这里依然能够透出沈家本希图用旧式官僚体制来倡导法律科学教育的用意，其培养人才的直接目的依然是服务于法律适用，其间律学家注重实践运用的观念犹在。同时，值得关注的是，沈家本在《寄簃文存》中就许多法律问题进行了研讨，颇具现代法律科学的学术色彩。譬如，在《与受同科议》一文中，他就对行贿与受贿同罚的合理性提出了质疑，认为说事过钱者（行贿者）与受财枉法者（受贿者）不可等同对待，同时说事过钱者也应区分不同情形来加以详细规定，依照旧律一体计赃定罪，"古人立法，恐不如是武断也"。在《论威逼人致死》一文中，沈家本引申讨论了自杀的法律评价问题，并对中法重法叠生和西方法律从宗教伦理出发对自杀行为进行法律制裁的做法进行了批评，指出"立一重法，而无数重法相因而生，古人之法，岂若是哉？此中法之可议者也。……夫以有罪之人而自杀尚无罪可加，乃以无罪之人而自死反有罪之难免，岂情也哉？岂理也哉？此西法之可议者也"[213]。

以上所论，只是希望通过阅读文本，来将沈家本身上同时具有的律学家和法学家的品格特征呈现出来，难免挂一漏万。此外，本书坚持贴近时代的立场去对人物及其精神观念进行解读，因此，对沈家本清末改革的历史局限性不予探讨。本书只是希望从一个律学家在法律转型时期的所思所做入手，来探讨传统法学形态与近代法律科学之间是否存在进行对接和传承的可能这一问题。

第三节　由传统律学看西方法学：曾经的一种立场

西法东渐，法律改革，中西两种均具有悠久历史传统的法律制度和法律学问开始碰撞和交流。在过去惯常的解读模式下，这是先进制度对落后制度的冲击，是落后制度被迫进行自我调整的艰难选择，是文化竞争、制度变迁的必然规律。然而，历史的当事人——以沈家本为代表的传统律学家，则是基于中学的立场、律学的立场来看待西方法律制度和法律科学的，他们无从选择。这样的一种立场，曾是客观的历史存在，同时也能够给我们诸多启示。

学术界对于沈家本在修律过程中会通中西的做法已经有比较一致的看法。譬如，冯琳先生将沈家本的改革方法总结为三点：（1）将西方新学与中国旧学联系起来；（2）托古改制；（3）循序渐进。①陈小洁先生更是将沈家本法律改革方案的论证逻辑进行了阐述，即"往往从中国古代的法律入手，追及三代之事，以证明此项变革在古时已有根据，然后概述西方各国对此的法律规定，进而力陈当今法律之弊，最终证明此项法律改革势在必

---

① 参见冯琳：《试析法学家与法律转型的关系——以沈家本个人角色与晚清法律变革为例》，载于《中国社会科学院近代史研究所青年学术论坛》（2005 卷），第 228-229 页。

行。也就是，沈家本的策略是以中国法律比附西方法律，借此沟通中西法律，以引入西法。沈家本考证传统法律的渊源，挖掘中国传统律学学说中的精义，使之与西方法律在学理上和规范形态上趋于一致，进而把西法的规范变通为中国固有之物"[214]。这些观点精辟而深刻，能够为认知沈家本讨论法律改革中各种问题的逻辑线索提供有益的指引。

本书在此，还是希望通过对沈家本著作的解读体会，来呈现他在如此激变之中的立场选择。可以肯定的是，沈家本希望变革清末的法律制度，支撑他进行法律改革的最重要的理论资源来自两个方面：一是中国旧式法律传统，具体可以表现为三代美治、汉唐典制抑或本朝创见；一是泰西先进法律，或欧美，或日本，这种法律制度能够支撑现代文明，实现经济政治的富强。同时，正是由于沈家本在接触西方法律之前已经具有扎实深厚的律学功底和经验积累，所以他看待西方法律时总是带着一种参考，一种评价标准，这种参考和评价标准就是中国的传统法学。在他的诸多著述中，特别是涉及法律改革问题的，或是出于应对保守派的需要，或是出于对政治体制规则的遵循，总是承载着丰富的历史因素和文化回忆。但我们有理由相信，在那样的时代情势之下，基于当事人的个人际遇，沈家本的主张见解与他的知识文化背景是相一致的，很难感觉他正处于一种文化冲击下的矛盾困顿之中。我们不禁要问，这靠的是什么？

首先，以传统律学为基本立场，使得沈家本致力于从传统资源中寻找能够与西方法律制度及理念实现通约的内容。在《删除律例内重法折》中，沈家本通过历史考证从中学角度论述重法酷刑原本就不是中法的传统："查凌迟之刑，唐以前无此名目"，枭首在秦汉时出现，"至隋而删除其法，自唐讫元，皆无此名"，"戮尸一事，惟秦时成蟜军反，其军吏皆斩戮尸，见于《秦始皇本纪》，此外无闻"；随后，他引述了历代先贤反对酷刑的言论，如宋真宗时御史台请求用酷刑处置杀人犯，帝曰"五刑自有常刑，何为惨毒也？"陆游也曾建议废除凌迟之刑，认为"感伤至和，亏损仁政，实非圣世所宜遵也"；最后更是用贞观、开元盛世作为佐证，"贞观四年断死罪二十九，开元二十五年才五十八，其刑简如此。乃自用此法以来，凶恶者仍接踵于世，未见其少，则其效可睹也"，进而从治道层面引申，"化民之道，不在刑威也"。以上考证，似已具备支撑废除酷刑的主张。但沈家本在此基础上，仍然会将泰西各国的制度引入进来，"以上三事（即凌迟、枭首、戮尸、缘坐、刺字），皆中法之重者，参诸前人论说，既多议其残苛，而考诸今日环球各国，又皆废而不用……今日日本明治维新，亦以改律为基础，新律未颁，即将磔罪、枭首、籍没、墨刑现行废止，卒至民风丕变，国势日盛，今且为亚东之强国矣"[215]。在讨论改变死刑执行方式、建议删除奴婢律例、禁止买卖人口等改革建议中，沈家本均坚持了一贯的论证思路，前文已有所涉及，在此不再赘述。从以上材料来看，对于废除酷刑的问题，沈家本并不是从西方法律制度中寻求理论上的依据，相反，他认为中国法制的传统和前人已经有此见解主张。西方法律更多地作为法律改革时期时势所需的辅证。或许会有这样的见解，这种论证结构是沈家本为推行法律改革所选择的策略。但沈家本所做的历史考证，以及选引述的史实则是可信的。正是秉持着一种中法为根本立场的前提，才可能支撑他确信能够在传统资料中找到这样的论据。

其次，以传统律学为基本立场，使得沈家本在比较中西法律制度时保持着一种对话的平等性。他承认西法中的许多制度值得清末改革时进行借鉴，但也确信并能够找到中国传统资源中与西方具有内在一致性的东西，这或许常有牵强的成分，但使他对中法更具信心，这种信心自然是平等对话的重要基础。前文已述，沈家本认为外国的附加刑与中法的"一罪二刑"相通，西法的没收就是中法的"没官"，在他看来"各国法律之精意固不能出中律之范围"，这种中法具有内在包容性，或许正是沈家本积极推进法律改革的重要支撑。在《论故杀》一文中，沈家本从法律的微观技术层面着手，对中西法律进行了比较分析。他从文字训诂入手，考证"故"的文义，指出"使为之也"，"意也"是其基本含义，这也是后来"故意"连用的依据，后张斐《律注表》解为"知而犯之，谓之故"，遂成后来的通说。针对《唐律疏议》中"无事而杀，谓之故杀"，沈家本引用白居易的解释，指出这里的"无事"指无关争斗之事，而杀人，应定为故杀。在后来，中法开始区分谋杀（先有杀意，谋于他人）和故杀（临时起意，非人所知）。他批评《明律》因删除"故伤"律导致同谋共殴与斗杀同论的问题。之后，沈家本提出谋杀、故杀、斗殴杀应当结合起来理解，认为一人谋于心是谋杀；若故殴伤人致死的，应认定为故杀；互殴之情明显，可认为定斗殴杀。之后，他引入英国刑法的规定①，并用按语进行了评价，"俄、法、德等国刑法并有故意杀人之条，而英国未有明文。此二条与故杀相似，皆以谋杀论。一则以心已恶，一则以欲伤害人，颇与《唐律》之意相合"[216]。值得关注的是，除了法律规定，沈家本还引述了日本刑法学著作来就故意问题进行讨论，介绍了《刑法泛论》中对故意的三种类型划分②，和《刑法分论》中对谋杀、故杀的区别③，在此基础上对日本刑法"故意杀人"的规定进行了评论，认为日本刑法的规定与中法"知而犯之"的意义相同。最后的总结是"知而犯之谓之故，古义本不可易"。这里，从中学考证入手，经过纵向的历史考察，引述西方法律制度和法学理论进行比较分析，最终仍然落脚在中学的观点上。一则可以看出沈家本以传统律学为宗主的立场；二则面对先进而强势的西方法律，他始终保持着一份淡定和自信。

最后，身处转型期的复杂格局，沈家本形成了开阔的视野和理性的精神。传统意义上的律学家是以专注精深著称的，他们勤谨地在律例体系中进行着文字考证和法条注疏为主的技术工作，对于法律背后的常经大道虽然涉及但其表达方式更多是含蓄而克制的。这与律学为"专门之学"是相对应的。历史则给予沈家本一个扩展视野的机遇，使我们得以观察律学的开放性和包容性。作为律学大家，"媒介中西法学之冰人"，沈家本的视野融古今中西于一体，在《薛大司寇遗稿序》中，他指出"当此法治时代，若但征之今而不考之古，但推崇西法而不探讨中法，则法学不全，又安能会而通之以推行于世"。他主张必须新旧法学兼习兼通，不可偏废，如在《刑案汇览三编序》中所讲的"顾或者曰：今日法理之学，日有新发明，穷变

---

① 英国刑法："凡虽出于一时之忿激，而行事横暴不法，致人身死者，即非预谋杀人，然其心已属极恶，应仍以谋杀论。犯有欲伤害人之意，而故令马足蹴踏，或与众中发炮，以致杀伤人者，虽非预谋杀人，而有害及公众之虞，应仍以谋杀论。"

② 日本《刑法泛论》云：学者别故意之说有三：一、期其必得结果之故意；二、是不期其必得结果之故意；三、混合之故意。

③ 《刑法分论》云："谋杀、故杀之区别，在杀之之决心有预谋与否。毒杀者常出于预谋，然属于单纯故意者，则与谋杀同论。"

通久，气运降至，此编虽详备，陈迹耳，故纸耳。余谓：理固有日新之机，然新理者，学士之论说也。若人之情伪，五洲攸殊，有非学士之能尽发其覆者。故就前人之成说而推阐之，就旧日之案情而比附之，大可与新学互相发明，正不必为新学说家左祖也"。[217]正是这种宽广的视野，使得沈家本更具有理性的观察和鉴别能力。他对于中西法律的认识并没有局限于先进与落后的狭隘境地，而是能够看到法律制度背后的更深层的文化差异，在他看来这种差异性使得中西法具有共存互补的一面。在《王穆伯佑新注无冤录序》中，他指出："大抵中说多出于经验，西学多本于学理。不明学理，则经验者无以会其通，不习经验，则学理亦无从证其是，经验与学理，正两相需也。"[218]在《法学名著序》中，更是对中西两种法学从学理角度进行了评析，"夫吾国旧学，自成法系，精微之处，仁至义尽，新学要旨，已在包涵之内，乌可弁髦等视，不复研求。新学往往从旧学推演而出，事变愈多，法理愈密，然大要总不外情理二字。无论旧学新理学，不能舍情理而别为法也，所贵融会而贯通之。保守经常，革除弊俗，旧不俱废，新亦当参，但期推行尽利，正未可持门户之见也"[219]。在此基础上，他认为中国传统律学仍然具有可资研究的价值，不能因为救国图强的急切情绪就予以漠视废弃，正所谓"不深究夫中律之本原而考其得失，而遽以西法杂糅之，正如枘凿之不相入，安望其会通哉？是中律讲读之功，仍不可废也"[220]。

沈家本秉持以中学为本，以传统律学为基本立场，来看待西方法律制度和法律科学，坚持会通中西、融汇古今的改革方针和治学态度。这具有历史的必然性，他的知识根据、文化自尊以及政治情势，都在其间发挥着影响作用。但我们又不得不承认，在那样复杂的局面之下，沈家本似乎并未陷入巨大的冲突矛盾之中，而是保持着一份平衡和从容。作为律学大家，他有所宗主，才不会被外来因素轻易影响；他熟谙历史，才有了一种更为理性和宽容的精神；他精于律学考证，才能发现中西法在形式背后的共性。正如学者的评价，"他倡导一种用中国传统文化去诠释西方法学理论，又用西方法理重新注解中国古律的风气"[221]。也正是在这样有所坚持的交流互动之中，传统律学的生命力和类似于经典的巨大解释空间才得以呈现出来，而这些或许正是被我们所忽视的。另外需要指出，在以中学和传统律学为基本立场来看西方法学的同时，沈家本是否也会通过西方法学来反观中国传统律学，进行反方向的审视和思考，其实也是一个值得关注的问题。本书对此并未进行考察，今后仍有补正的必要。

　　历史已经定格，传统法律解释学的衰落不容否认。但是，转型时期它曾经发挥的影响，以及以沈家本为代表的传统律学家对它的秉持坚守和创造性的解释，却值得后来者认真体会。

结　语

本书将要收尾处，在此对开篇所提的问题进行回顾与总结。

第一，关于文本视域中的作为知识形态的法典解释学。应当说，深入系统地掌握传统法典解释学的知识，并不容易。这需要熟谙传统社会的法律制度和文化背景，需要跨越古今语言的障碍，更需要一种耐心与坚韧，对于成长在现代法学背景之下的人而言，满足这些条件并非易事。由于以文本解读为研究路径，因此本书对该问题的考察也围绕选定的典型律学文本来展开，其视域是特定的。对于清代法典解释学，应当放在传统律学传承的历史谱系中进行考察。同时，清代兴盛的朴学（考据学）从学养根基、研究方法和著作体式方面都为清代的法典解释学提供了丰富的知识营养和理论支持，也是应当关注的参考背景。

以著作体式和内容为切入点来对典型律学文本进行相对独立的考察，可以形成如下体认：受传统学术影响，清代法典解释学著作的体式整体上丰富而规范，尽管所运用的解释方法已经呈现出综合特征，但著作体式还是能够为阅读文本，获取知识提供足够的指引。在随文附注体的《大清律辑注》中，对律文、例文中的字、词、术语、法律规范都进行了详细解析，大量运用了训诂、考证和比较的解释方法，对律例的文义、理解要点、立法理由及目的、立法的精神，以及各类问题有涉及，形式上以"律注"或"例注"构成解释内容的重点，结构与法典体系保持一致。在专题考证类的《读律佩觿》中，最大的特点就是打破法典的结构，而以问题的形式来安排解释内容，其解释围绕读律方法、理解律文的关键词和定罪量刑的要点展开。为服务于司法实践还对法典律文按照定性和量刑为标准进行了细致的统计归纳，体式上具有创新，内容上不求全而重精与专。《大清律例通考》和《读例存疑》以历史考证为宗旨，提供了有关清代律例（重点是条例）纂修演变的珍贵资料，可谓一字一句俱有来历，书中考证精湛、引证丰富，史料价值突出，但理论上的提炼与问题意识偏弱，因而学理上的贡献有限。《驳案新编》是一份珍贵的传统司法遗产，以司法为场域来展现律例解释的内容，材料丰富翔实，其中的律例解释以司法主体对话、争论和研讨的形式出现，突破了多数律学著作静态解释的常规，为我们提供了探究清代司法中法律解释的宝贵素材；其中的律例解释同样蕴含在客观事实、法律规范、客观事实与法律规范综合三个层面，与现代法律解释具有内在的一致性。

第二，中国传统法典解释学的解释方法技术及其背后的精神意蕴和文化特征。整体而论，中国法典解释学呈现出技术方法与精神意蕴紧密融合的特征。律学家们普遍共享着一些基本的解释方法技术，并能够综合娴熟地运用于法律解释过程中。解释方法和技术的归纳整理，更多是从研究角度出发所做的分解。文本视域中的解释内容在方法技术上可能有所侧重，但其整体形态是综合性的。

具体而论，从字词概念考证入手，进而疏解文义，并达致对文义背后义理的阐发，是清代律学家共享的解释逻辑路径，与现代解释学所言的"部分——整体"循环并不相悖。其每一环节都会有解释方法的综合支撑，字词解释考证时有训诂和比较各类方法；在疏解文义时，会进行互证比较、结构解析；在阐发立法精神理由时常会引经据典，旁证其他著作，等等；解辞、疏义和论理已呈现出高度融合的系统性。清代法典解释学中传承着深厚的历史意识，历史考证方法突出表现在对任何的解释对象都注重其沿革演变的不懈探究，在这种时间的变化中把握解释对象不变的内涵是律学家们的解释共识。这种历史的方法和意识，为进行比较分析积累了深厚的基础，并形成律学家的尊古意识，使他们找到了进行技术批判的根据。同样地，与历史解释方法与意识密切联系的就是比较的技术方法，《大清律例》解释学的比较视野是宽广的，从概念语词、律例条文拓展到律学著作之间的观点引证和争鸣，体现了律学家之间的沟通与互动。以上这些解释方法技术，并不与现代法律解释学冲突，同时也客观地存在于当下的法律解释中。

　　清代律学家普遍秉持着律学的实用理性，司法适用和社会治理是他们的根本关照。他们认同法律服务于政治治理的法律工具主义，但同时又坚守更高道德伦理准则对法律的统摄制约。同时，清末律学家对儒家化法律的解释呈现出一种技术化的趋向，在伦理支撑之外注重从技术规则出发进行解释，与经学的义理阐发形成对比和互动。对法典的尊崇也是清代律学家普遍共有的精神特质，他们基于传统文化的背景和政治体制内的身份，在法律解释活动中具有维护法律权威的自觉性。传统律学家身上所表现出的法律工具主义与法典尊崇的共融，是一个值得深入研讨的问题。特别是对法典的尊崇，作为一种历史性的认识，能够为当前的法学发展和法治建设提供诸多启示，法治的推进需要有法律尊崇意识的支撑，而法律工具主义则会对法治构成伤害，如何应对这一问题，是对现代人智慧的考验。在法典尊崇的同时，律学家理性的批判精神更多地表现在技术层面，表达方式也是温和而谨慎的，成为其保守品格的重要体现。如同解释方法技术的综合融汇，律学家良治关照下的实用理性、法典尊崇与技术批评，在清代律学家身上也是以共存融合的状态呈现出来的。

　　第三，清末转型期，传统法律解释经历的演变及其对近现代法学引入的影响。首先，传统法学的话语体系在为西法引入造成障碍的同时，又成为西法话语体系引入本土所不可或缺的重要资源。从中可见法律语言所体现出的历史文化和民族特性，作为律学家的沈家本积极进行沟通中西法律话语的尝试，他通过类比考证的方式，通过考证表述形式差异背后的内涵一致，来实现传统法律术语的转化和再生，从一个层面反映出经由解释之后，传统法律依然具有开新的能力。其次，沈家本个人从律学家向法学家的成功转型，为我们提供了传统律例解释学与近现代进行对接沟通的"标本"。清末法律改革的时局情势，为沈家本提供了向法学家转型的历史契机，但沈家本基于中国传统法学而做的主观努力仍不容忽视，正因他博古通今才眼界开阔，正因他熟谙律例考证才常能对中西法的内在关联有所洞察。沈家本的律学根基没有成为他向法学家转型的障碍，相反是他成功的一个先决条件。最后，作为传统律例解释学的代表人物，以中学为根本，以传统律学为基础，来看待西方法学的立场同样值得思考。沈家本的立场具有历史的必然性，但却形成了他广阔的视野，与西方法律法学进行平等对话的自觉和理性的批判精神。他学所有宗的立场，会通中西古今的学养和态度，对仍将面对中西文化和理论碰撞冲突的当下法律人而言，是具有启发意义的。

参 考 文 献

[1] 李清良. 中国阐释学[M]. 长沙：湖南师范大学出版社，2001：16.

[2] [德]汉斯-格奥尔格·伽达默尔. 真理与方法（上卷）[M]. 上海：上海译文出版社，2004：译者序言 10.

[3] [德]汉斯-格奥尔格·伽达默尔. 哲学解释学[M]. 上海：上海译文出版社，2004：24.

[4] 潘德荣. 理解方法论视野中的读者与文本——伽达默尔与方法论诠释学[J]. 中国社会科学，2008（2）：53.

[5] 何敏. 清代注释律学研究[D]. 中国政法大学，1994：论文摘要.

[6] [德]汉斯-格奥尔格·伽达默尔. 真理与方法（上卷）[M]. 上海：上海译文出版社，2004：391.

[7] 何勤华. 中国法学史（第二卷·修订本）[M]. 北京：法律出版社，2006：303，309.

[8] 何勤华.《读律佩觿》评析[J]. 法商研究，2000（1）：111.

[9] [德]汉斯-格奥尔格·伽达默尔. 真理与方法（上卷）[M]. 上海：上海译文出版社，2004：471.

[10] 彭启福. 哲学诠释学中的"问题意识"[J]. 安徽师范大学学报（人文社会科学版），2005（4）：425—426.

[11] 陈先达. 哲学中的问题和问题中的哲学[J]. 中国社会科学，2006（2）：7.

[12] 怀效锋. 中国传统法学述要[A]. // 何勤华，编. 律学考[C]. 北京：商务印书馆，2004：1.

[13] 怀效锋. 中国传统法学述要[A]. // 何勤华编. 律学考[C]. 北京：商务印书馆，2004：1.

[14] 邱汉平. 历代刑法志[M]. 北京：群众出版社，1962：159.

[15] 邱汉平. 历代刑法志[M]. 北京：群众出版社，1962：160.

[16] 何勤华. 中国法学史（第二卷·修订本）[M]. 北京：法律出版社，2006：55.

[17] 梁启超. 清代学术概论[M]. 上海：上海古籍出版社，1998：47-48.

[18] 刘墨. 乾嘉学术十论[M]. 北京：生活·读书·新知三联书店，2006：38.

[19] [清]沈家本. 历代刑法考（一）[M]. 邓经元，骈宇骞，点校. 北京：中华书局，1985：点校说明

[20] 尚小明. 学人游幕与清代学术[D]. 北京大学，1997：40.

[21] 梁启超. 清代学术概论[M]. 上海：上海古籍出版社，1998：47.

[22] 张晋藩. 清律研究[M]. 北京：法律出版社，1992：165.

[23] 张晋藩. 清律研究[M]. 北京：法律出版社，1992：168.

[24] 张晋藩. 清律研究[M]. 北京：法律出版社，1992：171.

[25] 张晋藩. 清律研究[M]. 北京：法律出版社，1992：173.

[26] 张晋藩. 清律研究[M]. 北京：法律出版社，1992：173.

[27] 张晋藩. 清律研究[M]. 北京：法律出版社，1992：174.

[28] 何敏. 清代注释律学研究[D]. 中国政法大学，1994：88.

[29] 周光庆. 中国古典解释学导论[M]. 北京：中华书局，2002：156.

[30] 冯浩菲. 中国训诂学[M]. 济南：山东大学出版社，1995：78.

[31] 梁启超. 清代学术概论[M]. 上海：上海古籍出版社，1998：49.

[32] 刘墨. 乾嘉学术十论[M]. 北京：生活·读书·新知三联书店，2006：150.

[33] 冯浩菲. 中国训诂学[M]. 济南：山东大学出版社，1995：75.

[34] [清]沈之奇. 大清律辑注[M]. 怀效锋，李俊，点校. 北京：法律出版社，2000："点校说明" 1.

[35] [清]沈之奇. 大清律辑注[M]. 怀效锋，李俊，点校. 北京：法律出版社，2000：自序 8.

[36] [清]沈之奇. 大清律辑注[M]. 怀效锋，李俊，点校. 北京：法律出版社，2000：自序 8.

[37] [清]沈之奇. 大清律辑注[M]. 怀效锋，李俊，点校. 北京：法律出版社，2000：自序 8.

[38] [清]沈之奇. 大清律辑注[M]. 怀效锋，李俊，点校. 北京：法律出版社，2000：1-3.

[39]　周大璞. 训诂学初稿[M]. 　武汉：武汉大学出版社，2007：224.

[40]　周大璞. 训诂学初稿[M]. 　武汉：武汉大学出版社，2007：246.

[41]　[清]沈之奇. 大清律辑注[M]. 怀效锋，李俊，点校. 北京：法律出版社，2000： 8.

[42]　[清]沈之奇. 大清律辑注[M]. 怀效锋，李俊，点校. 北京：法律出版社，2000：9.

[43]　[清]沈之奇. 大清律辑注[M]. 怀效锋，李俊，点校. 北京：法律出版社，2000：12.

[44]　[清] 沈之奇. 大清律辑注[M]. 怀效锋，李俊，点校. 北京：法律出版社，2000：13.

[45]　[清] 沈之奇. 大清律辑注[M]. 怀效锋，李俊，点校. 北京：法律出版社，2000：14-16.

[46]　[清] 沈之奇. 大清律辑注[M]. 怀效锋，李俊，点校. 北京：法律出版社，2000：73-76.

[47]　[清] 沈之奇. 大清律辑注[M]. 怀效锋，李俊，点校. 北京：法律出版社，2000：650-653.

[48]　[清] 沈之奇. 大清律辑注[M]. 怀效锋，李俊，点校. 北京：法律出版社，2000：714.

[49]　[清] 沈之奇. 大清律辑注[M]. 怀效锋，李俊，点校. 北京：法律出版社，2000：76.

[50]　[清] 沈之奇. 大清律辑注[M]. 怀效锋，李俊，点校. 北京：法律出版社，2000：102.

[51]　[清] 沈之奇. 大清律辑注[M]. 怀效锋，李俊，点校. 北京：法律出版社，2000：156.

[52]　[清] 沈之奇. 大清律辑注[M]. 怀效锋，李俊，点校. 北京：法律出版社，2000：216.

[53]　[清] 沈之奇. 大清律辑注[M]. 怀效锋，李俊，点校. 北京：法律出版社，2000：577.

[54]　[清] 沈之奇. 大清律辑注[M]. 怀效锋，李俊，点校. 北京：法律出版社，2000：909.

[55]　[清] 沈之奇. 大清律辑注[M]. 怀效锋，李俊，点校. 北京：法律出版

社，2000：17.

[56] [清] 沈之奇. 大清律辑注[M]. 怀效锋，李俊，点校. 北京：法律出版社，2000：585.

[57] [清] 沈之奇. 大清律辑注[M]. 怀效锋，李俊，点校. 北京：法律出版社，2000：586.

[58] [清] 沈之奇. 大清律辑注[M]. 怀效锋，李俊，点校. 北京：法律出版社，2000：586-587.

[59] [清] 沈之奇. 大清律辑注[M]. 怀效锋，李俊，点校. 北京：法律出版社，2000：6-7.

[60] [清] 沈之奇. 大清律辑注[M]. 怀效锋，李俊，点校. 北京：法律出版社，2000：29.

[61] [清] 沈之奇. 大清律辑注[M]. 怀效锋，李俊，点校. 北京：法律出版社，2000：353.

[62] [清] 沈之奇. 大清律辑注[M]. 怀效锋，李俊，点校. 北京：法律出版社，2000：685.

[63] [清] 沈之奇. 大清律辑注[M]. 怀效锋，李俊，点校. 北京：法律出版社，2000：897.

[64] 冯浩菲. 中国训诂学[M]. 济南：山东大学出版社，1995：98.

[65] [汉]许慎.说文解字[M].[宋]徐铉，校定. 北京：中华书局（影印本），1963：94.

[66] [清]王明德. 读律佩觿[M]. 何勤华，等，点校. 北京：法律出版社，2000：本序 4.

[67] 张晋藩. 清律研究[M]. 北京：法律出版社，1992：170-171.

[68] 何敏. 清代注释律学研究[D]. 中国政法大学，1994. 76.

[69] 何勤华. 《读律佩觿》评析[J]. 法商研究，2000（1）：112，119.

[70] [清] 王明德. 读律佩觿[M]. 何勤华，等，点校. 北京：法律出版社，2000：点校说明 4.

[71] [清] 王明德. 读律佩觿[M]. 何勤华，等，点校. 北京：法律出版社，2000：158.

[72] [清] 王明德. 读律佩觿[M]. 何勤华，等，点校. 北京：法律出版社，2000：3.

[73] [清] 王明德. 读律佩觿[M]. 何勤华, 等, 点校. 北京：法律出版社, 2000：6-7.

[74] [清] 王明德. 读律佩觿[M]. 何勤华, 等, 点校. 北京：法律出版社, 2000：18.

[75] [清] 王明德. 读律佩觿[M]. 何勤华, 等, 点校. 北京：法律出版社, 2000：33.

[76] [清] 王明德. 读律佩觿[M]. 何勤华, 等, 点校. 北京：法律出版社, 2000：57-58.

[77] [清] 王明德. 读律佩觿[M]. 何勤华, 等, 点校. 北京：法律出版社, 2000：72.

[78] [清] 王明德. 读律佩觿[M]. 何勤华, 等, 点校. 北京：法律出版社, 2000：112-113.

[79] [清] 王明德. 读律佩觿[M]. 何勤华, 等, 点校. 北京：法律出版社, 2000：117-118.

[80] [清] 王明德. 读律佩觿[M]. 何勤华, 等, 点校. 北京：法律出版社, 2000：210.

[81] [清] 王明德. 读律佩觿[M]. 何勤华, 等, 点校. 北京：法律出版社, 2000：219.

[82] [清] 王明德. 读律佩觿[M]. 何勤华, 等, 点校. 北京：法律出版社, 2000：255.

[83] [清] 王明德. 读律佩觿[M]. 何勤华, 等, 点校. 北京：法律出版社, 2000：261.

[84] [清]王明德. 何勤华, 等点校. 读律佩觿[M]. 北京：法律出版社, 2000：297.

[85] 吴重熹. 律例通考校刊缘起[M]. 马建石、杨育汤. 大清律例通考校注. 北京：中国政法大学出版社, 1992：1.

[86] 张晋藩. 清律研究[M]. 北京：法律出版社, 1992：169.

[87] 何敏. 清代注释律学研究[D]. 中国政法大学, 1994：75.

[88] [清]薛允升. 读例存疑点注[M]. 胡星桥, 邓又天, 点校. 北京：中国人民公安大学出版社, 1994：自序.

[89] [清] 吴坛.《大清律例通考》校注[M]. 马建石, 杨育棠, 编. 北京：

中国政法大学出版社，1992：205.

[90] [清] 吴坛.《大清律例通考》校注[M]. 马建石，杨育棠，编. 北京：中国政法大学出版社，1992：773.

[91] [清] 薛允升. 读例存疑点注[M]. 胡星桥，邓又天，点校. 北京：中国人民公安大学出版社，1994：544.

[92] [清] 吴坛.《大清律例通考》校注[M]. 马建石，杨育棠，编. 北京：中国政法大学出版社，1992：205.

[93] [清] 薛允升. 读例存疑点注[M]. 胡星桥，邓又天，点校. 北京：中国人民公安大学出版社，1994：13.

[94] [清] 吴坛.《大清律例通考》校注[M]. 马建石，杨育棠，编. 北京：中国政法大学出版社，1992：683.

[95] [清] 薛允升. 读例存疑点注[M]. 胡星桥，邓又天，点校. 北京：中国人民公安大学出版社，1994：417.

[96] 郑秦. 清代法律制度研究[M]. 北京：中国政法大学出版社，2000：57-58.

[97] [清]吴坛.《大清律例通考》校注[M]. 马建石，杨育棠，编. 北京：中国政法大学出版社，1992：193.

[98] [清] 吴坛.《大清律例通考》校注[M]. 马建石，杨育棠，编. 北京：中国政法大学出版社，1992：364.

[99] [清] 薛允升. 读例存疑点注[M]. 胡星桥，邓又天，点校. 北京：中国人民公安大学出版社，1994：205.

[100] [清] 吴坛.《大清律例通考》校注[M]. 马建石，杨育棠，编. 北京：中国政法大学出版社，1992：768.

[101] [清] 吴坛.《大清律例通考》校注[M]. 马建石，杨育棠，编. 北京：中国政法大学出版社，1992：870.

[102] [清] 薛允升. 读例存疑点注[M]. 胡星桥，邓又天，点校. 北京：中国人民公安大学出版社，1994：221.

[103] [清] 吴坛.《大清律例通考》校注[M]. 马建石，杨育棠，编. 北京：中国政法大学出版社，1992：708.

[104] [清] 薛允升. 读例存疑点注[M]. 胡星桥，邓又天，点校. 北京：中国人民公安大学出版社，1994：229.

[105] [清] 吴坛.《大清律例通考》校注[M]. 马建石，杨育棠，编. 北京：中国政法大学出版社，1992：192.

[106] [清] 吴坛.《大清律例通考》校注[M]. 马建石，杨育棠，编. 北京：中国政法大学出版社，1992：212-213.

[107] [清] 薛允升. 读例存疑点注[M]. 胡星桥，邓又天，点校. 北京：中国人民公安大学出版社，1994：20.

[108] [清] 薛允升. 读例存疑点注[M]. 胡星桥，邓又天，点校. 北京：中国人民公安大学出版社，1994：202.

[109] [清] 薛允升. 读例存疑点注[M]. 胡星桥，邓又天，点校. 北京：中国人民公安大学出版社，1994：638.

[110] [清]全士潮，等. 历代判例判牍汇编（第七册·驳案新编）[C]. 杨一凡，徐立志，编. 北京：中国社会科学出版社，2005：整理说明.

[111] 陈金钊. 法律解释的哲理[M]. 济南：山东人民出版社，1999：56.

[112] [清] 全士潮，等. 历代判例判牍汇编（第七册·驳案新编）[C]. 杨一凡，徐立志，编. 北京：中国社会科学出版社，2005：193-194.

[113] [清] 全士潮，等. 历代判例判牍汇编（第七册·驳案新编）[C]. 杨一凡，徐立志，编. 北京：中国社会科学出版社，2005：194.

[114] [清] 全士潮，等. 历代判例判牍汇编（第七册·驳案新编）[C]. 杨一凡，徐立志，编. 北京：中国社会科学出版社，2005：216-217.

[115] [清] 全士潮，等. 历代判例判牍汇编（第七册·驳案新编）[C]. 杨一凡，徐立志，编. 北京：中国社会科学出版社，2005：76-77.

[116] [清] 全士潮，等. 历代判例判牍汇编（第七册·驳案新编）[C]. 杨一凡，徐立志，编. 北京：中国社会科学出版社，2005：77-78.

[117] [清] 全士潮，等. 历代判例判牍汇编（第七册·驳案新编）[C]. 杨一凡，徐立志，编. 北京：中国社会科学出版社，2005：529-530.

[118] [清] 全士潮，等. 历代判例判牍汇编（第七册·驳案新编）[C]. 杨一凡，徐立志，编. 北京：中国社会科学出版社，2005：531.

[119] [清全士潮，等. 历代判例判牍汇编（第七册·驳案新编）[C]. 杨一凡，徐立志，编. 北京：中国社会科学出版社，2005：11.

[120] [清] 全士潮，等. 历代判例判牍汇编（第七册·驳案新编）[C]. 杨一凡，徐立志，编. 北京：中国社会科学出版社，2005：11.

[121] [清] 全士潮，等. 历代判例判牍汇编（第七册·驳案新编）[C]. 杨一凡，徐立志，编. 北京：中国社会科学出版社，2005：63-64.

[122] [清] 全士潮，等. 历代判例判牍汇编（第七册·驳案新编）[C]. 杨一凡，徐立志，编. 北京：中国社会科学出版社，2005：233.

[123] [清] 全士潮，等. 历代判例判牍汇编（第七册·驳案新编）[C]. 杨一凡，徐立志，编. 北京：中国社会科学出版社，2005：233.

[124] [清] 全士潮，等. 历代判例判牍汇编（第七册·驳案新编）[C]. 杨一凡，徐立志，编. 北京：中国社会科学出版社，2005：264.

[125] [清] 全士潮，等. 历代判例判牍汇编（第七册·驳案新编）[C]. 杨一凡，徐立志，编. 北京：中国社会科学出版社，2005：264—265.

[126] [清] 全士潮，等. 历代判例判牍汇编（第七册·驳案新编）[C]. 杨一凡，徐立志，编. 北京：中国社会科学出版社，2005：265—266.

[127] [清]沈之奇. 大清律辑注[M]. 怀效锋，李俊，点校. 北京：法律出版社，2000：93-94.

[128] [清] 沈之奇. 大清律辑注[M]. 怀效锋，李俊，点校. 北京：法律出版社，2000：95.

[129] [清]王明德. 读律佩觿[M]. 何勤华等，点校. 北京：法律出版社，2000：79.

[130] [清] 王明德. 读律佩觿[M]. 何勤华等，点校. 北京：法律出版社，2000：79.

[131] [清] 王明德. 读律佩觿[M]. 何勤华等，点校. 北京：法律出版社，2000：79.

[132] [清]全士潮，等.历代判例判牍汇编（第七册· 驳案新编）[C]. 杨一凡，徐立志，编. 北京：中国社会科学出版社，2005：46.

[133] 刘墨. 乾嘉学术十论[M]. 北京：生活·读书·新知三联书店，2006：115.

[134] 孙良明. 中国古代语法学探究[M]. 北京：商务印书馆，2005：386.

[135] [清] 沈之奇. 大清律辑注[M]. 怀效锋，李俊，点校. 北京：法律出版社，2000：1.

[136] [清] 沈之奇. 大清律辑注[M]. 怀效锋，李俊，点校. 北京：法律出版社，2000：355.

[137] [清] 沈之奇. 大清律辑注[M]. 怀效锋，李俊，点校. 北京：法律出版社，2000：547.

[138] [清] 沈之奇. 大清律辑注[M]. 怀效锋，李俊，点校. 北京：法律出版社，2000：923.

[139] [清] 王明德. 读律佩觿[M]. 何勤华等，点校. 北京：法律出版社，2000：100.

[140] 杨昂、马作武. 中国古代法律诠释传统形成的历史语境[J]. 法学评论，2003（3）：138.

[141] 徐葆耕. 传统转化与传统解释学[J]. 中国文化，1995（11）：94.

[142] 谢晖. 中国古典法律解释的知识智慧——法律解释的知识形态[J]. 法律科学，2005（6）：28.

[143] [清] 王明德. 读律佩觿[M]. 何勤华等，点校. 北京：法律出版社，2000：113-114.

[144] [清] 沈之奇. 大清律辑注[M]. 怀效锋，李俊，点校. 北京：法律出版社，2000：1031.

[145] [清] 沈之奇. 大清律辑注[M]. 怀效锋，李俊，点校. 北京：法律出版社，2000：46.

[146] [清] 王明德. 读律佩觿[M]. 何勤华等，点校. 北京：法律出版社，2000：32.

[147] [清] 王明德. 读律佩觿[M]. 何勤华等，点校. 北京：法律出版社，2000：本序 1.

[148] [清] 沈之奇. 大清律辑注[M]. 怀效锋，李俊，点校. 北京：法律出版社，2000：371.

[149] [清] 沈之奇. 大清律辑注[M]. 怀效锋，李俊，点校. 北京：法律出版社，2000：252.

[150] 汪耀楠. 注释学纲要[M]. 北京：语文出版社，1991：85.

[151] [清] 沈之奇. 大清律辑注[M]. 怀效锋，李俊，点校. 北京：法律出版社，2000：16-17.

[152] [清] 沈之奇. 大清律辑注[M]. 怀效锋，李俊，点校. 北京：法律出版社，2000：586.

[153] [清] 全士潮，等. 历代判例判牍汇编（第七册·驳案新编）[C]. 杨一

凡，徐立志，编. 北京：中国社会科学出版社，2005：183.

[154] [清] 沈之奇. 大清律辑注[M]. 怀效锋，李俊，点校. 北京：法律出版社，2000：209.

[155] [清] 沈之奇. 大清律辑注[M]. 怀效锋，李俊，点校. 北京：法律出版社，2000：288.

[156] [清] 王明德. 读律佩觿[M]. 何勤华等，点校. 北京：法律出版社，2000：52.

[157] [清] 王明德. 读律佩觿[M]. 何勤华等，点校. 北京：法律出版社，2000：208.

[158] [清] 全士潮，等. 历代判例判牍汇编（第七册·驳案新编）[C]. 杨一凡，徐立志，编. 北京：中国社会科学出版社，2005：171.

[159] [清] 沈之奇. 大清律辑注[M]. 怀效锋，李俊，点校. 北京：法律出版社，2000：76.

[160] [清] 沈之奇. 大清律辑注[M]. 怀效锋，李俊，点校. 北京：法律出版社，2000：558.

[161] [清] 薛允升. 读例存疑点注[M]. 胡星桥，邓又天，点校. 北京：中国人民公安大学出版社，1994：435-436.

[162] [清] 薛允升. 读例存疑点注[M]. 胡星桥，邓又天，点校. 北京：中国人民公安大学出版社，1994：436.

[163] [清] 全士潮，等. 历代判例判牍汇编（第七册·驳案新编）[C]. 杨一凡，徐立志，编. 北京：中国社会科学出版社，2005：77-78.

[164] 谢晖. 中国古典法律解释的知识智慧——法律解释的知识形态[J]. 法律科学，2005（6）：35.

[165] 陈金钊. 哲学解释学与法律解释学——《真理与方法》对法学的启示[J]. 现代法学，2001（1）：135.

[166] [清] 沈之奇. 大清律辑注[M]. 怀效锋，李俊，点校. 北京：法律出版社，2000：30.

[167] [清] 沈之奇. 大清律辑注[M]. 怀效锋，李俊，点校. 北京：法律出版社，2000：345.

[168] [清] 沈之奇. 大清律辑注[M]. 怀效锋，李俊，点校. 北京：法律出版社，2000：391.

[169] [清] 沈之奇. 大清律辑注[M]. 怀效锋，李俊，点校. 北京：法律出版社，2000：664-666.

[170] [清] 沈之奇. 大清律辑注[M]. 怀效锋，李俊，点校. 北京：法律出版社，2000：648.

[171] [清] 王明德. 读律佩觿[M]. 何勤华等，点校. 北京：法律出版社，2000：113.

[172] [清] 吴坛.《大清律例通考》校注[M]. 马建石，杨育棠，编. 北京：中国政法大学出版社，1992：685.

[173] [清] 王明德. 读律佩觿[M]. 何勤华等，点校. 北京：法律出版社，2000：5.

[174] [清] 沈之奇. 大清律辑注[M]. 怀效锋，李俊，点校. 北京：法律出版社，2000：167.

[175] [清] 王明德. 读律佩觿[M]. 何勤华等，点校. 北京：法律出版社，2000：3.

[176] [清] 全士潮，等. 历代判例判牍汇编（第七册·驳案新编）[C]. 杨一凡，徐立志，编. 北京：中国社会科学出版社，2005：49.

[177] [清] 沈之奇. 大清律辑注[M]. 怀效锋，李俊，点校. 北京：法律出版社，2000：200.

[178] [清] 沈之奇. 大清律辑注[M]. 怀效锋，李俊，点校. 北京：法律出版社，2000：545-546.

[179] [清] 沈之奇. 大清律辑注[M]. 怀效锋，李俊，点校. 北京：法律出版社，2000：678-679.

[180] [清] 王明德. 读律佩觿[M]. 何勤华等，点校. 北京：法律出版社，2000：58.

[181] [清] 吴坛.《大清律例通考》校注[M]. 马建石，杨育棠，编. 北京：中国政法大学出版社，1992：780.

[182] [清] 薛允升. 读例存疑点注[M]. 胡星桥，邓又天，点校. 北京：中国人民公安大学出版社，1994：214.

[183] 葛兆光. 中国思想史（第二卷）[M]. 上海：复旦大学出版社，2005：390.

[184] [清] 沈之奇. 大清律辑注[M]. 怀效锋，李俊，点校. 北京：法律出版

社，2000：49.

[185] [清] 王明德. 读律佩觿[M]. 何勤华等，点校. 北京：法律出版社，2000：28.

[186] [清] 王明德. 读律佩觿[M]. 何勤华等，点校. 北京：法律出版社，2000：68.

[187] [清] 吴坛.《大清律例通考》校注[M]. 马建石，杨育棠，编. 北京：中国政法大学出版社，1992：743-744.

[188] [清] 吴坛.《大清律例通考》校注[M]. 马建石，杨育棠，编. 北京：中国政法大学出版社，1992：706.

[189] [清] 薛允升. 读例存疑点注[M]. 胡星桥，邓又天，点校. 北京：中国人民公安大学出版社，1994：163.

[190] [清] 薛允升. 读例存疑点注[M]. 胡星桥，邓又天，点校. 北京：中国人民公安大学出版社，1994：439.

[191] 李贵连. 近代中国法制与法学[M]. 北京：北京大学出版社，2002：187.

[192] 沈家本. 历代刑法考[M]. 邓经元，骈宇骞，点校. 北京：中华书局，1985：2244.

[193] 李贵连. 近代中国法制与法学[M]. 北京：北京大学出版社，2002：86.

[194] 沈家本. 历代刑法考[M]. 邓经元，骈宇骞，点校. 北京：中华书局，1985：2141.

[195] 沈家本. 历代刑法考[M]. 邓经元，骈宇骞，点校. 北京：中华书局，1985：2143.

[196] 沈家本. 历代刑法考[M]. 邓经元，骈宇骞，点校. 北京：中华书局，1985：2153.

[197] 沈家本. 历代刑法考[M]. 邓经元，骈宇骞，点校. 北京：中华书局，1985：2152-2153.

[198] 沈家本. 历代刑法考[M]. 邓经元，骈宇骞，点校. 北京：中华书局，1985：2096.

[199] 沈家本. 历代刑法考[M]. 邓经元，骈宇骞，点校. 北京：中华书局，1985：2097.

[200] 沈家本. 历代刑法考[M]. 邓经元，骈宇骞，点校. 北京：中华书局，
      1985：2091.

[201] 程燎原. 清末法政人的世界[M]. 北京：法律出版社，2003：引论 1.

[202] 康有为. 上清帝第六书. 转引自：中国社会科学院近代史研究所，编.
      中国社会科学院近代史研究所青年学术论坛（2005 年卷）[C]. 北京：
      社科文献出版社，2006：231.

[203] 袁世凯，等. 会保熟悉中西律例人员沈家本等听候简用折. 袁世凯奏
      议[C]（卷十四）. 天津：天津古籍出版社，1987：475.

[204] 沈家本. 历代刑法考[M]. 邓经元，骈宇骞，点校. 北京：中华书局，
      1985：2024.

[205] 程燎原. 清末法政人的世界[M]. 北京：法律出版社，2003：27-28.

[206] 沈家本. 历代刑法考[M]. 邓经元，骈宇骞，点校. 北京：中华书局，
      1985：2037-2039.

[207] 沈家本. 历代刑法考[M]. 邓经元，骈宇骞，点校. 北京：中华书局，
      1985：2046.

[208] 沈家本. 历代刑法考[M]. 邓经元，骈宇骞，点校. 北京：中华书局，
      1985：2024.

[209] 沈家本. 历代刑法考[M]. 邓经元，骈宇骞，点校. 北京：中华书局，
      1985：2025.

[210] 沈家本. 历代刑法考[M]. 邓经元，骈宇骞，点校. 北京：中华书局，
      1985：2061.

[211] 沈家本. 历代刑法考[M]. 邓经元，骈宇骞，点校. 北京：中华书局，
      1985：2084.

[212] 沈家本. 历代刑法考[M]. 邓经元，骈宇骞，点校. 北京：中华书局，
      1985：2060.

[213] 沈家本. 历代刑法考[M]. 邓经元，骈宇骞，点校. 北京：中华书局，
      1985：2091-2092.

[214] 陈小洁. 沈家本法律变革思想的理论逻辑[J]. 社科纵横，2006（4）：
      91.

[215] 沈家本. 历代刑法考[M]. 邓经元，骈宇骞，点校. 北京：中华书局，
      1985：2027.

[216] 沈家本. 历代刑法考[M]. 邓经元，骈宇骞，点校. 北京：中华书局，1985：2068.

[217] 沈家本. 历代刑法考[M]. 邓经元，骈宇骞，点校. 北京：中华书局，1985：2225.

[218] 沈沈家本. 历代刑法考[M]. 邓经元，骈宇骞，点校. 北京：中华书局，1985：2217.

[219] 沈家本. 历代刑法考[M]. 邓经元，骈宇骞，点校. 北京：中华书局，1985：2240.

[220] 沈家本. 历代刑法考[M]. 邓经元，骈宇骞，点校. 北京：中华书局，1985：2233.

[221] 赵元信. 出入经史之间 定鼎法学新风——沈家本先生法律思想的学术源流探微[J]. 华东政法学院学报，2005（5）：80.